基于国标的日语专业系列拓展教材

○ 主编 黄 芳

基于新大纲的日语同义词辨析

丁昱 董春燕 / 编著

苏州大学出版社
Soochow University Press

图书在版编目(CIP)数据

基于新大纲的日语同义词辨析 / 丁旻,董春燕编著；黄芳主编. —苏州：苏州大学出版社,2020.6
基于国标的日语专业系列拓展教材
ISBN 978-7-5672-3182-5

Ⅰ.①基… Ⅱ.①丁… ②董… ③黄… Ⅲ.①日语—同义词—辨析—教材 Ⅳ.①H363.2

中国版本图书馆 CIP 数据核字(2020)第 084773 号

书　　名：基于新大纲的日语同义词辨析
　　　　　JIYU XIN DAGANG DE RIYU TONGYICI BIANXI
编 著 者：丁　旻　董春燕
责任编辑：沈　琴
助理编辑：杨宇笛
装帧设计：刘　俊
出版发行：苏州大学出版社(Soochow University Press)
社　　址：苏州市十梓街1号　邮编：215006
网　　址：www.sudapress.com
邮　　箱：sdcbs@suda.edu.cn
印　　装：镇江文苑制版印刷有限责任公司
邮购热线：0512-67480030　销售热线：0512-67481020
天 猫 店：https://szdxcbs.tmall.com

开　　本：700 mm×1 000 mm　1/16　印张：13.75　字数：266 千
版　　次：2020 年 6 月第 1 版
印　　次：2020 年 6 月第 1 次印刷
书　　号：ISBN 978-7-5672-3182-5
定　　价：45.00 元

凡购本社图书发现印装错误，请与本社联系调换。服务热线：0512-67481020

总序
General Preface

为满足社会经济发展的需求，完成中国高等教育从规模发展到以质量提升为核心的内涵式发展的转变，教育部于2018年1月出台了《普通高等学校本科专业类教学质量国家标准》。伴随着教育部《普通高等学校本科专业类教学质量国家标准》的出台，《高等学校外语类专业本科教学质量国家标准》相应出炉。国标要求培养具有国际视野和人文素养，掌握日语语言和文化知识，具备语言运用能力、跨文化交际能力、思辨能力、自主学习能力、实践能力和创新能力，能从事涉外工作、语言服务及日语教育并具有一定研究能力的国际化、多元化外语人才。此外，国标更加注重培养日语专业人才的自主学习能力。

四川外国语大学日语系于2019年被选定为国家"一流专业"建设点，为了确保顺利通过国家"一流专业"验收，现正积极加强专业的建设，成立了"基于国标的日语专业系列拓展教材"编写团队，集中了我系各年级具有丰富教学经验的骨干教师。

本系列拓展教材基于国标对专业教材的要求，主要从两个方面来进行选题：第一，关于日语基础知识的3本教材，涵盖了词汇、句型和篇章，使学生全面掌握日语基础知识。第二，关于日本文化、历史等知识的拓展2本教材，有助于学习者掌握日本社会、文化、历史等方面的相关知识。本系列教材既可以用作专业教材，也可以用作教辅教材及学生自学教材。3本日语基础知识的教材适用于日语专业低年级的学生，可以帮助学生顺利通过日语专业四级考试和日本语能力测试N2、N1。2本文化、历史教材，加上已由苏州大学出版社出版的《日本文学理念精要》，可以帮助学生全面了解所学语言对象国日本的文学、历史和社会文化。由于本系列教材涵盖了日语基础知识和拓展知识，因此，对于日语专业学生来说，它们是不可或缺的学习材料。

本系列拓展教材基于国标，培养学生语言运用能力、跨文化交际能力、思辨

能力及自主学习能力四种能力,与时俱进,符合国标对人才培养的要求。每本教材重点突出一个新字,力求从同类书籍中脱颖而出。

《基于新大纲的日语同义词辨析》是本系列拓展教材中的一本,基于新版日语基础教学大纲,将日语中较难掌握且在各类考试中出现的高频同义词加以详细的分类整理,并增添了日本语能力测试 N2、N1 及日语专业四级考试的词例。本教材所选词汇种类齐全,涵盖副词、形容词、形容动词和动词,使学生可以全面掌握日语同义词的词义辨析。本教材的两位编写者丁旻老师和董春燕老师系四川外国语大学日语系教师,丁旻老师从事日语教学 30 多年,经验丰富,董春燕老师致力于日语语言学研究。两位老师将在低年级教学中经常遇到的同义词加以总结归纳,分条列出,避免了繁杂的叙述,便于学生掌握。

黄　芳

2020 年 3 月于四川外国语大学

前言

　　此书是针对日语专业新教学大纲的教学内容和要求编写的一本教材。编写者作为综合日语教学的骨干教师,具有数十年的教学经验,日语语言功底扎实,教学经验丰富。

　　在日语的学习中,同义词和近似表达的辨析是一个难点。在日本语能力测试和日语专业四、八级考试中,与近似表达辨别相关的考题约占三分之一,由此可见掌握日语近似表达的重要性。此书的编写者以教学中积累的大量经验和资料为基础,结合教学实践,对日语中较难掌握的副词、动词、形容词、形容动词的近似表达进行分类整理,对其相似点和不同点分别进行辨析,并配有例句。例句在难度上达到日语中级以及中级以上水平,具有很强的代表性,学习者可由此得到启发,学以致用。同时,此书还基于新大纲增添了日本语能力测试及日语专业四级考试中出现的词例,对于参加日语专业四级考试和日本语能力测试N2、N1的日语学习者具有一定的参考价值。学习者通过对此书的学习可以较为准确地掌握日语中常见的近似表达的特点,提高日语的阅读理解能力和应考能力,但是,在实际运用中,由于语境的不同,有些同义词可以替换使用,这一点希望学习者留意。

　　此书的动词和副词部分由丁旻编写,形容词和形容动词部分的编写及例句的翻译由董春燕完成。此书可以作为高校日语专业本科高、低年级的教学参考书,亦可以作为日本语能力测试或日语专业四、八级考试应试者的参考书,是日语学习者和教师不可或缺的辅导教材。

晋学新

2020年3月8日于四川外国语大学

目录 Contents

第一篇 動詞

一	開ける/開く	2
二	～上げる/～切る/～終わる	3
三	焦る/慌てる	4
四	あげる/与える/預ける/授ける	4
五	当たる/ぶつかる	5
六	扱う/あしらう/取り扱う	6
七	至る/着く	7
八	うもれる/埋もれる/うめる/うまる/埋める/埋まる	7
九	える/うる/もらう	9
十	起きる/起こる/生じる/生まれる	10
十一	行う/催す	11
十二	怒る/いかる/憤る/腹立つ/剥れる/膨れる	11
十三	教える/知らせる	13
十四	恐れる/驚く/びっくりする/呆れる	13
十五	落ちる/落とす/無くなる/無くす/失う	14
十六	脅かす/脅す/脅かす	15
十七	思う/考える/考慮する	16
十八	抱える/抱く/抱く	17
十九	輝く/光る/照る/煌めく	18

二十	関わる/関する	19
二十一	隠す/隠れる/潜める/潜む/晦ます	19
二十二	片付ける/仕舞う/整える	21
二十三	語る/述べる/話す/言う/喋る	22
二十四	負う/背負う/担ぐ/担う	23
二十五	被せる/被る/覆う	24
二十六	絡まる/絡む/纏わる/縺れる/こんがらかる	25
二十七	嫌う/嫌がる/厭う/疎む	26
二十八	着る/着せる	27
二十九	潜る/潜る/抜ける	28
三十	加える/添える/足す	28
三十一	稽古する/練習する	29
三十二	腰掛ける/座る	30
三十三	越す/越える	30
三十四	零れる/溢れる/漏れる/漏る	31
三十五	堪える/耐える/忍ぶ/辛抱する/我慢する/凌ぐ	32
三十六	転ぶ/転がる/倒れる/引っくり返る	34
三十七	探る/探す/漁る/求める/見つける	35
三十八	避ける/避ける	36
三十九	叫ぶ/呼ぶ/怒鳴る/がなる/喚く	36
四十	触る/触れる	37
四十一	閉める/閉じる/閉ざす	38
四十二	空く/空く	39
四十三	蓄える/貯める	40
四十四	訪ねる/訪れる/訪問する/伺う	40
四十五	試す/試みる	41
四十六	近づく/近寄る/接近する	42
四十七	頂戴する/もらう/頂く	43
四十八	使う/用いる/使用する	44

四十九	捕まる/捕まえる/捕らえる/掴む ……………………………… 45
五十	疲れる/くたびれる ……………………………………………… 47
五十一	作る/拵える/こさえる/製造する ……………………………… 48
五十二	突っ張る/支える/突く ………………………………………… 49
五十三	勤める/働く ……………………………………………………… 50
五十四	積む/積もる ……………………………………………………… 50
五十五	積む/重ねる/積み重ねる ……………………………………… 51
五十六	通る/通す/通じる/渡る ………………………………………… 52
五十七	解く/解く/解す ………………………………………………… 53
五十八	溶く/溶かす …………………………………………………… 54
五十九	退ける/退ける/除く …………………………………………… 54
六十	握る/掴む ………………………………………………………… 55
六十一	逃げる/逃れる …………………………………………………… 56
六十二	〜始める/〜掛ける/〜出す …………………………………… 57
六十三	走る/駆ける ……………………………………………………… 58
六十四	弾む/弾く/跳ね返る/跳ねる/弾ける ………………………… 59
六十五	果たす/遂げる/成し遂げる/遣り遂げる/仕上げる ………… 60
六十六	離す/離れる/放す/放つ/隔てる/隔たる …………………… 61
六十七	離れる/外れる/ずれる/分かれる …………………………… 62
六十八	省く/略す/抜かす ……………………………………………… 63
六十九	捻る/捻る/捩る ………………………………………………… 64
七十	冷やかす/からかう/皮肉る …………………………………… 65
七十一	広がる/広まる/広げる/広める ……………………………… 66
七十二	膨らむ/膨れる ………………………………………………… 67
七十三	増やす/増える/増す …………………………………………… 67
七十四	放る/投げる …………………………………………………… 68
七十五	学ぶ/習う/教わる/勉強する ………………………………… 69
七十六	見逃す/見落とす/見過ごす …………………………………… 71
七十七	耳にする/聞こえる/聞く/聞かせる ………………………… 71

七十八	見る/見える/見られる …… 72
七十九	面倒を見る/世話になる/世話をする …… 73
八十	養う/育てる/培う/培養する …… 74
八十一	止める/止す/止める/終わる …… 75
八十二	破れる/割れる/裂ける/破裂する …… 76
八十三	茹でる/煮る/煮込む …… 77
八十四	用心する/注意する/気をつける …… 78

第二篇 形容詞・形容動詞

一	明らか/はっきり/定か …… 80
二	鮮やか/鮮明 …… 80
三	危ない/危険 …… 81
四	薄い/淡い …… 81
五	美しい/綺麗/麗しい …… 82
六	うるさい/喧しい/騒がしい/騒々しい …… 83
七	嬉しい/楽しい/喜ばしい …… 84
八	偉い/立派 …… 85
九	美味しい/旨い …… 85
十	大きい/大きな …… 86
十一	遅い/のろい/とろい/鈍い …… 87
十二	恐ろしい/怖い …… 88
十三	面白い/可笑しい/滑稽 …… 88
十四	～難い/～にくい/～づらい …… 89
十五	我慢強い/辛抱強い …… 90
十六	可哀想/気の毒 …… 90
十七	肝心/重要/大切 …… 91
十八	簡単/易しい/容易/平易/手軽/たやすい/安易/簡潔 …… 92
十九	きつい/厳しい …… 93

二十	気持ちいい/快い/心地よい	94
二十一	気持ち悪い/気味悪い/不気味	95
二十二	結構/いい/よい/よろしい	95
二十三	寂しい/侘しい	96
二十四	残念/惜しい/勿体無い	97
二十五	凄い/激しい/酷い	98
二十六	素敵/素晴らしい/立派/見事	98
二十七	切ない/悲しい	99
二十八	せわしい/忙しい/慌ただしい/多忙/忙しない	100
二十九	冷たい/寒い/涼しい	101
三十	安い/安っぽい	102
三十一	～やすい/～よい	102

第三篇　副詞

一	相変わらず/やはり/依然	106
二	敢えて/無理に/強いて/押して/たって/無理矢理/強引に/腕ずく	107
三	あくまで/限りなく/無限/無数/際限なく	109
四	あっさり/淡泊/さっぱり	110
五	案外/意外/思いがけず/思いもよらず/思いのほか/図らずも/存外	111
六	いずれ/その内/やがて/まもなく	112
七	一々/一つ一つ/個別に/逐一	114
八	一応/取り敢えず/ひとまず	115
九	一途に/一筋に/ひたすら/専ら/ひたむき	116
十	一度に/一時に/いっぺんに/一気に/一息に/一挙に	117
十一	一番/最も	119
十二	いっぱい/なみなみ/たっぷり/ぎっしり/たんまり	119

十三	うろうろ/まごまご/おたおた/おろおろ	120
十四	概ね/大体/大抵/大凡/凡そ/ほぼ/殆ど	121
十五	各々/それぞれ/個こタ/銘々	123
十六	概して/一般/総じて	124
十七	かえって/寧ろ/いっそ	125
十八	がっちり/がっしり/しっかり	126
十九	必ずしも/あながち/まんざら	127
二十	代わる代わる/代わりばんこ/交互に	128
二十一	偶然/偶に/偶々	128
二十二	現に/今/只今/今や/現在/目下	129
二十三	こぞって/挙げて	131
二十四	この間/この前/今度	131
二十五	最近/この頃/近頃	132
二十六	さぞ/さぞかし/さぞや/定めし/定めて/恐らく/多分	133
二十七	早速/直ぐ/直ぐに/すぐさま/直/直に/直ちに	135
二十八	様々/色々/種々/取り取り/区々	136
二十九	更に/もっと/一層/一段（と）/より/一際	137
三十	直に/直接/直直に	139
三十一	次第に/段々/どんどん/益々/いよいよ	140
三十二	実に/まことに/げに/本当に/正に	141
三十三	しばしば/度々/よく/時々	142
三十四	少し/少々/いささか/ちょっと/ちょいと/ちょっぴり/僅か/やや	143
三十五	せっかく/わざわざ/態と/故意に/殊更	145
三十六	絶対に/断じて/決して	146
三十七	ぜひ/ぜひとも/きっと/必ずや/必ず/決まって	147
三十八	せめて/少なくとも/少なくも	149
三十九	全部/皆/すべて/すっかり/悉く	149
四十	それほど/さほど/あまり/大して	151

目 录

四十一	そろそろ/ゆるゆる/ゆっくり ……………………………………… 152
四十二	大分/随分/かなり/なかなか/よほど/相当 …………………… 153
四十三	大変/とても/非常に/甚だしく/甚だ/大いに/頗る/極めて/ 極/大層 ……………………………………………………………… 154
四十四	ただ/たった/単に/単なる ……………………………………… 157
四十五	忽ち/急に/直ぐに/直ちに ……………………………………… 158
四十六	たとえ/よしんば/もし/もしか/仮に ………………………… 159
四十七	ちっとも/少しも/全然/全く/さっぱり/まるきり/まるで/ 一向に/とんと/到底/皆目/一切/てんで ……………………… 160
四十八	ちゃんと/きちんと ……………………………………………… 163
四十九	ちょうど/まるで/いかにも/宛ら/恰も/さも ……………… 164
五十	つい/うっかり/思わず ………………………………………… 165
五十一	常に/普段/いつも/しょっちゅう/始終/絶えず/頻りに …… 166
五十二	つまり/即ち/要するに/結局/詰まる所/所詮 ……………… 168
五十三	丁寧に/丹念に/念入りに ……………………………………… 170
五十四	出来るだけ/出来る限り/せいぜい/なるべく/なるたけ …… 170
五十五	当然/勿論/無論/当たり前/もっとも ……………………… 172
五十六	とうとう/やっと/ついに/漸く/辛うじて/何とか/どうにか …… 173
五十七	どうも/どうやら ………………………………………………… 175
五十八	特に/殊に/殊の外/特別(に)/とりわけ/別段/格別/格段 ……… 176
五十九	突然/不意に/急に/俄に/俄然/出し抜けに/いきなり/不図/ 突如/忽然 ……………………………………………………………… 178
六十	兎に角/何しろ/兎も角/いずれにしても/いずれにせよ/どうせ ……………………………………………………………………… 180
六十一	共に/一緒に/一斉に ……………………………………………… 182
六十二	なお/尚更/まして/況や ………………………………………… 183
六十三	なお/まだ/未だに ………………………………………………… 184
六十四	なぜ/なにゆえ/どうして/何で ………………………………… 184
六十五	何卒/どうぞ/どうか/何分/ぜひ/是非とも/願わくは/

	こい願わくは/まげて	186
六十六	なるほど/さすが	187
六十七	なんだか/なんとなく	188
六十八	残らず/洗いざらい/隈なく/根こそぎ/虱潰し	189
六十九	のろのろ/ぐずぐず/もたもた/のっそり	190
七十	のんびり/ゆったり/のびのび/ゆっくり	191
七十一	果たして/やはり/案の定/さすが	192
七十二	ひそかに/そっと/こっそり/ひっそり/ひそひそ/ひそやかに/忍びやかに	193
七十三	独りでに/自ずから/自然に/自ずと	195
七十四	前もって/予め	196
七十五	真面目に/一生懸命/懸命に/真剣に/必死に/本気に/せっせと	197
七十六	また/重ねて/再び/再度	199
七十七	みだりに/やたらに/むやみに	200
七十八	滅多に/碌に	200
七十九	もはや/もう/既に/疾っくに	201
八十	割合/比較的/割に/結構	202

参考文献 …… 204

第一篇
動　　詞

一 開ける/開く

📄 **相近词义** 打开

📚 **区别和例句**

❶ **開ける** 是他动词,表示把关着的物体全部打开或部分打开,把挡着的物体或其中一部分挪开、去掉,留出空间或出入口。常搭配"窓・戸・ドア・扉・襖・障子・幕・本・目・口・箱・袋・包み・ファスナー・フタ・封・缶詰・店"等词。反义词为"閉じる・閉める"。例如:

- 大学前の古本屋は朝 10 時に店を開ける。/大学前面的旧书店上午 10 点开门。
- 窓を開けたら爽やかな風が部屋に入ってきた。/一打开窗户,清爽的风就吹进房间。
- 引出しに何が入っているか、ちゃんと目を開けてご覧なさい。/抽屉里有什么,你睁开眼睛好好看看。

❷ **開く** 是自他动词,表示打开关闭着的某物或表示某物自然展开的动作。在用于伞、书、手、腿、花等这些一般不可分割开来的统一体时,表示以一点为中心向外展开的动作。在用于门、窗时,不表示左右移动,而表示向外推开的动作,还可表示使之变成敞开的状态。较"開ける"更书面化,多用于表达抽象内容,常搭配"傘・パラシュート・扇子・コンパス・傷口・手足・心(の扉)・胸襟・距離・差・愁眉・会議・講座・入学式・展覧会・儀式・流派・時代・歴史(のページ)・未来・可能性"等词。作自动词使用时,其反义词为"閉じる・閉まる";作他动词使用时,其反义词为"閉じる・閉める"。对于"窓・ドア・襖・蓋・包み・幕・カーテン・袋・目・口"等本来就具有开启功能的物体,理论上"開ける・開く"均可使用,但有时候两者所表达的含义不同。例如,"口を開ける/张嘴""口を開く/开口说话""目を開ける/睁眼""目を開く/觉悟、明白""店を開ける/营业""店を開く/新店开张",等等。抽屉、冰箱、单开门柜子等单向开启的物体应用"開ける",而"開く"强调由中间向两边开启的动作,多用于两边均可开启的物体。"開ける"表示拆除障碍,消除隔阂;"開く"用于本身就具有开启功能的物体,属书面语,多用于描述性、修辞性的表达。在表达召开会议、开设课程、举行仪式、创立流派、开创历史新篇章等抽象动作时也应用"開く"。例如:

- 裕子さんはやっとこの頃心を開いて話をするようになった。/裕子近来终于开始敞开心扉说话了。
- あの会社は今度九州に支社を開くことになった。/那家公司这次决定在九州开设分社。

- 物質文明へ歩み始めたとともに文学の歴史もその幕を開いた。/向物质文明迈进的同时，文学的历史也拉开了序幕。

二 ～上<ruby>あ</ruby>げる/～切<ruby>き</ruby>る/～終<ruby>お</ruby>わる

相近词义 完，完成

区别和例句

❶ **～上げる** 多数情况下和"～終わる"可以互换，但"～上げる"表示完成、满足的意味较强，因此多用于写、缝、做、磨等最后可完成的动作。此外，"～上げる"还表示由低向高的动作行为，此动作行为可以是具体的，也可以是抽象的。例如：

- 斉藤さんは徹夜してレポートを書き上げた。/齐藤熬通宵写完了报告。
- 彼のお母さんは、3人の息子を立派に育て上げた。/他的母亲把三个儿子都培养得很优秀。
- ダムを何年もかかってやっと築き上げた。/历时多年终于建好了水库。

❷ **～切る** 可以表示以前接动词为手段，将物体分割开来，还可以表示达到极限，在表示达到极限时常以"～切っている"的形式出现。用于抽象事物时多含贬义。此词暗含数量概念，表示没有遗留问题，完全解决。例如：

- 重要な書類をなくした秘書は困り切っているところだ。/弄丢了重要文件的秘书一筹莫展，不知如何是好。
- 彼は山の中で道に迷って10日間も水だけで過ごしたので、発見されたときはすっかり体が弱り切っていた。/他在山里迷了路，10天里只靠喝水存活下来，被人发现的时候身体极度虚弱。
- 昨夜のパーティーでは食べ切れない程のご馳走が出た。/昨晚的宴会有吃不尽的美食。

❸ **～終わる** 表示一个持续性动作随着时间的流逝而完结，且所指动作必须有明确的终结点。反义词为"～始める"。例如：

- 読み終わった新聞は、元の場所に戻しておいてください。/看完的报纸请放回原处。
- 食べ終わったら自分で食器を洗いなさい。/吃完后请自行清洗餐具。
- 手紙を書き終わったら、すぐに出しに行くつもりです。/打算写完信就立刻出去寄。

焦る/慌てる

📜 **相近词义**　急

📚 **区别和例句**

❶ **焦る**　表示事情进展不像预想的那么顺利,想采取措施尽快达到目的的焦急心情。因此,"焦る"的重点在表现焦虑、着急的心理状态。例如:
- 焦ってミスをして、さらに焦るという悪循環からすぐ抜け出そうと思う。/我想从因焦虑而犯错,进而更焦虑的恶性循环中挣脱出来。
- 成功を焦る必要はない。/没必要急着成功。
- 寝坊して遅刻するかと思って焦った。/想着起晚了会迟到,心里有些着急。

❷ **慌てる**　表示因遭遇意想不到的事情而惊慌,不沉着;还可以用"慌てて＋動詞"的形式表示急着做某事。例如:
- 政府は交渉決裂の知らせに慌てた。/政府因为谈判失败而惊慌失措。
- 慌てて家を出たので、財布を忘れてしまった。/因为急着出门忘记带钱包了。
- 大雨の中を慌ててうちへ帰った。/在大雨中慌忙往家赶。

あげる/与える/預ける/授ける

📜 **相近词义**　给,给予

📚 **区别和例句**

❶ **あげる**　表示动作主体将物品给予他人,使物品的位置、状态、位次有提升之意,还可以作补助动词,常以"～てあげる"或"～しあげる"的形式出现。例如:
- このアクセサリーはお好きなら、貴方にあげましょう。/你要是喜欢这个装饰品,就给你吧。
- 誕生日のお祝いに父に腕時計をあげた。/作为生日贺礼,送给父亲手表。
- このパンダのおもちゃはお子さんにあげるものです。/这个熊猫玩具是给您孩子的。

❷ **与える**　是"あげる"的书面语,表示动作主体将物品给予同辈、晚辈、动物;用于抽象事物表达时,表示行为主体在"義務・機會・賞罰・能力・刺激"等方面施加影响,发挥作用。可用于正式场合和非正式场合。当表达事物或自然现

象等所带来的影响、结果时,属于书面语表达形式,不能与"授ける"互换。例如:
- 与えられた時間内に処理せよ。/在规定时间内处理!
- 天候は農業に大きな影響を与える。/天气对农业有很大影响。
- 夢が困難に耐える力を与えてくれた。/梦想给了我们面对困难的力量。

❸ **預ける**　表示请别人代为照顾某人,或请别人代为保管钱物,也可表示对某人委以管理和经营的责任。是"あげる・与える・やる"的礼貌说法。例如:
- 斉藤さんが鍵を私に預けたまま取りに来ない。/齐藤把钥匙放在我这保管没来取。
- 荷物は知人に預けっぱなしだ。/行李一直寄存在熟人那里。
- 子供の時代は父の転勤で親類に預けられた。/孩童时期,因为父亲工作调动,我被寄养在亲戚家。

❹ **授ける**　表示上级机关向下级机关或个人正式而庄重地颁发奖状,授予荣誉称号等,也可表示高等院校、科研机构等向个人授予学位,还可表示知识的传授。"授ける"不能用于表示在私下场合的随意给予。例如:
- 神が授けてくれた命を大切にしよう。/请珍惜神灵赋予我们的生命。
- 各分野の功労者に対して国から文化勲章が授けられる。/文化勋章由国家颁发给了各个领域的功臣。
- コーチは選手に必勝の策を授ける。/教练给选手传授必胜之计。

五　当たる/ぶつかる

📄 **相近词义**　碰上,撞上

📚 **区别和例句**

❶ **当たる**　表示某一物体碰到或接触到另一物体,含有命中对象或目标的意思。也可表示某一物体接触光、热、风等,还可表示相等、相当、意料之中、中彩票等。例如:
- そこを通った時、木の実が落ちてきて、私の頭に当たった。/路过那里的时候,果实落下来,打中了我的头。
- 水面に雨滴が当たって白く光る。/雨滴落到水面泛起白光。
- 昨日は大風で飛ばされた看板が通行人に当たったそうだ。/听说昨天被大风刮落的广告牌打中了行人。

❷ **ぶつかる**　表示物体之间作用力比较强的接触,有一种速度感和冲击感,也表示因意见不同而与人争辩,还表示遇到困难、时间冲突、撞上建筑物等。例如:

⊙ この先の交差点で、トラックとバイクがぶつかった。/在前面的十字路口,卡车和摩托车撞到了一起。

⊙ シュミットさんは慌てていたので、ガラス戸に気がつかないでぶつかってしまった。/修米特因为慌张,没注意到玻璃门,结果撞了上去。

⊙ 小森さんは思いがけない困難にぶつかって、すっかり落ち込んでしまった。/小森遇到了意想不到的困难,他情绪非常低落。

六　扱う/あしらう/取り扱う

相近词义　对待,操作,处理

区别和例句

❶ **扱う**　表示关心、对待、照顾、看护、手工操作、调解、管、经营等。多用于个人的义务、工作范围内,常用于"本・食器・カメラ・精密機械"等供个人使用的物品。例如:

⊙ 思うようにパソコンを扱える人がうらやましい。/我羡慕能够自如地使用电脑的人。

⊙ その品物は当店では扱っておりません。/那个商品本店没有销售。

⊙ 友人の家で身内と同じように扱ってくれた。/在朋友家里被当作自己人对待。

❷ **あしらう**　常用于态度不好的招待、应对,转义为敷衍。还可以表示操纵、摆布及搭配、点缀等意思。例如:

⊙ 人を巧みにあしらってはいけない。/不能取巧摆布别人。

⊙ 牛肉に馬鈴薯をあしらうのは普通です。/用马铃薯搭配牛肉是很普遍的情况。

⊙ おざなりに人をあしらう。/敷衍地对待别人。

❸ **取り扱う**　表示用心接待、照顾、操作、摆弄、处理。一般指与公司、组织等整体有关系的动作,常用于若操作方法有误则会导致危险的事物,如"工作機械・電気・ガス器具・割れ物"等。也多用于易碎物品,如玻璃器皿会附上"取り扱い説明書",易碎物品会附上"取り扱い注意"。例如:

⊙ この書類はあちらの窓口で取り扱います。/这个文件在那边窗口办理。

⊙ 劇毒物を取り扱う時の注意事項を読みました。/读了剧毒物品管理的注意事项。

⊙ 貧富の差に関係なくだれでも平等に取り扱われるべきだ。/和贫富差异无关,人人都应该被平等对待。

七 至る/着く

相近词义 到达(目的地)

区别和例句

❶ **至る**　表示人到达某个目的地时,和"着く"一样,但属于书面语。与"着く"不同的是,"至る"还可以表示达到某个范围、数值、时间或状态等,因此,它的使用范围更广。例如:
- 問題は今日に至っても解決していない。/问题至今没有解决。
- この道は京都を経て大阪に至る。/这条路途经京都直至大阪。
- 会議は深夜に至った。/会议一直开到了深夜。

❷ **着く**　除了可以表示人抵达某个目的地之外,还可以表示货物、书信等送达目的地,或身体某部分触及某处。例如:
- 母は昨日九時に空港に着いた。/妈妈昨天9点抵达了机场。
- 引っ越しの荷物がやっと着いた。/搬家的行李终于到了。
- 体を前に折り曲げると手が地面に着いた。/身体往前一屈,手就触到了地面。

八 うもれる/埋もれる/うめる/うまる/埋める/埋まる

相近词义 埋

区别和例句

❶ **うもれる**　表示完全覆盖,从表面上看不出痕迹。也比喻稀世珍宝、才能等被埋没。作书面语时,也可写为"埋もれる"。"埋まる"在表示掩埋时,可以与之替换。例如:
- 山田さんは各地にうもれたおいしい料理を探す旅行を始めた。/山田开始了寻找各地隐藏的美食的旅程。
- そんなに立派な人がこんな小さな工場にうもれるのは惜しいことです。/那么优秀的人埋没在这样的小工厂里真是可惜。
- すぐれた才能をうもれさせるにしのびない。/不忍埋没出众的才华。

❷ **埋もれる**　表示被沙土、雪等覆盖,没有痕迹,或(被)埋上。也比喻陷入(悲伤、绝望),或指(人才等)被埋没。还表示填满、充满。"うもれる・埋もれる"均作为书面语使用,以自动词表示被动。但是,"埋もれる"比"うもれる"语气更强,表示深藏、雪藏。例如:
- 考古学者は砂に埋もれた楼蘭の遺跡を発掘する。/考古学家发掘掩埋

在沙土里的楼兰遗迹。
⊙ 立花さんは実は田舎に埋もれた漢学者です。/立花女士其实是埋没在农村的汉学家。
⊙ これは実に埋もれた名作だ。/这的确是一部被埋没的杰作。

❸ **うめる・うまる**　是一组自他动词。表示将某物埋于地下,或对缝隙、空位、赤字、缺员等部分的填补;还可以表示加水使温度或浓度降低。口语中常用。可写为"埋める"或"埋まる"。例如:
⊙ 海をうめて陸地をつくる。/填海造地。
⊙ 借金で使い込んだ穴をうめるよりほかはない。/只有靠借款填补挪用资金的漏洞。
⊙ パートタイマーの労働者を募集して、会社員の欠員をうめる。/招零工来弥补公司职员的短缺。
⊙ 大水のため、鉄道が泥にうまってしまった。/因为洪水,铁路被泥沙掩埋。
⊙ 夏になるとこの浜辺は人でうまっている。/一到夏天,这片海滨就挤满了人。

❹ **埋める・埋まる**　是一组自他动词。表示将某物深埋于地下,重点是不被他人发现;表示填充、占满整个空间;还可以表示覆盖、掩盖在物体表面,将其隐藏于下。作为书面语,多用于修辞表达。"うめる"是将物体埋于地下,使之不被看见;"埋める"是为防止物体被挖出而挖坑将其深埋,掩盖痕迹。表示填补空缺的意思时,如"穴(空席・赤字・欠員・虫歯・金・熱い風呂の湯)をうめる",不能用"埋める"。表示充满的意思时,如"部屋(ノート)を花(字)でうめる・歓声(拍手)がホールをうめる",也可以用"埋める"。表示隐藏的意思时,如"紅葉が庭を埋める・悲しさに顔を枕に埋める","埋める"不能与"うめる"换用。例如:
⊙ 秋になると、紅葉が山を真っ赤に埋めている。/一到秋天,红叶就将大山染成了红色。
⊙ 若い彼は骨を埋める覚悟でフランスへ渡っていった。/年轻的他做好了待一辈子的准备,远渡重洋去了法国。
⊙ 演奏が終わって、歓声、拍手はホールを埋めた。/演奏完毕,欢呼声和掌声响彻大厅。
⊙ 一晩のうちに、山も村も雪に白一色に埋まっている。/一个晚上的时间,山和村庄都被雪掩盖成白茫茫一片。
⊙ 万人収納のできる競技場は観衆に埋まった。/能够容纳万人的竞技场坐满了观众。

- 港湾が埋まってできた土地の上に工場が建った。／港湾通过填海造出的土地上建起了工厂。

九 える/うる/もらう

相近词义　得到

区别和例句

❶ **える**　自他动词,着重强调将某物变成自己的东西,用于获得抽象的东西,或是博得同情、好感,赢得利益,取得信任等,属书面用语,多用于"収入・財産・土地・利益・機会・学位・地位・名誉・権利・情報・資格・援助・許可・仕事・協力・勝利・理解・知識・賛意・味方・指導・配偶者・人材・結論"。可以接续动词连用形表示可能,推量,如"しえない・ありえない"等;也可以表示没有办法,如"やむをえない""～ざるをえない"。可写为"得る"。例如:

- 私たちは今回の失敗から貴重な教訓をえた。／我们从这次的失败中得到了珍贵的教训。
- 権力や富を手中にするだけでは真の幸福はえられない。／只是把权力和财富攥在手里并不能获得真正的幸福。
- それは複雑で、ひとりでは成しえない。／那个很复杂,一个人做不成。

❷ **うる**　是"える"的古语,用法同"える"。现代日语口语中常用其终止形和连体形。还可以用"動詞連用形＋うる",表示可能,但是其否定要用"～えない"。可写为"得る"。例如:

- 砂漠で水をうるのは困難だ。／在沙漠里获得水是很困难的。
- 国際的に幅広い共鳴と支持をうる。／在国际上获得了广泛的支持和共鸣。
- 誰でも参加しうる資格を持っています。／谁都有参加的资格。

❸ **もらう**　授受关系动词,在句型"AがBに(から)Cをもらう"中,简单地说,A表示收东西的人,B表示给东西的人,C表示东西。もらう还可以用作授受关系补助动词,"AがBにCを…てもらう"表示A从B得到利益、恩惠、许可,或A因B而感到困扰等。除表示收到、获得外,还可以表示购买、娶(媳妇)、收养、承担、取胜等。可写为"貰う"。例如:

- 卒業祝いには時計をもらいたい。／我想要只表来庆贺毕业。
- 村山さんとは贈り物をあげたりもらったりする仲だ。／我和村山是互赠礼物的关系。

⊙ 先生に判子をもらってから書類を事務室に提出する。/请老师盖章后把文件交给办公室。

起きる/起こる/生じる/生まれる

相近词义 产生(某个新的事物)或出现(某种新的状态)

区别和例句

❶ **起きる** 表示发生某个事件或出现某种状态时,可以和"起こる"互换。除此之外,还有起立、起床、睡醒的意思。例如:
⊙ 頭痛が起きて苦しんでいる。/头痛发作很难受。
⊙ 転んだら、すぐ起きなさい。/摔倒就马上爬起来!
⊙ 彼は毎朝7時に起きる。/他每天早上7点起床。

❷ **起こる** 表示事物、事态或者动作产生或出现,此时可以和"起きる"互换。还可表示心中产生某种欲望和感情,此时可换成"生じる"。此外,在"産業がおこる""国がおこる"等表达中,当"おこる"表示兴盛的含义时,通常写作"興る"。当用于"戦争・革命・紛争・労働運動・事件・混乱・問題・摩擦・困ったこと・腹痛・頭痛"时,可以与"起きる"互换,但是,"起きる"多用于可预测事件,"起こる"多用于突发的、没预料到的事件,如"地震(火事・崖崩れ・爆発・伝染病・心臓病)が起こる"。例如:
⊙ 喘息の発作が起こった時の対処方法について解説する。/说明哮喘发作时的处理方法。
⊙ 世界で起こっている紛争は長年解決されず、今なお多くの人が犠牲となっている。/世界上产生的纷争常年未决,进而造成现在很多人的牺牲。
⊙ その時、不思議なことが起こった。/那时,发生了不可思议的事情。

❸ **生じる** 可以作自动词,意义和用法最广,表示出现新事物或现象,如"利益が生じる";可以作他动词,表示产生或者使某事态发生,如"利益を生じる"。也有"生ずる"的形式,但现在多用"生じる"。例如:
⊙ 壁際には雑草が生じる。/墙边生了杂草。
⊙ 微妙な狂いが生じる。/产生了微妙的狂热。
⊙ 予期せぬ事態が生じた。/发生了无法预料的事情。

❹ **生まれる** 本义为出生、诞生。还可以表示新事物的出现,或者产生某种想法。例如:
⊙ この時代、この国に生まれた人にはやるべきことがある。/生在这个时

代、这个国家的人有应该去做的事情。
- ママの声から生まれた幼稚園弁当には美味しさとやさしさがたくさんたまっている。/在妈妈的呼吁中诞生的幼儿园便当既美味又充满爱意。
- 新たな疑惑が生まれた。/产生了新的疑惑。

十一 行う/催す

📄 **相近词义** 举行,举办

📚 **区别和例句**

❶ **行う** 和"催す"均表示举行会议、活动等的主办方的行为。常用搭配有："檢查(検診・手術・注射・実験・研究・調査・授業・検札・監視・宣誓・値上げ・改革・選挙)を行う",特别强调手续、法律、习惯、形式等,给人一种略显仪式感的印象,是郑重其事的说法。例如:
- 今月の23日に、母校講堂にて定例会後、同窓会を行います。ご参加ください。/本月23日,在母校讲堂举行例会后将召开同学会,敬请参加。
- 民間団体が国際協力事業への支援を行う。/民间团体支援国际合作项目。
- 現在、それについての交渉は中断し、行われていない。/现在与此相关的谈判中断了,没有再进行。

❷ **催す** 也可用于正式场合,但不讲求排场,用于"展覧会・展示会・見本市・歓迎会・送別会・クラス会・バーゲンセール・バザー・イベント・ファッションショー・チャリティショー・オークション・競馬"等能使参与人感到快乐的活动。作自动词使用时可以表示感觉、预示、有征兆等。例如:
- 独立を記念してさまざまな行事が各地で催される。/各地都举办了纪念独立的各种活动。
- 運動会を催すには秋がふさわしい。/就举办运动会而言,秋季是合适的。
- 退屈で授業中に眠気を催す。/太无聊了,上课时想睡觉。

十二 怒る/いかる/憤る/腹立つ/剥れる/膨れる

📄 **相近词义** 生气,发怒

📚 **区别和例句**

❶ **怒る** 指不能克制不愉快、不喜欢、不满、生气等情感而表现出来,也指上

级或长辈因下级或晚辈的不良态度和行为而生气,情绪激动地加以批评。多指由直接原因导致生气、发怒。例如:
- 彼はこの頃機嫌が悪くて、怒ってばかりいる。/近来他心情不好,总发火。
- 弟が約束を破ったことに私は怒っている。/弟弟没有遵守约定,我很生气。
- 朝帰りをして父に散々怒られた。/我早晨回家被父亲狠狠地骂了一通。

❷ **いかる** 是"怒る"的书面语、雅语表达,多指抽象的、精神方面的原因导致的愤怒。可写为"怒る"。名词形式为"いかり"。例如:
- 社長は部下の腐敗をいかっている。/社长对手下的腐败很是恼怒。
- 市民は道徳の退廃をいかる。/市民恼怒于道德的沦丧。
- だれでも世の不正に対していかる。/人人都对世上的不公感到愤怒。

❸ **憤る** 书面语,多指抽象的、精神方面的愤怒,指愤慨到极点,对不讲理的行为有种责难的情绪。例如:
- 国民は税制の不公正を憤る。/国民愤怒于税制的不公正。
- 道徳の退廃を憤る。/愤怒于道德的沦丧。
- 無策の行政を憤る。/愤怒于行政的无所作为。

❹ **腹立つ** 可以说成"腹が立つ・腹を立てる",一般用于第一人称,在用于他人时需要以传闻等形式表达。表示生气的状态持续存在,无论如何都想不通,无法忍受,马上就要愤怒地爆发了的感觉。例如:
- 核実験には反対するなど意思表示すべきで、腹立っても仕方がありません。/应当发表反对核试验的意见,生气无济于事。
- 子供のわがままやいたずらに腹を立てる。/对孩子的任性和淘气感到非常生气。
- 腹立つことの多い昨今の世相。/世风日下。

❺ **剝れる** 侧重于指赌气、绷着脸、发火。属于口语表达。例如:
- 松山さんは宴会に呼ばれなかったので剝れました。/松山因为没被邀请参加宴会而生气。
- 妹は注意されるとすぐに剝れてしまいます。/别人一提醒,妹妹就生气。
- 謝ってくれたから、そう剝れるな。/别人道歉了,就不要生气了。

❻ **膨れる** 表示心情不好,别别扭扭的样子,给人一种孩子气的感觉。另外,还表示物体的一部分或整体就像从内部胀大起来一样,给人一种本来不会变大的东西由于某种原因而变大了的感觉。例如:
- 吉岡さんは注意されるとすぐ膨れます。/别人一提醒,吉冈就不高兴。

- 柱にぶつけたおでこが膨れて、瘤になってしまいました。/前额撞到柱子鼓了起来,形成了一个肿包。
- 住吉さんは気に入らないとすぐ膨れる。/住吉一不如意就不高兴。

十三　教える/知らせる

📄 **相近词义**　告诉,告知

📚 **区别和例句**

❶ **教える**　多用于"教師・コーチ・インストラクター・師匠・技師・書物・生活・経験・話や諺"等动作主体,直接或间接地向"相手・生徒・学生・選手・弟子・動物・コンピュータ・人々"等,就"相手の知りたいこと・知識・技術や方法・技法や芸・情報やデータ・知恵や処世術"等内容进行教授。例如:

- 冬山は、しばしば自然の恐ろしさを教えてくれる。/冬天的大山屡屡让我们见识大自然的可怕。
- 杉山さん、この問題が分からないんですが、教えてください。/杉山先生,这个问题我不太明白,请教教我。
- 先週の日曜日、私は妹に自転車の乗り方を教えました。/上周日,我教妹妹骑自行车。

❷ **知らせる**　多指以"目・合図・信号・暗号・電話・電報・ファックス・テレックス・テレビニュース・号外・掲示・手紙"等方式,通过"友達・パソコン・ネットワーク・衛星放送"等进行告知。例如:

- 私は会議室にいますので、マリーナさんが来られたら、知らせてください。/我在会议室,如果玛丽娜来了,请告诉我。
- お昼ごろ火事を知らせる警報器のベルが、突然鳴り出した。/中午的时候火灾报警器的警铃突然响了起来。
- こちらに引越したことは、まだ誰にも知らせていません。/搬到这里来的事,我还谁都没有告诉。

十四　恐れる/驚く/びっくりする/呆れる

📄 **相近词义**　吃惊

📚 **区别和例句**

❶ **恐れる**　指可能发生不好的事情,或担心发生不好的事情。例如:

- 小山さんは皆から恐れられている監督です。/小山是位让大家害怕的

导演。

- あの人は何事も恐れない人です。/那个人是个什么都不怕的人。
- 落ちこぼれるのではないかと、ひたすら恐れる。/一味担心会落后。

❷ **驚く** 表示对具体的现象或抽象的间接的事实感到惊讶、吃惊、意外；还可以表示对发生的事实仍然没有察觉、糊里糊涂的；也可以表示喜悦、悲伤、遗憾、后悔等情感。可用于积极、消极两方面。例如：

- 自分の目で見、今更ながら万里の長城の壮大さに驚いた。/亲眼见到之后越发对万里长城的壮观感到惊叹。
- 昨日まであんなに元気だったおじいさんがぽっくり逝くなんて驚くなあ。/昨天还那么健康的爷爷骤然离世，真是让人意想不到。
- ワッと言ったら跳び上がって驚いた。/哇的一声，他吓得跳了起来。

❸ **びっくりする** 表示因意外发生的事情，瞬间感受到的惊吓，侧重主观感受。例如：

- 人ごみで名前を呼ばれて、びっくりしました。/人群中有人叫我的名字，吓我一跳。
- 突然停電した暗闇に、猫の目の光っているのが見えて、びっくりした。/突然停电，在一片黑暗中看见闪着亮光的猫眼，吓了一跳。
- 大きな音にびっくりして目を覚ます。/被很大的声音惊醒。

❹ **呆れる** 在现代日语中用于表示轻蔑与责难，指实在太过分了，令人瞠目结舌。仅用于消极的评价。例如：

- その場にいた人はみんな呆れて顔を見合わせた。/在场的人都惊呆了，面面相觑。
- 先生の前であんな非常識なことを言うなんて、呆れて物が言えない。/在老师面前竟然说出那么不合常理的话，真是让人吃惊得说不出话来。
- また先生に叱られたんだって。ぜんぜん懲りないんだもの、呆れちゃうよ。/又被老师骂了？真是死不悔改，太不像话了。

十五 落ちる／落とす／無くなる／無くす／失う

相近词义 掉落，掉下，落掉

区别和例句

❶ **落ちる** 表示物体快速下落、急速下降，或表示事物、人离开原处、消失。侧重于表示物体离开起点后发生了不好的结果，往往伴有负面的意味。

落とす 是"落ちる"的他动词，有时伴有一种故意、特意、勉强的意味。

例如：
- 滝がごうごう音を立てて落ちてくる。/瀑布发出巨大的水声，飞流而下。
- 今年は浪人2年目だよ。今度落ちたらどうするのよ。/今年是第二次复读了，这次再考不上怎么办？
- 枝を揺すって樹の実を落とした。/摇晃树枝让果实掉下来。
- コップをうっかり落として割ってしまった。/不小心把杯子摔到了地上，打碎了。

❷ **無くなる** 表示失去的结果，多用于描述自然现象带来的后果，这种失去是永久的。例如：
- 台風で屋根が無くなった。/屋顶被台风刮走了。
- 成功する望みが無くなった。/成功的希望没有了。
- 先週買ったばかりの鞄が無くなってしまった。/上周刚买的包弄丢了。

❸ **無くす** 用于表达有意识地除去、废止或放弃"悪い癖・むだ・制服・制度・試験・戦争"，或无意识地弄丢了"お金・鍵・パスポート・自制心"等。例如：
- これは大切なものだから無くさないように。/这个是非常重要的东西，不要弄丢了。
- 将来への希望を無くす。/失去了对未来的希望。
- 叱ると子供はやる気を無くす。/如果骂孩子，孩子就没干劲了。

❹ **失う** 表示失去或不得已放弃对自己来说不可或缺的重要事物。常用于"財布・職・地位・権力・友達・愛情・自信・望み・機会・記憶・スピード"等的丢失。没有对应的自动词。例如：
- 季節感が年を追って失われていく。/对季节的感知一年不如一年。
- ふとした油断から絶好のチャンスを失ってしまった。/由于偶然的疏忽失去了绝好的机会。
- 譲歩によって団結をもとめれば団結は失われる。/如果通过让步来谋求团结，这种团结也终将失去。

十六 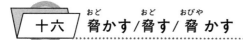脅かす/脅す/脅かす

📖 **相近词义** 威胁,吓唬

📚 **区别和例句**

❶ **脅(おど)かす** 表示用语言或者暴力对他人加以威胁,使对方陷入不安

或者恐惧状态,不一定带有恶意。也可以表示因突然的行为使对方受到惊吓。例如:

- 怖い物語で子供を脅かして眠らせた。/用可怕的故事吓唬小孩,让他睡觉。
- 強盗はナイフを見せ店員を脅かした。/强盗亮出小刀威胁店员。
- いきなり大声を出して友達を脅かした。/突然发出很大声音吓唬朋友。

❷ 脅す　一般指用强硬的态度,逼迫对方按自己意志行事。多指强盗或暴力团伙使用暴力手段迫使对方服从。也可表示恐吓,使其受到惊吓。例如:

- 強盗はピストルで人質を脅した。/强盗用手枪威胁人质。
- 脅迫罪とは、簡潔に説明すると相手を脅し恐怖を与える罪になります。/所谓"胁迫罪",简单地说就是威胁对方让其感到恐惧而构成的犯罪。
- 真理子はマッチングアプリで出会った男性から画像を拡散すると脅されています。/真理子被在配对App上遇到的男性威胁,说要把她的照片传播出去。

❸ 脅(おびや)かす　指用力量等手段吓唬。当主体和对象均为人时,表示采用语言或暴力行为恐吓对方,使其按自己的意志行事;当主体和对象为抽象事物时,表示使对方陷入不安状态或威胁其权力、地位。例如:

- 戦争が世界の平和を脅かす。/战争威胁着世界的和平。
- 新進の選手がベテラン選手の地位を脅かしている。/初露头角的选手威胁到老将的地位。
- おそらく、気候変動対策を求める積極的な行動によって、自分たちの世界観や利益が脅かされると感じているのでしょう。/也许采取积极行动,谋求应对气候变化的对策,会让人感到自己的世界观和利益受到了威胁。

十七　思う/考える/考慮する

📜 **相近词义**　思考,考虑

📚 **区别和例句**

❶ 思う　表示以感情、意志为中心的一种心理活动,指对外界刺激产生的感觉、判断、推量、意志、欲望等反应,以及内心涌动的感情、愿望、回忆等瞬间产生的直观感觉,或内心浮现的情绪化的印象。比"考える"更主观、感性,多接在意见、主张之后,以缓和语气。例如:

- 初めて東京に来た時、なんて人が多いのだろうと思いました。/初次来到东京,觉得人真是多呀。
- 憧れていた彼も私を愛していたなんて、夢にも思わなかった。/我做梦也没想到,那时一直仰慕的他竟然也爱着我。
- いつも不思議だと思うんだけれど、超能力というのは本当にあるのだろうか。/一直觉得很不可思议,超能力真的存在吗?

❷ **考える**　表示一种心理活动,指针对应该解决的问题,运用内部、外部的条件,对其原因、理由、方法等在头脑中进行梳理,经过长时间的逻辑分析后找出答案,条理清晰地做出客观判断。例如:

- 成人式を迎えたのだから、これからはよく考えて行動しなさい。/因为已经完成成人仪式了,从现在起要好好考虑之后再行动!
- アルキメデスが入浴中に「アルキメデスの原理」を考えついた話は有名です。/阿基米德在泡澡的时候想到了"阿基米德原理"的这个故事非常有名。
- 考えれば考えるほど腹が立つ。/越想越生气。

❸ **考慮する**　表示反复思考、斟酌以防出错。有时用于表示顾虑太多,结果什么也没做。可用于考虑一件事的情况,也可用于将多件事综合起来考虑的情况。例如:

- ご希望に添うよう十分に考慮いたします。/必将充分考虑,以达成您的希望。
- 本人の希望を考慮した上で決定します。/考虑当事人的意愿后决定。
- 何も考慮するほどの問題ではない。/并不是什么需要考虑的问题。

十八　抱える/抱く(いだく)/抱く(だく)

📝 **相近词义**　抱,怀抱

📚 **区别和例句**

❶ **抱える**　用于表示将重的物体两手握(捧)住放在胸口,或将轻的物体夹在腋下。也可以用于表示养家、雇用工人、承担责任、肩负重任等意思。例如:

- 両手でプレゼントの箱を抱えています。/双手抱着礼物盒。
- 今日はたくさんの仕事を抱えてどこへも出られません。/今天有很多工作,哪里也去不了。
- 鞄を小脇に抱えて出掛けました。/把包夹在腋下就出门了。

❷ **抱(いだ)く**　表示抱住,也可与"不安・夢・希望・恐れ"等词语搭配。

例如：
- 恩師からの記念品を胸に抱いている。/胸前抱着从恩师那里得到的纪念品。
- 赤ん坊が母親の手に抱かれて気持ちよさそうに寝ている。/婴儿被母亲抱在怀里，睡得很香甜。
- 相手に不信感を抱かせないよう配慮する。/想办法获得对方信任。

❸ 抱(だ)く　指两手环抱。抱婴儿时一般用"抱く"，强调倾注关爱地紧紧拥在怀里，用"抱える"则表示将婴儿像物件似的夹在腋下。例如：
- 赤ん坊を抱いて寝かせる。/抱着婴儿使其入眠。
- 出世したいという願いを抱いて上京する。/抱着出人头地的想法去了东京。
- 山懐に抱かれるように家が建っている。/房子建在群山环绕之地。

十九　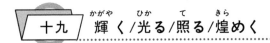輝く/光る/照る/煌めく

📖 相近词义　闪耀，闪烁

📚 区别和例句

❶ 輝く　指物体强烈地反光，"光る"可以指瞬间发光，而"輝く"给人的感觉则是持续性地反射出耀眼的光辉。此外也表示生气勃勃、充满喜悦，或得到引人注目的、极大的荣誉或奖赏。例如：
- 婚約指輪をもらった彼女の顔は、喜びに輝いていました。/拿到结婚戒指的她脸上闪耀着喜悦的光芒。
- 山々が月の光を反射して輝いている。/群山在月光的映照下熠熠生辉。
- 朝日を受けてまぶしく輝く洋上をヨットで進む。/（我）驾驶着帆船，迎着朝阳，在熠熠闪烁的海面上前进。

❷ 光る　指位于暗处的东西闪闪发亮，与周围物体相比，亮度尤为显著，亮得晃眼，也可指反射发亮。此外，也表示人的才能或技术等出众、格外突出。例如：
- 突然停電した暗闇に、猫の目の光っているのが見えて、びっくりした。/突然停电，在一片黑暗中看见闪着亮光的猫眼，吓了一跳。
- カラスは光る物を巣に集める習性があります。/乌鸦有把发光物品收集到窝里的习性。
- 展覧会では彼の作品が一番光っていました。/展览会上他的作品最为亮眼。

❸ 照る　用于太阳时强调炎热、耀眼，用于月亮时强调清冷。例如：
- 高地は霧に覆われ太陽の照る日は少ない。/高地云雾缭绕日照少。

- 真夏の日差しが容赦なく照る。/盛夏的阳光无情地照射着。
- この部屋は西日が照って猛烈に暑い。/这间房屋西晒,非常热。

❹ **煌めく**　是"きらきら"的派生词,表示闪耀、闪烁之意。例如:
- 彼の目は煌めいていた。/他目光炯炯。
- 彼女の話には才気が煌めいていた。/她的话展露了才华。
- 電灯が夜の闇に煌めく。/电灯在黑夜里闪烁着光芒。

二十　関わる/関する

📖 **相近词义**　相关,关系

📚 **区别和例句**

❶ **関わる**　指A与B有很深的关系或A对B有很大的影响,AB两者拥有交点且关联密切,其名词形式是"関わり"。另外有拘泥、牵连的意思。例如:
- 核保有は人類の存亡に関わる問題だ。/核武器问题是关系人类生死存亡的问题。
- 信仰は私の存在そのものに関わっている。/信仰与我们的存在本身有很大关联。
- 気象学の知識が登頂成功に深く関わっている。/气象学知识对成功登顶有很大影响。

❷ **関する**　表示"有关、关于"的意思。例如:
- 大学移転に関する学内の意見を整理しています。/收集大学内关于迁校的意见。
- 僕は今自分の将来に関する不安を抱いています。/现在的我对自己的未来抱有不安的情绪。
- そのことに関してはわたしはなにも知らない。/关于那件事,我什么都不知道。

二十一　隠す/隠れる/潜める/潜む/晦ます

📖 **相近词义**　隐藏,躲藏

📚 **区别和例句**

❶ **隠す**　表示用手或遮盖物把对象物或人遮住,是瞬间性动词。常与"名前・身分・素性・正体・気持ち・心・本心・事実・真相・悪事・悲しみや不

安などの表情"等搭配。例如：
- 帽子を深くかぶり顔を隠して歩く。/把帽子压得很低,遮住脸走路。
- 布を掛けてテーブルの疵を隠す。/铺上布遮住桌子的瑕疵。
- 他人の過ちは指摘しても、自分の失敗はすぐ隠そうとする。/指责别人的过失,对自己的失败却极力隐藏。

❷ **隠れる** 是"隠す"的自动词,用于能活动或有动感的主体的隐藏,如"月が雲に隠れる"。移动不能动的物体的隐藏只能用"隠す",如"日記を引き出しに隠す"。在客观叙述性表达中可与"潜む"互换。另外,还可以表示人或物身影消失,脱离视线,此表达多为文学作品中的修辞手法,属书面语表达。还可用于抽象表达,表示没有表露出来、不为人知的人、事、物、想法、潜意识等,属口语表达。例如：
- お母さんが部屋に入るとき、僕らはドアの後ろに隠れて驚かせましょう。/妈妈要进屋的时候,我们躲在门背后吓吓她吧。
- 彼の姿が闇の中に隠れて消えてしまった。/他的身影消失在黑暗之中。
- 問題の本質は皆が気がつかない所に隠れています。/问题的本质隐藏在大家都没注意到的地方。

❸ **潜める** 表示行为主体一动不动或不为人觉察地隐藏加害他人的心思等,是持续性动词,如"人が物陰に身を潜める""心に野望を潜める"。表示藏身、隐藏心情时可与"隠す"替换。但是,"潜める"可用于消声、屏息、不作声等,而"隠す"不能。"隠す"可用于移动时的状态,"潜める"指静止时的状态,为书面语。例如：
- 物陰に身を潜める。/藏身于隐蔽处。
- 声を潜めて話す。/悄声说话。
- 内に潜めた力を現す。/展现内在力量。

❹ **潜む** 是"潜める"的自动词,表示潜藏、藏在(心里)。在客观叙述表达中可与"隠れる"互换。但是不能用于声音、气息的隐藏。还可以表示动物深藏于地洞或水里,不显身形,属书面语表达。此外,用于抽象表达时,表示没有表露出来、不为人知的人、事、物、想法、潜意识等,也是书面语。例如：
- 海底には、私たちの知らない魚類が潜んでいる。/海底潜藏着不为人知的鱼类。
- 彼はしばらく大阪に潜んでいた。/他暂时在大阪潜伏了下来。
- そうした疑いがずっと彼女の心に潜んでいるのです。/那样的疑问一直埋藏在她的心里。

❺ **晦ます** 由"暗くする"演变而来,指隐藏行踪、隐瞒。"晦ます"指躲得远或销声匿迹,"潜む"指隐藏在底部,"隠れる"指藏得不远。例如：

- 犯人は人ごみに姿を晦ました。/犯人消失在人群中。
- 皆跡を晦まし、名を隠して山にはいる。/大家销声匿迹，隐姓埋名，归隐山林。
- 人の目を晦ます。/掩人耳目。

二十二 片付ける/仕舞う/整える

相近词义 收拾，整理

区别和例句

❶ **片付ける** 表示把障碍物清除、清理干净，也用于整理东西，或把散乱的、用完的东西放回原处。同时还用于表示处理必须做的事情。例如：
- 弟の部屋は、いくら片付けてもまたすぐに散らかる。/弟弟的房间再怎么整理都会很快被弄得乱七八糟。
- テーブルの上を片付けてから、お茶にしましょう。/收拾桌面之后喝杯茶吧。
- 私はこの仕事を、明日までに片付けなければならない。/明天之前我必须处理好这项工作。

❷ **仕舞う** 表示把露在外边的东西放到里边去，或者把用完的、散乱的东西放回原来的或规定的地方。此外，还用于强调动作结束的状态，含有无法挽回的意思，多用于不太好的结果，使用"動詞＋て仕舞う"的形式，口语中可说成"～ちゃう"或"～ちゃった"。例如：
- 銀の食器は、柔らかい布で包んで仕舞ったほうがいい。/银质餐具最好用柔软的布包起来存放。
- 大切な物は金庫に仕舞っておきなさい。/重要的物品请放到保险柜里。
- 彼は働きすぎて、病気になって仕舞った。/他工作过度劳累，病倒了。

❸ **整える** 表示把凌乱的物品等收拾整齐，或调整韵律、节奏等。也可表示为某事做好准备。还可写作"調える"，表示准备好必要的东西或经过协商把事情谈妥的意思。例如：
- 試合に備えて体調を整えているところだ。/正在为备战比赛调整身体状态。
- その大学を志願するのに必要な書類をすべて整えた。/已经准备好报考那所大学所必需的文件资料。
- 彼女は居間を調えて客を待った。/她收拾好起居室接待客人。

二十三　語る/述べる/話す/言う/喋る

相近词义　说,说话

区别和例句

❶ 語る　主要用于私下场合,指单方面依照顺序讲述某事,向对方传达全部内容的一种言语活动,属于书面语。例如:
- 評論家が日本人論を語る。/评论家谈日本人论。
- この文章は平和がいかに大事かを語った。/这篇文章讲述了和平有多么重要。
- 寿命の伸びは医学の進歩を如実に語っている。/寿命的延长用事实说明了医学的进步。

❷ 述べる　指在公开场合表达想法、意见,或在文章中阐述想法、意见,也可指言明、陈述。例如:
- 会議で正面切って反対意見を述べる。/在会议上面对面表达了反对意见。
- 記者会見で総理から所信が述べられた。/总理在记者见面会上阐述了自己的信念。
- 授業では学生が活発に意見を述べている。/在课堂上学生们积极地发表意见。

❸ 話す　指有中心内容的说话、口头传达。因以传达为目的,所以一般有传达对象存在,且前提是对方对所传达的内容持愿意倾听或回答的态度。此外,指懂某国语言或用某国语言讲话时也可用"～語を話す"来表示。例如:
- 彼はいつも小さい声で話す。/他总是小声讲话。
- 私はガーナ人の友達と英語で話します。/我和加纳朋友用英语聊天。
- 母は、私の生まれた時のことを話してくれた。/妈妈对我说了我出生时的事情。

❹ 言う　指用语言表达某件事。讲话时不一定要有对象,如有对方在场,则指传达信息,含有较强的单方面告知的意味。因此,"話し合い"意味着双方共同商量,而"言い合い"意味着单方面不客气地说出自己的意见和想法,指打嘴仗。例如:
- そんなことをやめろと言ったのに。/我明明说了不要做那种事。
- なぜこうなったか、言いなさい。/说吧,为什么会弄成这样。
- 人のことをとやかく言うものではない。/不要对别人的事情说三道四。

❺ 喋る　表示无中心内容的说话,聊天。指私下场合的谈话时,有轻松愉快

的意味,但是指正式场合的谈话时,表示说话人给人一种话多、轻薄、无礼、饶舌的负面印象。属于口语表达。没有"～と言う(話す・述べる・語る)"等表示引用的用法。例如:
- 授業中喋ってばかりいて、うるさい学生ですね。/上课时一直聊天,真是个聒噪的学生。
- あんなに口止めされていたのに、ついうっかり人に喋ってしまった。/被严禁说话,可一不小心又对着人喋喋不休了。
- 映画館で前の人がずっと喋っていたのでよく聞こえなかった。/在电影院里,由于前面的人一直在聊天,我都听不太清楚。

二十四 負う/背負う/担ぐ/担う

相近词义 背,背负

区别和例句

❶ **負う**　表示背负沉重的东西。背在背上或担在肩上,强调某事物成为自己的负担,多用于"責任を負う""重症を負う""借金を負う"等使自己受到不利影响的情况。不过,"～に負う"的形式可以表示"有赖于……""多亏了……",多用于书面语。例如:
- 父は妹を背に負って、僕の手を引いて出掛けました。/父亲背上背着妹妹,牵着我的手出门了。
- お前はそんなに重い借金を負って、どうするつもりでしょうか。/你背了那么多的借款,打算干什么呀?
- 交通事故で傷を負った人たちが次々に病院へ運ばれた。/在交通事故中受伤的人们被陆陆续续送到了医院。

❷ **背負う**　指背在背上,日常用语。可以用于人,也可以用于物体。此外,也可用于表示遭受痛苦或增加负担,等等。例如:
- 手で持つよりも背負ったほうが楽だ。/比起手拿,背着更轻松。
- 子供を背負った母親が働いている。/母亲背着孩子工作。
- 借金を背負って苦しんでいる。/背负借款很辛苦。

❸ **担ぐ**　指放在肩上挑、扛、担,强调放在上面。也可以转而表示推举某人当代表、候补,或将某人捧上台等意思,如"会長に担ぐ"。此外,也可以用"まんまと担がれた"的形式表示上当受骗,用"縁起を担ぐ"的形式表示介意、在乎。例如:
- 珍しい昆虫を撮りにカメラを担いで山を廻っています。/为了拍摄珍

稀的昆虫,扛着照相机满山走。
- 万引きをする悪友の片棒を担いで見張り役をします。/给扒窃的坏朋友当帮手放哨。
- 父は息子を肩に担いで花火大会に出ました。/爸爸肩上扛着儿子去看烟花大会。

❹ **担う**　表示以肩扛的方式运送、挑担、担负。强调从下面进行支撑,多用于抽象表达,表示支撑某物或支持、承担某事,如"次代を担う""責任を担う"。当负载承受点在后背时用"負う",负载承受点在双肩时用"担ぐ",负载承受点在单肩时可用"担ぐ・担う"。"負う・担う"是较书面化的表达。"子供(リュック)を背負う""荷物(病人)を担ぐ"等中的"背負う・担ぐ"表示直接将人或物体放置在背上、肩上,是日常用语。例如:
- 失敗の責任を支配者が担うのは言うまでもありませんよ。/失败的责任由统治者承担,这是不言而喻的。
- 経営の中枢を担う幹部として教育を受けます。/作为经营的重要部门的核心人物接受培养。
- 家族の期待を一身に担ってアメリカへ留学に出ました。/独自承载着家人的期待去美国留学。

二十五　被せる/被る/覆う

相近词义　盖,覆盖

区别和例句

❶ **被せる**　表示用更大的物体盖住某物体,把一部分或全部掩盖起来;还可以表示从上面盖上某物,重点在于强调掩盖物体;还有"让……戴上(盖上)……"的意思。此外,还可以表示把责任、过失等归咎于他人,推卸责任等。例如:
- 日差しが強い日には子供に帽子を被せます。/日光很强烈的日子让孩子戴上帽子。
- 農家では、林檎がなると虫がつかないように一つ一つ紙の袋を被せます。/为了防止苹果成熟被虫咬,农民会给它们一个一个地套上纸袋子。
- 皆でやったことなのに、私一人に責任を被せるなんてあんまりです。/明明是大家一起做的,却让我一个人承担责任,太过分了。

❷ **被る**　表示戴帽子、面具,盖被子等,还可以表示粉末、液体等从上面覆盖下来,也表示代人受过等。例如:
- 青い空にくっきりと雪を被った富士山の姿が見えます。/晴空下白雪

覆盖的富士山显得格外清晰。
- 暑い時、頭から水を被るのはいい気持ちですね。/热的时候,从头往下浇水很爽快。
- 僕は親友の罪を被り、一人お仕置きを受けました。/我替好友承担了罪责,一个人受罚。

❸ **覆う** 表示全面遮掩,不让被掩盖对象裸露出来,重点在于对被掩盖对象的强调。还可指用手或盖子盖住物体的口子。另外,可表示掩盖错误、罪行等。表示状态时多用"覆われる・覆われている"的形式。例如:
- 寒い地方では雪で作物が傷まないように畑をビニールシートで覆います。/在寒冷的地方,为了防止农作物因下雪而受害,人们会用塑料薄膜把田地遮起来。
- 飛行機事故の現場は目を覆いたくなるようなひどい状態だ。/飞机发生事故的现场非常惨烈,让人不忍直视。
- 出来上がった像は発表の日まで布ですっぽりと覆われている。/完成了的雕像在发布之前被用布整个遮住。

二十六 絡まる/絡む/纏わる/縺れる/こんがらかる

📄 **相近词义** 纠缠,缠绕

📚 **区别和例句**

❶ **絡まる** 是无意志状态的自动词,表示客观状态,其结果不一定都是负面的。用于两个以上的具体事物,强调其不知何时呈复杂纠缠状态,语气比"絡む"和"縺れる"的第一层意思都重,给人的感觉是"看样子解不开,只有剪断了"。也用于关系复杂的抽象情况,但这种用法有些生硬。此时用"絡み合う"要自然些。例如:
- この事件にはいろいろな事情が絡まっている。/这个事件中各种情况纠缠在一起。
- 朝顔の蔓が竹の棒に絡まる。/牵牛花蔓缠在竹棍上。
- すそが足に絡まって歩けない。/下摆缠着脚走不了路。

❷ **絡む** 表示意志性动作的自动词,引起的结果是负面的。用于人的情况时,表示说这说那,让人厌烦;用于事物时为拟人手法,表示事物自身处于纠缠状态,或强调一个事物的表面被另一个事物缠上,轻意分离不开。程度不如"縺れる"第一层意思重,表示缠的方式没那么复杂,想办法、努力是可以解开的。另外,还表示寻衅、找茬等。也表示由于某人或某事和此事扯上关系而使事态变得

复杂起来。例如：

- 藻がスクリューに絡んで船が動かない。/海藻缠住螺旋桨，船无法开动。
- 彼女は私の腕に自分から腕を絡ませてきた。/她伸过手臂来挽住我的胳膊。
- ネックレスの鎖が髪の毛に絡んで取れない。/项链的锁链缠上了头发，取不下来。

❸ **纏わる**　指缠住分不开，如"着物の裾が纏わる""子供が母に纏わる"等，"纏わる"暗示一种烦躁的心情。此外，可表示一种很深的关系，如"湖に纏わる伝説"等。属于书面语。例如：

- それは七夕に纏わる伝説です。/那是一个关于七夕的传说。
- 海藻が足に纏わる。/海藻缠在脚上。
- あの一件が頭に纏わって眠れない。/那件事萦绕在头脑里，睡不着。

❹ **縺れる**　指一个事物自身整体处于复杂状态，或事物内部两个以上的部分互相纠缠，处于解不开的状态。也指言语、动作失常，不能自由进行。另外，还可指讨论、关系等非常混乱，变得让人无法决断、解决。例如：

- 縺れた糸をほどく。/解开缠在一起的线。
- 交渉がだいぶ縺れてきた。/谈判越发胶着起来。
- 足が縺れて倒れた。/脚被绊住，摔倒了。

❺ **こんがらかる**　指原本独立的两个事物混成一团。也可以指事物混乱，找不出头绪，没有条理。例如：

- そろそろ試験だから、頭がこんがらかる。/很快就要考试了，脑子糊成一团。
- 小説の筋がこんがらかる。/小说的脉络混乱不清。
- 毛糸がこんがらかってほどけなくなる。/毛线缠绕在一起解不开。

二十七　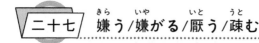嫌う/嫌がる/厭う/疎む

📖 **相近词义**　讨厌，厌恶

📚 **区别和例句**

❶ **嫌う**　表示毫不掩饰地表露出对对方的厌恶，避而远之。还有厌忌、憎恶之意。可用"嫌わず"的形式表示无差别，如"相手嫌わず議論をふっかける"。例如：

- あの人は誰からも嫌われている。/他被所有人嫌弃。
- 給食で子供が嫌うのはニンジンだそうだ。/听说在学校供应的餐食里

孩子讨厌的是胡萝卜。
- 彼は女性と話すのを極端に嫌う。/他很厌恶与女性交谈。

❷ **嫌がる**　相比"嫌う"，"嫌がる"多用于以实际动作行为或态度表达厌恶的情感。例如：
- 最近残業を嫌がり早く帰りたがる若者が増えた。/最近讨厌加班、想早早回家的年轻人增多了。
- 肉体労働を嫌がらなければ仕事はある。/如果不嫌弃体力劳动就有工作。
- 嫌がる者をむりに連れていった。/勉强把讨厌的人带去了。

❸ **厭う**　表示嫌弃，较书面化。还有吝惜、厌世之意，另有保重之意，常用"お体おいといください"的形式。"嫌う"是积极地舍弃、远离某物或某人，而"厭う"是抽身离开讨厌的人或物。例如：
- 寒さの折から、お体お厭い下さい。/严寒之际，请多保重。
- 辛い仕事も厭わず勤勉に働く。/工作辛苦也毫无怨言地努力做着。
- 苦労を厭わない。/不厌劳苦。

❹ **疎む**　表示因厌恶而远远避开、疏远。多以"疎まれる"的形式出现。例如：
- 社長に疎まれて、左遷される。/被社长疏远、降职了。
- 意見の違うものを疎む。/疏远意见不同者。
- 自分勝手なので、みんなから疎まれる。/因为自私而被大家疏远。

二十八　着る/着せる

📖 **相近词义**　穿

📚 **区别和例句**

❶ **着る**　指行为主体给自己穿衣服。"恩（罪）を着る"意思是承受恩情（负罪）。例如：
- 着物を着たままで眠る。/和衣而眠。
- パーティーに何を着て行こうか迷う。/穿什么去聚会呢，有点犹豫。
- 気温に応じて上着を着たり脱いだりする。/根据气温，外套有时穿有时脱。

❷ **着せる**　指给某人穿上衣服、盖上被子等。"恩（罪）を着せる"的意思是硬要人家领情（加罪于人）。例如：
- 成人式に娘に和服を着せる。/在成人仪式上给女儿穿和服。
- 無実の人間に罪を着せて逃れる悪人もいる。/自己逃跑而让他人蒙受

无实之罪的坏人也是有的。
- ぐっすり眠っている子どもに毛布を着せてやる。/给熟睡的孩子盖毛毯。

二十九 潜る(くぐ)/潜る(もぐ)/抜ける(ぬ)

 相近词义　穿过,通过

📚 区别和例句

❶ 潜(くぐ)る　以"～を潜る"的形式强调从某物体中间通过、穿过,重点在于再次浮现。可引申为克服困难、穿越障碍,属修辞表达。例如:
- サーカスのライオンが火のついた輪を潜り抜ける。/马戏团的狮子穿越火圈。
- トンネルを潜って出てくる。/穿过隧道出来。
- 親の目を潜って遊びに出かけた。/瞒着父母出去玩。

❷ 潜(もぐ)る　以"～にもぐる"的形式表示进入某物体里面或下面,如"水に潜る"指钻入水中。还可引申表示潜入某地进行各种非法行为、地下活动,属修辞表达。例如:
- 水に潜って、水中動物の生態を調べる。/潜入水中,调查水里动物的生态。
- 犯人は現在どこかに潜り混んで行方が知れない。/犯人现在潜入某地,行踪不明。

❸ 抜ける　是"抜く"的自动词,也是可能动词,因此不表示他动词动作的结果。可指经由某处(道路)到达对面的意思,也可指内部的东西跑出来、散发出来,引申为消亡、迟钝等。例如:
- 台風は上海を南から北へ抜ける見込みだ。/预计台风会从南到北经过上海。
- 林を抜けて野原に出る。/穿过树林来到原野。
- 込み入った民家を抜けると不意に海が目に飛び込んできた。/穿过拥挤的民宅,大海突然映入了眼帘。

三十 加える(くわ)/添える(そ)/足す(た)

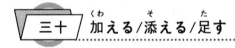 相近词义　加,增加

📖 区别和例句

❶ **加える**　表示在原物上添加其他事物，使之累加成一个整体；或指在原有基础上再加入新元素，有增大、包含、加（算数）的意思；还可引申为对事物施加影响。属于书面语。例如：
- ⊙ 有識者を新たに委員に加え、会を発足させる。／新加入的有识之士组建协会。
- ⊙ 給料に特別手当を加える。／工资里有特别津贴。
- ⊙ 好天に加え沿道の声援もあってマラソンの好記録が出た。／天气晴朗，沿线有人助威，因此跑出了马拉松的好成绩。

❷ **添える**　表示在作为本体的物体以外增加其他物体作为附加、追加、补充。例如：
- ⊙ 子供たちの歌がパーティーに彩りを添えた。／孩子们的歌声为晚会添了彩。
- ⊙ 贈り物にカードを添える。／在礼物里附上卡片。
- ⊙ 言葉を添えて説明を補う。／附言以补充说明。

❸ **足す**　指算数中的加，亦可表示对不足部分做量的补充，属口语表达。"用を足す"表示有某种功能，起着某种作用，满足某种需求之意。例如：
- ⊙ 結婚費用は貯金にボーナスを足して払う。／结婚费用以存款加上奖金来支付。
- ⊙ フライパンに油を適量足して炒める。／在平底锅里加入适量的油翻炒。
- ⊙ 次の人のために風呂に湯を足しておく。／为了下一个泡澡的人，在澡盆里添加热水。

 稽古する／練習する

📄 相近词义　练习

📖 区别和例句

❶ **稽古する**　表示对剑道、茶道等技艺或技能的练习和学习。"稽古する"是稍有些陈旧的说法，暗示练习方法并不是现代的、系统的、科学的。练习项目多为技艺或日本传统技能，"稽古する"常搭配的练习项目较少以外来语表述。惯用语"稽古をつける"，表示训练的意思。例如：
- ⊙ 先生に会う前に自分で稽古しておいた。／见老师之前先自己练习。
- ⊙ 父が柔道の稽古をつけてくれた。／父亲指导我练习柔道。
- ⊙ 三年前から太田先生について剣道を稽古し始めた。／三年前开始跟着

太田老师练习剑道。

❷ **練習する** 表示为了提高学问或技能,独自反复训练、练习。与"稽古する"的练习项目多是传统领域的技艺不同,"練習する"的练习项目范围更广,可用于技艺、运动或学问等领域的练习。"稽古する"一般是跟着师傅练习,而当没有指导者、一个人练习时也可以用"練習する"。此外,"稽古・練習"都可以作为名词使用。例如:

- 夏の水泳合宿までに、なんとか泳げるように練習しておきたい。/在夏天的游泳集训之前,我想先练习,直到学会游泳。
- 合唱コンクールのために、発声を繰り返して練習している。/为了合唱会演,反复练习发声。
- 私の父は週末になると、ゴルフの練習に勤しんでいる。/我爸爸每到周末,都会努力练习高尔夫。

三十二 腰掛（こしか）ける/座（すわ）る

📖 **相近词义** 坐下

📚 **区别和例句**

❶ **腰掛ける** 表示坐在凳子、沙发或长凳上。不能用在坐到地面的场合。例如:

- ソファーに腰掛けて一服する。/坐沙发上休息一会。
- 縁側に腰掛けて流れゆく星を眺める。/坐在走廊上看流星。
- 人間のように腰掛けて座る猫がかわいい。/像人一样端坐的猫咪很可爱。

❷ **座る** 表示屈膝,身体往下坐,坐的地方不管是地上还是椅子,都可以用"座る"。传统的日式跪坐只能用"座る"。此外,还可比喻坐上某个位置,如"あとがまに座る"。例如:

- 座ると足がしびれる人が多くなった。/一跪坐,脚就麻的人变多了。
- 象は静かに座っている。/大象安静地坐着。
- 面接で先に部屋に通されたとき、座って待っていてもいいですか。/面试时先被领到房间,能坐着等吗?

三十三 越（こ）す/越（こ）える

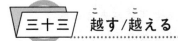 **相近词义** 越过,跨越

第一篇　動詞

区别和例句

❶ 越す　表示翻越山河、沟渠等障碍，或克服困难。此时可与"越える"换用，但"越す"更强调突破某一个点。此外，还可表示赶超之意，如"先を越す"，或表示经过、度过，如"年を越す""冬を越す"。汉字还可以写作"超す"，表示超过某一数量、标准或限度，如"制限重量を超す"。例如：

- 病の峠を越してからも、歩けるようになるまでずいぶん時間がかかった。/即使度过了疾病危险期，到能走路也花了好长一段时间。
- ライバル会社の先を越して新型車を発売する。/抢在公司的竞争对手之前发售新型车。
- 燕は南の暖かい所で冬を越す。/燕子在南部温暖的地方过冬。

❷ 越える　可表示跨越某障碍物或边界，从一边移动到另一边。也可用作比喻义，如"越え難い壁"。同时还可以表示过了某个日期，如"越えて2000年の一月"。汉字还可以写作"超える"，表示超过某一数量、标准或限度，也表示放弃自己的想法和立场向前迈进，如"怨讐を超えた援助"。例如：

- 部門間の垣根を越えて、このプロジェクトを成功させましょう。/跨越部门间的藩篱，让这个项目成功。
- 長年北海道にいたが、本州を越えて福岡に移動になった。/常年待在北海道，现在越过本州来到了福冈。
- 峠を越えたところで、気温は30度を超えた。/在翻越山顶的时候，气温超过了30度。

三十四　零(こぼ)れる／溢(あふ)れる／漏(も)れる／漏(も)る

相近词义　漏

区别和例句

❶ 零れる　容器里物品的一部分或全部溢到外面。与"溢れる"表示灌不进去而溢出的意思相比，"零れる"有时还指容器因摇晃、倒了或开孔等导致里面的东西流出。另外，还含有洒出、漏下的意思。在"笑み(涙)が零れる"中，若将"零れる"换成"溢れる"，则强调一种瞬间流露的害羞或惬弱。例如：

- その映画はとても感動的だったので、私は涙が零れるのを止めることができなかった。/那部电影非常感人，我的眼泪止不住掉了下来。
- サーカスの動物の愉快な仕ぐさを見て、思わず笑みが零れた。/看到马戏里动物的快活举止，忍不住流露出笑容。
- 袋が破れて塩が零れてしまった。/袋子破了，盐撒了出来。

❷ **溢れる**　指已经灌不进去了，部分溢出；用于描述情感或现场气氛时，指充满某种（积极的）情感或气氛很热烈。例如：

⊙ 大雨で川の水が溢れて、家が流された。/因大雨，河水泛滥，房子被冲走了。

⊙ 入学試験の合格発表を待つ彼の顔は、自信に溢れていた。/等待公布入学考试成绩的他，脸上洋溢着自信。

⊙ 今の世の中、物が溢れるほどある国とそうでない国との差が激しい。/当今世上，物资过剩的国家和物资贫乏的国家之间差异巨大。

❸ **漏れる**　表示较小的物体、液体、粉状物、音、光、空气通过缝隙或小孔泄出、流入，强调"漏"的结果。可以表示自然现象或非意志的"漏出"，一般说法的"说出"；也可表示泄露秘密或落选等，重点在动作主体的移动。例如：

⊙ カーテンの隙間から外の光が漏れる。/外面的光从窗帘的缝隙间透了进来。

⊙ 網の目から魚が漏れる。/鱼从网眼中漏出。

⊙ 隣の部屋から音楽が漏れ、聞こえてくる。/音乐从隔壁房间传了过来。

❹ **漏る**　表示液体、光、空气等一点一点地向外泄出，不强调漏的结果，多用于自然现象、非意志行为。"漏る"强调有漏洞，如"靴が漏る"，而"漏れる"强调动作主体的移动，如"ガスが漏れてくる"。例如：

⊙ ぼろ家なので雨水が漏ったり風が吹き込んだりする。/因为是个破房子，会漏雨透风。

⊙ 花瓶にひびが入って水が漏る。/花瓶有了裂缝，漏水。

⊙ 天井からポタポタ雨が漏る。/雨水从天花板上滴滴答答地漏下来。

三十五　堪（こら）える/耐（た）える/忍（しの）ぶ/辛抱（しんぼう）する/我慢（がまん）する/凌（しの）ぐ

相近词义　忍受，忍耐

区别和例句

❶ **堪える**　指强忍怒气、眼泪、欢笑等，忍受寒冷、疼痛等，不表露于外。也含有不屈服于外部的强大压力、坚持住的意思。比起"我慢する"，更强调一时的忍耐，绝大部分时候可用"我慢する"替换。例如：

⊙ ヒーターが壊れたので、私たちは一晩寒さに堪えていた。/电热器坏了，我们一晚都在忍受着寒冷。

⊙ 少年は悔しさに堪えきれずに大声で泣き出した。/少年忍不住懊恼，大声哭了起来。

⊙ 彼は手当をしてもらっている間、じっと痛みに堪えた。/在接受治疗的时候,他一直忍着痛。

❷ **耐える**　重点在于主体的耐久性、忍耐力,忍耐的对象往往是"暑さ・痛み・貧しさ・弾圧・迫害・亡命生活・風雪"等跨度长的事物。可写作"堪える"。例如:

⊙ 一人暮らしの寂しさに耐えられない。/无法忍受独自生活的寂寞。
⊙ 雪の重みに耐えられず枝が折れる。/枝条不堪积雪的重量,折断了。
⊙ 耐え難い屈辱を味わった。/品尝了难以忍受的屈辱。

❸ **忍ぶ**　重点是忍耐隐藏于内心的不为人知的辛酸、痛苦等,时间跨度长。还有"躲藏""偷偷地"等意思。例如:

⊙ 恥を忍んでお願いに来ました。/忍辱前来乞求。
⊙ 不自由を忍んで下宿生活をする。/忍受着不方便,过着寄宿的生活。
⊙ 不便を忍ばねばならぬ。/必须得忍受不便。

❹ **辛抱する**　表示虽然忍耐艰难困苦,但一直保持积极向上的心态。一般可以和"我慢する"互换,比"我慢する"忍耐时间更长,程度更甚。例如:

⊙ 部長昇進まで、後3年の辛抱だ。/要晋升部长,还得忍耐三年。
⊙ もう半年辛いのを辛抱すると、見習い期間が終わって正社員になる。/再辛苦忍耐半年,实习期结束就能成为正式职员。
⊙ 長年辛抱した甲斐があってやっと店を持てた。/多年的忍耐有了回报,终于有了自己的店。

❺ **我慢する**　表示忍受不愉快的事情或隐藏感情,抑制欲望、需求,保持现在的状态。用"～で我慢する"的形式,表示"用……将就""用……替代"的意思。例如:

⊙ 狭くて汚い部屋ですが、ここで我慢してください。/房间虽然窄小不净,但请在这儿忍耐一下。
⊙ 頭が痛いのなら、我慢しないで薬を飲んだほうがいいですよ。/如果头痛,不要忍着,还是吃点药比较好。
⊙ 赤いバラが欲しかったけれど、なかったので、ピンクので我慢した。/想要红玫瑰,可是没有,所以就用粉色的替代了。

❻ **凌ぐ**　表示不屈服于困难或痛苦,坚持熬过苦难;亦指防御、躲避;还可以表示在某物之上,有超过、胜过的意思。例如:

⊙ 嵐を凌ぐ避け所を探そう。/找个能够遮风避雨的地方吧。
⊙ 日本の夏は凌ぎにくい。/日本的夏天很难熬。
⊙ 彼の腕前はプロを凌ぐものがある。/他的手艺甚至超过专业人士。

三十六 転ぶ/転がる/倒れる/引っくり返る

相近词义 摔倒

区别和例句

❶ **転ぶ** 指走或跑时,因绊、滑失去平衡而倒下。既可以用于人,也可以用于棍状、瓶状物体的倒落。常用固定表达:"転ばぬ先の杖・七転び八起き・転んでもただでは起きぬ・どちらに転んでも損はない・つまずいて転ぶ"。例如:

- 歩き始めたばかりの子供はよく転ぶ。/刚开始学走路的孩子经常摔倒。
- 道が悪いから、転ばないように気をつけて。/路不平,小心摔倒。
- あの子は小さいのに、転んでも泣かなかった。/那孩子虽然小,摔倒了却不哭。

❷ **転がる** 指物体在水平面或斜面上翻滚着前进。用"転がっている"的形式表示棍子、石头等较长或又大又圆的物体没有收拾好,杂乱地放在附近,或大量地存在于身边。例如:

- 坂道をボールが転がる。/球在斜坡上滚动。
- 空き缶が風に吹かれて転がっていく。/空罐子被风吹着滚走了。
- チャンスなんてどこに転がっているか、分からない。/不清楚机会去了哪里。

❸ **倒れる** 表示竖立的物体横倒下来。也指公司、政府等组织垮台,人患重病或死亡。例如:

- 川島君は朝礼の時、貧血を起こして倒れた。/川島在早会的时候,因贫血倒下了。
- ボウリングで、ピンが一回で全部倒れるとストライクです。/在保龄球中,木瓶一次性全部倒下就是"全中"。
- 不景気で、彼の会社は倒れてしまった。/因为不景气,他的公司倒闭了。

❹ **引っくり返る** 表示竖立的物体猛地横倒下来,或朝外(上)的物体猛地向内(下),也可以表示某种情况或状态变得完全相反。例如:

- 滑って仰向けに引っくり返ったので、頭を打った。/滑了一跤,仰面倒下,撞到了头。
- 夕べの野球の試合は9回裏で得点が引っくり返った。/昨晚的棒球比赛在后半场第9回合得分反转。
- ボートが引っくり返って、乗っていた二人は川に落ちた。/小船翻了,乘

船的二人掉到了河里。

三十七 探る/探す/漁る/求める/見つける

📜 **相近词义**　找，寻找

📚 **区别和例句**

❶ **探る**　指以触觉、听觉感知视觉确认不了的物品，也表示行为主体对秘密、内心活动的打探或对知识的探索。例如：
- ⊙ 友人は必死になって彼の死の謎を探ろうとしている。/朋友拼命探查他的死亡之谜。
- ⊙ 男はポケットを探ると、名刺を取り出した。/男人找了找口袋，拿出了名片。
- ⊙ 京都の歴史と文化を探る旅に出るつもりだ。/打算来一次探索京都历史和文化的旅行。

❷ **探す**　除了表示一般的寻找、查找以外，还可表示行为主体寻找自己心目中的理想目标，这个目标是笼统的。例如：
- ⊙ 私の会社では、外国語の出来る人を探している。/我的公司正在找会外语的人。
- ⊙ 暖かくなると冬眠から覚めた熊は餌を探しに出た。/天气一暖和，从冬眠中醒来的熊就出门寻找食物了。
- ⊙ 友人を慰める言葉を探しても、思い浮かばなかった。/想要找些话来安慰朋友，可是想不起来。

❸ **漁る**　表示寻找猎物、诱饵或捕鱼或四处寻找渴求的物品等。例如：
- ⊙ 鶏が地面をかいて虫を漁る。/鸡刨地找虫子。
- ⊙ 水鳥が干潟にえさを漁る。/水鸟在潮滩上找食物。
- ⊙ バーゲン品を買い漁る。/抢购打折商品。

❹ **求める**　强调内心强烈地希望获得某物，并为之付出努力。例如：
- ⊙ 新天地を求めて海外へ移住する。/为谋求新发展搬到外国居住。
- ⊙ 会社は優秀な人材を広く求めている。/公司广泛招募优秀人才。
- ⊙ 与える知識と求める知識との間にずれが生じている。/在给予知识和追求知识之间产生了分歧。

❺ **見つける**　瞬间性动词，用于接近寻找的目标或快要出结果的阶段。例如：
- ⊙ 探し回ってようやく好みの品を見つける。/四处寻找，终于发现了喜欢

- 父は遠くから私を見つけて手を挙げた。/爸爸远远地看到了我,于是举起手来。
- 合格者の中に自分の名前を見つけて喜ぶ。/在合格者中看到了自己的名字,非常高兴。

三十八 避(さ)ける/避(よ)ける

相近词义 避开,躲避

区别和例句

❶ 避(さ)ける 表示积极预防、规避事先预料到的不利事态或处境,不使其发生,褒贬均可使用。不是对具体行为的描述,而是强调行为主体的防御意识与态度。例如:
- 彼はいつも人目を避けて、何か悪いことをします。/他总是避开他人眼目,做坏事。
- 彼の前で政治の話は避けたほうがいいですよ。/在他面前还是避谈政治比较好哟。
- 引退した女優は人目を避けて静かに暮らしています。/息影的女演员避人眼目,安静度日。

❷ 避(よ)ける 对眼前即将发生的不利事态或处境采取应急措施予以躲避,以免受到伤害,行为上较为被动,语义上较为消极。突出应急性,其动作行为往往是为了应付眼前的紧急情况而临时采取的,因而较被动、消极。例如:
- 強い日差しを避けるために、日傘を差しましょう。/为了遮挡强烈的阳光,撑开太阳伞吧。
- 少年は上手に水溜りを避けながら自転車を走らせていきました。/少年骑着自行车,巧妙地避开水坑走远了。
- 曲がり角から急にバイクが出てきたので、慌てて避けました。/拐角处突然出现一辆摩托车,我慌忙避开。

三十九 叫ぶ/呼ぶ/怒鳴る/がなる/喚く

相近词义 喊,叫

区别和例句

❶ 叫ぶ 表示大声地对人述说、呼叫,或指因喜怒哀乐而发出的情绪性尖

叫,引申为向社会积极呼吁,强烈地反映自己的立场、主张。例如:
- 「負けるものか」と心の中で叫ぶ。/在心里呼喊:"决不能输!"
- 声を限りに叫んでも向こう岸には届かない。/即使放声大叫,对岸也听不到。
- デモ隊が戦争反対を叫ぶ。/示威群众大喊反对战争。

❷ **呼ぶ**　表示点名、叫某人、把某人叫到某处、邀请、款待、取名、称呼,引申为引起社会反响,唤起他人关注。例如:
- この仕事のために君をわざわざ遠くから呼んだんだ。/为了这个工作,我才特意把你从那么远的地方叫来。
- 今年のカツオは不漁のため高値を呼んでいる。/今年的鲣鱼因为捕鱼量少而很贵。
- 名前を呼ばれ診察室に入る。/被叫到名字后进门诊室。

❸ **怒鳴る**　表示行为主体对特定的人或事感到非常生气,大声训斥。例如:
- 車を勝手に動かしてぶつけてしまった兄は、父にひどく怒鳴られた。/哥哥开车很任性,结果撞了,被父亲狠狠地骂了一通。
- 夜中に大声で歌を歌ったら、周りの人に「うるさい」と怒鳴られた。/半夜大声唱歌,被周围人骂说"太吵了"。
- 怒鳴りたい気持ちを抑えて生徒を諭す。/抑制怒火教导学生。

❹ **がなる**　指叫得震耳,多用于口语,是"怒鳴る"的通俗说法。例如:
- 右翼の宣伝カーが、また何やらがなり立てている。/右翼宣传车又开始吵吵嚷嚷地宣传了。
- がなり立てなくても聞こえますよ。/不用大吼也听得到哟。

❺ **喚く**　表示因情绪激动、亢奋、难以抑制而大喊大叫,但喊叫的内容不完整,且没有逻辑性。例如:
- 過ぎ去ったことは、泣いても喚いても、取り返しが付かない。/过去了的事情,再怎么哭喊也无济于事。
- 火事で場内の人々は、泣くやら喚くやら大騒ぎになった。/因为火灾,困在场内的人们,哭着叫着,一片混乱。
- 不満な子供が大声で喚いてお母さんを困らせてしまった。/不满的孩子大声嚷着,让母亲很为难。

四十　

📖 **相近词义**　接触,触摸

区别和例句

❶ **触る** 表示用手或其他身体部位有意识地碰触他人或其他事物。也可用于其他事物对人体的接触,但不能用于空气和自然界等无形的、抽象的事物。既可作为意志性动词,又可作为非意志性动词,还可用于表示伤害了他人的感情等。例如:

- 弟がプラモデルに触らないように高い所に置きました。/为了不让弟弟碰到塑料模型,我把它放在了高处。
- さくらんぼは傷み易いから、あまり触ってはいけませんよ。/樱桃容易碰伤,不能总触碰它哟。
- アイロンが熱くなっていますから、触ると焼けどをしますよ。/熨斗烫,碰到会烫伤哟。

❷ **触れる** 表示两个不同的物品表面轻轻触碰。也可用于空气等自然界无形的、抽象的事物与人体的接触,多指瞬间性的、偶然性的接触。还可引申为对外界事物的了解与认知。另外,还有涉及、触犯等意思。"触る"指有意触摸,"触れる"指无意碰到,迅速离开。例如:

- 電車の中で隣の人の長い髪が顔に触れて嫌だった。/电车里旁边人的长发碰到了我的脸,很不舒服。
- 台風で木の枝が電線に触れて危険だ。/树枝因刮台风而触到了电线,很危险。
- 沖縄は初めてだったので、目に触れる物は全て新鮮だった。/因为是第一次去冲绳,眼里看到的事物都很新鲜。

四十一 閉める/閉じる/閉ざす

相近词义 关,闭

区别和例句

❶ **閉める** 除表示关闭外,还可表示关小窗户、门、抽屉、箱子等开着的部分。这与"閉じる"不同,可以译为关上一半、关上一点儿。例如:

- 寮の門限に間に合わないと、入り口を閉められてしまいます。/赶不上宿舍门禁的话,入口就关闭了。
- コーヒーの缶の蓋はしっかり閉めておかないと、中身が湿気てしまう。/咖啡罐的盖子如果不紧紧地盖上,咖啡就会受潮。
- 引き出しが開いているので閉めました。/抽屉开着,我把它关上了。

❷ **閉じる** 自他动词,表示使大门、书、眼、口、花等开着的事物恢复到原来

合着的状态。也表示以物体所具有的,隔开其内部与外部的部分(门、书的封面,眼帘、嘴唇、花瓣等),截断其与外面的联系。还可表示结束人生或抽象的事物。例如:
- 彼は不況のため、親の代から続いていた店を閉じました。/因为生意萧条,他把从父母那代传下来的店关掉了。
- 作家は故郷に戻り80年の生涯を閉じた。/作家回到家乡,走完了80年的人生。
- 目を閉じて音楽を聞くと、いろいろな情景が浮かんできます。/一闭上眼睛听音乐,(脑海里)就会浮现各种各样的场景。

❸ **閉ざす**　封闭,封上,表示封住门户、入口等。常与"門・戸口・道・国・心・口"等搭配使用,被动态常与"昇進の道・氷・憂い・悲しみ"等搭配使用。例如:
- 門を閉ざして人を入れない。/关门不让人进入。
- この一帯は冬になると雪に閉ざされる。/这一带一到冬天就被雪封住了。
- 悲しみに胸が閉ざされる。/心中充满悲伤。

四十二　空（す）く/空（あ）く

📖 **相近词义**　有空,空闲

📚 **区别和例句**

❶ **空（す）く**　表示原本就有一部分空间,或没有被占据的场所;也表示手头上没有什么可以处理的工作,时间充裕;还表示有缝隙,(内部)变少,透(光、风),(心情)开豁等。例如:
- 戸と柱の間が少し空いています。/门与柱子间有一点缝隙。
- まだ早かったので会場は空いていました。/时间尚早,会场很空。
- 旅行の季節が過ぎたので旅館は空いているそうです。/听说现在过了旅游季节,旅馆很空。

❷ **空（あ）く**　表示把塞着的东西移开、空出。可指时间上的空闲,即没有被占据的时间;或指职位、职务的空缺,腾出了空位子;也可以指物品现在已可以投入使用等;还有开(门、店、幕等)的意思。例如:
- 間が空かないように詰めて座ってください。/请大家挤着坐,不要留空。
- 私は毎日忙しくて夜10時にならないと体が空かないです。/我每天很忙,不到晚上10点都闲不下来。

⊙ 手の空いている人はどうぞ手伝ってください。/手边没事儿的人请来帮忙。

四十三 蓄（たくわ）える/貯（た）める

📄 **相近词义** 存,储

📚 **区别和例句**

❶ **蓄える** 指为了将来积攒金钱、物品,也可指积累知识,提升修养,积蓄体力,留(头发等)。表示存储具体的物体时可以和"貯める"替换,但表示存储知识等抽象事物时不可替换。强调剩下、留下。例如:
　　⊙ 十分な資金を蓄えて事業を始める。/积攒足够的资金开创事业。
　　⊙ 体内に蓄えられた養分は活動のエネルギーとなる。/体内积蓄的养分成为活动的能量。
　　⊙ 休みを取って英気を蓄える。/休假以养精蓄锐。

❷ **貯める** 指积攒金钱、物品以备不时之需。表示存储具体的物品时可以和"蓄える"替换,重点在增加。例如:
　　⊙ 鈴木さんはこつこつと金を貯めて家を買う。/铃木很勤奋地存钱买房。
　　⊙ 有給休暇を貯めて旅行に行く。/积攒带薪假去旅行。
　　⊙ 小遣いを貯めてバイクを買う。/积攒零花钱买摩托车。

四十四 訪（たず）ねる/訪（おとず）れる/訪問（ほうもん）する/伺（うかが）う

📄 **相近词义** 拜访,访问

📚 **区别和例句**

❶ **訪ねる** 表示因想知道对方的情况,而前往对方那里,或出于某个目的前去会某人。宾语既可以是某人,也可以是某个场所。例如:
　　⊙ 久々に旧友を訪ね歓談する。/拜访久别的朋友,畅谈一番。
　　⊙ 古都を訪ねる旅に出る。/去古都旅行。
　　⊙ 転勤した兄の所へ訪ねて行く。/去调动了工作的哥哥那儿拜访。

❷ **訪れる** 用法与"訪ねる"基本相同,但拜访某人不是用"彼を訪れる"的形式,而是用"彼の家を訪れる"的形式。还可以指某个时期、某个季节、某种状态的到来。例如:
　　⊙ 息子の新居を訪れる。/去儿子的新家探访。
　　⊙ 日本を訪れるアジアからの観光客が増えている。/到访日本的亚洲观

光客越来越多。
- やっと転機が訪れ、運が開けた。/终于时来运转了。

❸ **訪問する**　指有目的地拜访，属于书面语。例如：
- 昨日代表団が首相を訪問した。/昨日代表团拜访了首相。
- 官邸に大臣を訪問する。/到官邸拜访大臣。
- ご訪問を歓迎いたします。/欢迎来访。

❹ **伺う**　是打听、询问、拜访等的自谦表达。例如：
- 先方のご都合を伺ってきました。/询问了对方是否方便。
- いろいろお話を伺いたく存じます。/我想向您请教很多事情。
- 娘から先生のおうわさはよく伺っております。/我经常从女儿那儿听到老师您的事儿。

四十五　試す/試みる

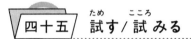

相近词义　尝试

区别和例句

❶ **試す**　口语中常用，表实际尝试，即通过实践来证实事物与想象中的一致，含有"试一下是否像预想的那样"的意味，因此，没有想象中的对象就不能用它。它强调尝试比较的结果。常用于带有命令语气的句型，如"試してください""試してごらん""〜どうなるか試す"等。前与"力・能力・実力・学力・性能・効果・価値・良否・真偽・具合・調子"等名词搭配。此词有副词形式"試しに"，如"この靴では小さすぎると思うが、試しに履いてみる"；还有名词形式"試し"，如"ものは試しだ。ちょっとやってみよう"。

在搭配"方法・手段・計画・可能性"等词、短语或"〜かどうか〜"的句型时，可与"試みる"换用。前者强调想知道试验的结果，故多用于自己没把握的事，通过实际试验得知其结果；后者则强调行为意图，指挑战性的尝试。例如："新しい治療方法を患者に試す"指用新的治疗方法在病人身上进行试验，强调想知道这方法是否有效；而"新しい治療方法を患者に試みる"指的是一种新的尝试，重点是对病人的治疗，而不是想知道试验结果。又如，"やれるかどうか試す"和"やれるかどうか試みる"都可以讲，前者强调想知道尝试的结果，而后者强调有意识地进行挑战。例如：
- 生徒が本当に理解したかどうか、テストで試してみる。/用小测验检测一下学生是否真的理解了。
- あの薬がきくそうだから、試してごらんなさい。/听说那个药很管用，

试试看吧。
- この車を試してみたが、性能があまりよくないと思う。/试了试这种车，觉得性能不太好。

❷ **試みる** 属于书面语，不常用于口语，表示新的尝试。指对一件尚未做过的事，做一下试试，看看是否能行。重点在于行为者的意图，即强调打算试着去做，暂且不管结果如何，首要的是实践。常用句型为"～しようと試みる"，表示对某种行为的尝试。常搭配"反論・抵抗・模索・旅行・登頂・逃亡・脱出"等动作性名词，带有挑战、征服、首次进行、开始实行的意义。在表达此意时，口语会话中多以具体动词加"～てみる"的形式或用"はかる"等词代替。此词也有副词形式"試みに"，如"日本に来てから初めて刺身を試みに食べてみた"；另外也有名词形式"試み"，如"詩作に対する新しい試み"。这两种用法与前词不同之处在于其与动词的形式是一致的。例如：
- 壊れたラジオを自分で修理しようと試みたが、だめでした。/尝试自己修理坏掉的收音机，结果失败了。
- 夏休みは一人でヒッチハイクを試みるつもりです。/打算暑假尝试一个人搭便车旅行。
- あの人が何度も自殺を試みたが、とうとう命を絶っているそうだ。/听说那个人曾多次试图自杀，最终死了。

四十六　近づく/近寄る/接近する

相近词义 接近

区别和例句

❶ **近づく** 客观描述，使用范围广，可用于抽象事物，可用于表示主体人、动物、声音等从空间、时间、状态及情感上缩小与对象的距离。是单方面接近，但还未达到接触的程度。强调行为结果，接近对象多用助词"に"连接。表示距离上的接近时，强调具体距离，而且多用于与对象相隔较远的场合。表示接近他人时，主要指通过具体的步骤去靠近某人。在具体的接触过程中，表示容易或不易接近某人时用"近づきやすい""近づきにくい"。也可表示某一事物的形状、内容、数量等接近另一事物。还可表示时间上的接近。例如：
- 廊下から足音が近づいてきたようだ。/从走廊传来的脚步声越来越近了。
- 贋物なのに、だいぶ本物に近づいてきた。/虽是赝品，却非常接近真货。
- 船が港に近づくにつれて、皆胸がどきどきしてきた。/随着船离港口越

来越近,大家的心情都激动起来。

❷ **近寄る**　是主观行为,表示主体有目的地向某事物或某人靠拢。可指双方互相靠近,也可指达到了接触的程度。强调动作的过程。所接近的对象用"へ"或"に"连接。表示距离上的接近时,强调行为者的意图,因此,主体一般是人或动物,以事物为主体时多为拟人化的用法。一般只用来表示某种带有危险的事物,特别是自然界的事物在逼近,且表示这些事物本来就相距不远。表示人际关系方面的接近时,重点强调的不是具体行动,而是能与他人保持关系这一结果,带有消极意味。在表示因某种客观原因,如地位悬殊等,要接近某个不易接近的人时多用"近寄りがたい"。不用于时间上的接近。例如:

⊙ おれはわざとおまえに近寄ろうとしたのではない。/我并不是有意接近你的。

⊙ 教授はこの分野の権威で、ぼくらにはとても近寄りがたい存在です。/教授是这个领域的权威,是我等难以接近的存在。

⊙ 電車の中であやしい男が私に近寄ってきた。/电车里一个可疑的男人向我靠了过来。

❸ **接近する**　比起"近づく","接近する"带有动作感,更书面化。表示客观距离、状态的接近或人际关系的亲近。接近对象也多用助词"に"连接。表示距离、状态的接近时,带有本来就比较近的意味,与"近づく"在语感上有微妙的不同,如"両者の実力が接近している",表示两者的实力从一开始就很接近。而"両者の実力が近づいている"表示两者的实力是渐渐接近的。不用于时间上的临近。如"春が近づく"中的"近づく"不能替换为"接近する"。例如:

⊙ 今週末に台風が九州に接近する見込みです。/预计本周末台风接近九州。

⊙ 何度も計算して、正しい値に接近している。/计算了多次,接近了正确值。

⊙ そんな厚かましい連中には接近するな。/不要靠近那些厚脸皮的家伙。

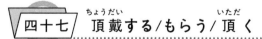
四十七　頂戴する/もらう/頂く

📖 **相近词义**　得到

📚 **区别和例句**

❶ **頂戴する**　表示"もらう"的语义,比"頂く"的语气更加郑重,不同之处是它只用于说话人主动索取的场合,一般对象是平辈、晚辈或关系亲密的人。另用"頂戴"的形式表达"ください"的语义,相当于"くれ",表示以一种亲热的口吻请

求对方,使用者多为妇女和小孩。例如:
- ⊙ 先日は結構なお品を頂戴いたしました。/前些时候收到了非常棒的东西。
- ⊙ ほかの人に話さないで頂戴。/不要告诉其他人。
- ⊙ 父からお年玉を頂戴しました。/从爸爸那里得到了压岁钱。

❷ もらう　作为独立的授受动词,表示接受东西或恩惠,有时也带有"索取、领取"之意。授予者后用"に"时,表示是授予者单方面意志的主动行为;用"から"时则既可以是授予者单方面意志的主动行为,也可以是授予者按照接受者的要求进行的被动行为,基本句型是:"(接受者)は(授予者)に(から)(给予物)をもらう"。还可作为补助动词,表示"受益、承蒙、请求、麻烦"等含义,基本句型是:"(接受者)は(施动者)に(から)(施予动作)てもらう"。以上两种用法皆用于授予者、施动者是晚辈、平辈或家人时的授受行为。可写作"貰う"。例如:
- ⊙ この手紙を彼の所へ持って行って、返事をもらってきてくれないか。/能把这封信拿去给他,把回信带给我吗?
- ⊙ 子どもたちに喜んでもらえて非常にうれしい。/能让孩子们高兴,(我也)非常开心。
- ⊙ 候補者から金品を大いにもらって、逮捕されました。/从候选人那里拿了很多金钱和贵重物品,被逮捕了。

❸ 頂く　是"もらう"的自谦语,用于授予者、施动者是长辈或需要客气的平辈时。有时为表示客气,说话人会把别人主动给的说成是自己索取的,这时也用"頂く(もらう)"。另外,"頂く"是"食う""食べる""飲む"的自谦语。还可写作"戴く"。例如:
- ⊙ 日本語で書いたレポートを日本人の先生に見ていただきました。/请日本老师看了我的日语报告。
- ⊙ この計画にご賛同を頂きたい。/想得到您对这个计划的认可。
- ⊙ 高価な品を頂き、ありがとうございます。/收到这么贵重的东西,真是太感谢了。

四十八　使う/用いる/使用する

📘 **相近词义**　使用

📚 **区别和例句**

❶ 使う　是为了某种目的以某人作为劳动力,以某物作为消费品或以某种想法作为手段、方法来使用。前面多搭配"頭・気・体・手足・お金・時間・労

力・素材・材料・原料・子供・乗り物・居留守・弁当"等词,强调使用目的。例如:
- 特殊な道具を使って、門を開けた。/使用了特殊道具打开了门。
- 彼は私だけではなく、私の家族にまでも気を使ってくれた。/他不只为我考虑,还为我的家人费心。
- 選挙に勝つため汚い手が使われることがある。/为了在选举中获胜,使用肮脏手段的事儿是有的。

❷ **用いる** 是"使う"的郑重说法,多为书面语。是指充分发挥、利用人的才能、能力及物的机能、性能等。前面常搭配"人・新人・提案・方法・金・鉛筆"等,强调发挥其作用。它的使用范围不如"使う"广。当表示使用工具、方法时两者都可用。但是,"用いる"强调充分发挥其机能或作用。搭配"意见"等时,"用いる"是强调对特定的意见加以尊重、利用;用于人时,除了"用いられる"的形式外,较少用"用いる",即使用也是强调充分发挥其技能;金钱方面的"使用"较少用"用いる",即使用也是强调发挥其作用;时间几乎不与"用いる"搭配。例如:
- この料理には砂糖より蜂蜜を用いると、おいしさがいっそう引き立ちます。/这道菜用蜂蜜会比用砂糖更加美味。
- 彼の新しい実験方法を用いたおかげで目覚しい研究結果が出た。/多亏使用了他的新实验方法才取得了显著的研究成果。
- 募金で集めたお金を用いて、被災地へ送る物を買い揃える。/用募集来的钱,买齐了要送去受灾地区的物资。

❸ **使用する** 是"使う"的汉语词汇,比"用いる"更书面化。多搭配"材料・薬品・規準・道具・場所"等词。它几乎与"使う"同义,但多用于大型的机械和比较宽敞的房间、场所等。不搭配金钱,以及建议、提案等。"使用"作为动名词,可与其他名词搭配,组成另一个名词。例如:
- 新薬を使用してみる。/尝试使用新药。
- 次回の打ちあわせには大会議室を使用する。/下次磋商使用大会议室。
- できるだけ時間を有効に使用する。/尽量有效利用时间。

四十九 捕まる/捕まえる/捕らえる/掴む

📖 **相近词义** 抓住

📚 **区别和例句**

❶ **捕まる** 表示为把身体支撑住而牢牢抓住某物,在这层意思上,"捕まる"

是"掴む"的自动词,前面多出现"吊革・手すり・木の枝"这类可做支撑物的物品,用助词"に"连接。在表示捕获、抓住、逮住这层意思上是"捕まえる"的自动词,多以"犯人・手泥棒・狼"这类具体的人、生物为被捕捉的对象,多用助词"が"连接,捕捉者用助词"に"连接。但不表示仅抓住人或动物身体的一部分,或抓住机会等抽象事物。例如:

- ちょうど帰ろうとしていたところを課長に捕まってしまって、なかなか話が終わらない。/正要回去的时候被科长逮住,说了半天。
- 容疑者が警察に捕まらないよう逃げる。/嫌疑人为了不被警察抓住而逃走。
- 危ないからしっかり手すりに捕まっていなさい。/很危险,抓紧扶手!

❷ **捕まえる** 主要表示用手紧抓想挣脱、逃跑的对象不放,使之就范,有抓住、捕捉、逮捕、强行拉拽之义,这层意思与"捕まる"第二层意思相同,但要注意它是他动词,对象应用助词"を"连接。另外,"捕まえる"还有"挽留"之义。以"～を捕まえて"的形式表示"对于""命令"之义。此词还可用于找到了正要找的人,或与之取得了联系,另外还可用于打出租车。这些用法都是该词独有的。例如:

- 動物園から逃げた虎は、1時間後に捕まえられた。/从动物园逃走的老虎1小时后被抓住了。
- 何度も電話をかけて、やっと彼女を捕まえることができた。/打了好几通电话,终于联系上了她。
- 人気選手をやっと捕まえてインタビューできた。/终于联系上人气选手进行了采访。

❸ **捕らえる** 表示抓住、捕获人或动物等具体对象时,可与"捕まえる"换用,但比"捕まえる"的语气更加郑重,为书面语。往往含有一种"不得了"的意味,因此不太适用于日常事务。"捕らえる"更强调不失时机地在自己掌控范围内进行直接具体的行为,而"捕まえる"则强调"想办法""努力"等意志行为。另外,"捕らえる"还可表示抓住人身体或东西的一部分,或对偶然的机会、场合、要点、特征、人心等抽象事物的捕捉。常用搭配的词有"チャンス・瞬間・機会・言葉尻・場合・問題・真相・大意・要点・ポイント・本心・心・大筋"等。后两种用法是此词独有而"捕まる""捕まえる"没有的。例如:

- 銀行強盗を捕らえた女性の記事が、新聞に載っている。/一位女性抓住银行盗贼的报道登在了报纸上。
- この似顔絵は、彼女の特徴をよく捕らえている。/这幅肖像画很好地抓住了她的特征。
- すすり泣くようなバイオリンの音色は、聴衆の心を捕らえた。/小提琴

如泣如诉的音色抓住了听众的心。

❹ **掴む**　强调5根手指分开抓住,或只用手指紧紧抓住小对象物的全部或大对象物的一部分,以将其控制住。"大金(証拠・情報・事件の鍵・確証・権力・実権・人心・本質・正体)を掴む",含有抓住了难以到手的东西的瞬间满足感,暗示还须努力。用于大意、要点、特征、人心等抽象事物的捕捉时,可与"捕らえる"替换,此时"掴む"的对象是难以掌控的,而"捕らえる"是指因偶然机会捕捉到了某抽象事物。例如:

- 子供が父親のひげを掴んで引っ張る。/孩子拽住父亲的胡子就扯。
- 後ろから襟首を掴まれ投げ飛ばされた。/被人从后面抓住后颈猛扔出去。
- 前後の脈絡を掴まないと理解できない。/不抓住前后的脉络是理解不了的。

五十　疲れる/くたびれる

相近词义　疲惫

区别和例句

❶ **疲れる**　常作口语,有时也作书面语。关东方言。在表示肉体、精神上的疲劳时均可用。多用于身体的一部分,如"頭・目・口・手・腕・肩・足・腰・気・神経"等,还可以表示一些正面的结果和倾向。在这些情况下一般不与"くたびれる"换用。口语中表示全身体力消耗,肉体上的疲劳长时间持续,即使休息一段时间也难以恢复时,可与"くたびれる"换用。还多用于表达在生活上、人生中遭受精神打击,失去生存意义的状态。另外,表示某物由于长时间使用而变旧、性能下降,但从外表上看不明显时,也可用此词,多搭配"機械・金属・油"等词。其名词形式为"疲れ",常与其他动词构成复合词。例如:

- 社長の相手をして神経が疲れきる。/与社长共事很劳神。
- 失業、借金、離婚…彼は人生に疲れてしまった。/失业、借款、离婚……他对人生感到疲惫。
- お母さんに叱られた男の子は、泣き疲れて眠ってしまった。/被母亲骂了的男孩子,哭得累了睡着了。

❷ **くたびれる**　口语常用,极少用于书面。可在日本全国范围使用。主要表示肉体上的疲劳,多用于全身,少数情况下可用于局部,此时可与"疲れる"换用。也可表示厌世的含义,可与"疲れる"换用,但更强调这种厌世是由衰老等肉体上的原因造成的。另外,外表上明显看得出某物由于长时间使用而变旧、性能

下降时可用,可搭配"洋服·手帐"等词。常见于一些惯用表达,在表示腻烦的语气时使用,此时不与"疲れる"换用。名词形"くたびれ",较少与其他动词构成复合词。例如:

- この靴は、長いことはいたのでくたびれている。/这双鞋子因为穿了很长时间已经旧了。
- 彼女は約束の時間に30分も遅れて来たので、私は待ちくたびれてしまった。/她比约定时间晚了30分钟才来,我都等得不耐烦了。
- 15キロも走ったのでほんとうにくたびれてしまった。/跑了15千米,真的很疲倦。

五十一 作る/拵える/こさえる/製造する

相近词义 制作

区别和例句

❶ **作る** 主要指手工制作有形的具体物体,强调制造出前所未有的新物品,也用于抽象的、精神上的创造,是最一般的用法。首先,在意志性的行为方面,可与"拵える"换用,既可用于具体事物也可用于抽象事物,只是语气客观,不带正、负面的主观评价。常用搭配词有"料理·食事·食べ物·服·指輪·ネックレス·おもちゃ·テレビ·荷物·自動車·家庭·子供·お金·資金·借金·財産·会社·歌·俳句·本·人間の心·法律·組織·規則·計画·言い訳·うそ·話·身なり·顔·体裁"等。其次,当带有"培养"的意味,用于生长的植物、自然现象、无意识的状态或精神等抽象事物时,不与"拵える"换用,常用搭配有"米·野菜·果物·盆栽·花·林·習慣·群·罪·しわ"等。例如:

- 森林が開かれ、新しい町が作られた。/森林里建起了一座小镇。
- 国外で作られた電気製品が逆輸入される。/在国外制造的电器产品被返销(国内)。
- あの人は内気でなかなか友だちが作れない。/那个人很内向,交不了朋友。

❷ **拵える** 多用于具体、日常的物品,比"作る"意志性强,更加口语化。可与"作る"换用,只是用于具体事物时多含有竭尽全力的主观正面评价。在用于抽象事物的场合,多含有勉强、特意、装门面、为骗人而制作等负面意味。

こさえる 是"拵える"的通俗表达形式,更口语化,但显得没那么文雅。例如:

- マスターはきれいな色のカクテルを拵えてくれた。/店长给我调了一杯颜色很漂亮的鸡尾酒。

- ⊙ 小島さんは用事を拵えて、会合への出席をサボる。/小岛找借口不出席聚会。
- ⊙ 頭の中で拵えた例文と実例を比べる。/对比头脑中造的例句和实例。
- ⊙ 頭にこぶをこさえる。/头上起了个瘤子。

❸ **製造する** 主要指在工厂把原材料或半成品等大量加工成成品。汉语词汇，书面语。其词干可以与其他名词构成复合名词。例如：
- ⊙ オートメーションにより工場で大量に製造する。/通过自动装置在工厂里大量制造。
- ⊙ 米からアルコールを製造する。/用米来酿酒。
- ⊙ 原料を加工して商品を製造する。/加工原料制造商品。

五十二　突っ張る/支える/突く

相近词义　支撑

区别和例句

❶ **突っ張る**　强调对没有倒塌趋势的事物或人，事先用支撑物来防止其倒塌、摔到。用于抽象事物及惯用表达时不可与"支える"换用。有自动词用法。例如：
- ⊙ 傾いた小屋を丸太ん棒で突っ張る。/用原木支撑倾斜的小屋。
- ⊙ 腕が突っ張って動かない。/胳膊撑着不动。
- ⊙ 自分の意見を最後まで突っ張る。/始终坚持己见。

❷ **支える**　指让已经呈现出倒塌趋势的事物或人有所依靠而终止倒塌趋势。也用于精神上的鼓励、支持。在用于抽象事物及惯用表达时，不可与"突っ張る"换用。无自动词用法。例如：
- ⊙ 倒れそうになる塀を突っかい棒で支える。/用支棍把快倒塌的围墙撑住。
- ⊙ はしごを支えてやっと立っている様子だった。/撑着梯子终于立住了。
- ⊙ くじけそうになったときには、いつでも仲間が支えてくれた。/沮丧的时候，朋友一直都在鼓励我。

❸ **突く**　指用手、棒等，以支撑地面、地板或墙面等方式来支撑住身体。例如：
- ⊙ 転びそうになり、とっさに手を突いた。/差点摔倒的时候，一下子用手撑住。
- ⊙ その子のいじらしさに胸を突かれた。/被那个孩子的可爱所打动。
- ⊙ 妹は頬杖を突いて外を眺めている。/妹妹支着脸颊看着外面。

五十三　勤める/働く

📖 **相近词义**　工作，劳动

📚 **区别和例句**

❶ **勤める**　指为了获得报酬而成为某个组织机构的一员，从事固定的工作。语感抽象、动作性不强。前有场所时用助词"に"连接。还可写作"務める・努める"。写作"務める"时，表示担负起某种责任、充当某种角色。写作"努める"时，可表示致力于某事。例如：

- 父は役人として定年まで30年勤めた。/父亲作为公务员到退休为止工作了30年。
- 今年の4月から貿易会社に勤めることにした。/从今年4月开始我去了贸易公司工作。
- 冷静になろうと精一杯努める。/努力让自己冷静。

❷ **働く**　指为了取得一定成果而花费体力、脑力来从事工作。动作性更强、更具体。前有场所时用助词"で"连接。还可用于做坏事和发挥机能、作用的场合。例如：

- 建設現場で汗水を垂らして働く。/在建设工地挥汗工作。
- 海外で働いた経験を生かして再就職する。/利用在国外的工作经验再就业。
- この電車は地震の時に制御装置が働くので、安心だ。/这种电车在地震的时候会启动制动装置，让人很放心。

五十四　積む/積もる

📖 **相近词义**　堆积，累积

📚 **区别和例句**

❶ **積む**　他动词。用于数量很多的散状行李、散状固体、有重量的混凝土、装有气体或液体的罐桶的堆积；也指用车、船、飞机等进行装载，常搭配"引っ越しの荷物・家具・テレビ・ゴミ袋・砂・石炭・石油・液体窒素・酸素・天然ガス・コンクリート"等。还用于强调通过反复的放置动作使有一定体积感的东西越积越多，不用于纸等轻薄的东西；表示反复采取积极行动或经过磨砺来提高精神层次；强调边重复动作边蓄积，常搭配"積み石・積み木・米俵・金・富・経験・練習・修行"等。例如：

- コップが入っているので、この箱の上に重い物を積まないでくださ

い。/里面装着杯子,请不要在这个箱子上放重物。
- 積み木を上へ上へ積んで遊ぶ。/搭积木玩。
- いくらお金を積まれてもいやなものはいやだ。/无论攒多少钱,讨厌就是讨厌。

❷ **積もる**　自动词。表示自然中的物体从上而降,在下方堆积重叠,或表示非意识状态不断累积。常搭配"ほこり・ゴミ・落ち葉・雪・不満・話・思い"等。例如:
- 久し振りに会ったので、積もる話がなかなか尽きなかった。/久别重逢,积攒的话说也说不完。
- この地域では、真冬になると、雪が屋根まで積もるそうだ。/听说在这个地区,一到严冬,雪就会堆到屋顶。
- テレビの上にほこりが積もっている。/电视机上积满了灰尘。

五十五　積む/重ねる/積み重ねる

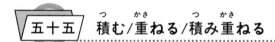

相近词义　堆积,累积,重叠

区别和例句

❶ **積む**　用法广。用于数量很多的散状行李、散状固体、有重量的混凝土、装有气体或液体的罐桶的堆积;也指用车、船、飞机等进行装载,常搭配"引っ越しの荷物・家具・テレビ・ゴミ袋・砂・石炭・石油・液体窒素・酸素・天然ガス・コンクリート"等。还用于强调通过反复的放置动作使有一定体积感的东西渐渐越积越多,不用于纸等轻薄的东西;表示反复采取积极行动或经过磨砺来提高精神层次;强调边重复动作边蓄积,常搭配"積み石・積み木・米俵・金・富・経験・練習・修行"等。例如:
- 箱の上に重い物を積まないでください。/不要在箱子上堆放重物。
- いろいろな経験を積んで成長する。/积累各种经验成长了。
- 修行を積んだ僧侶の話に感服する。/对不断修行的僧侣的话感到叹服。

❷ **重ねる**　指在扁平的、较薄的东西上再覆盖上相同形状的东西,使其完全吻合,常搭配"毛布・手・板"等。另外,还可强调不厌其烦地重复某种状态,多含消极意味,常搭配"悪事・罪・苦労・失敗・無理・会議・交渉・日・回"等,副词形式为"重ねて""重ね重ね",表示重复、衷心等义。例如:
- カードを束にして机の上に重ねておく。/把卡片收成一叠放在桌上。
- 議論を重ねるごとに論点が明確になっていった。/每次讨论都会让论

点更加明确。

- 重ね重ねお礼を申し上げます。/再次表示感谢。

❸ 積み重ねる 是由前两词组合而成的复合词。表示相同事物或同一性质的事物反复堆积，也指相同动作或同一性质的动作反复进行。用于具体事物时，可表示有体积、形状大致相同的东西不断堆积，强调不断堆积后的结果。用在抽象事物上时，重点在于不厌其烦重复的过程，但只表示单纯地重复，不强调蓄积，具有中性的感情色彩。例如：

- 切り石を幾段にも積み重ねる。/把石板垒成好几层。
- 実験や調査を積み重ねた末に、一つの法則を発見した。/不断实验和调查的结果就是发现了一种规律。
- レンガを積み重ねて壁を作る。/把砖头垒起来修墙壁。

五十六 通る/通す/通じる/渡る
（とお/とお/つう/わた）

 相近词义　通过

📚 区别和例句

❶ 通る 多以"～が（～に）通る"或"～が～を通る"的形式出现，不仅可表示通过某个场所，也可表示通过考试、检查等，还可表示事物、主张得到认同。例如：

- 列車がトンネルを通って海岸に出る。/列车穿过隧道到了海岸。
- 学校へ行くときはいつもこの道を通ります。/去学校的时候总是经过这条路。
- その意見は筋が通っているので反論できない。/那条意见很有道理，无法反驳。

❷ 通す 是"通る"的他动词，多以"～を通す"或"～を通して"的形式出现，不仅可表示通过某个场所，也可表示对某种事物、主张的认同，或表示某个动作、状态在一定时期或范围内的持续，还可表示以……为媒介、手段。例如：

- 冷気がシートを通して伝わってくる。/冷气通过防水布传了过来。
- 美術館は一年を通して開館している。/美术馆全年开馆。
- わがままを通してばかりいると嫌われるよ。/一直那么任性会被嫌弃哟。

❸ 通じる 以"～が（～に）通じる"的形式，表示两个场所或事物因某路径得到连接而相通；写作"通ずる"时，相通之意是其重点；"通じる"也可表示知识情报方面的精通、知晓。另外，"～を通じて"的形式可表横贯整个范围或以……为媒介，此时基本可以和"通す"换用。例如：

- 理屈は正しくても世間では通じない。/理由虽然正当，却在这个世上行

不通。
- このシステムは新しい世界に通じる扉だ。/这个系统是通往新世界的大门。
- テレビを通じて政府の見解を発表する。/通过电视发表政府的见解。

❹ **渡る**　一般以"～を渡る""～に渡る""～から渡る"的形式表示乘坐交通工具,或只身从海或江河的一边到对岸;也可表示人坐船或飞机到国外,物品从国外输入或从国内输出等含义。另以"～に渡る(渡って)"的形式表跨越很长的时间或空间,在这层意思上,"渡る"所跨越的时间、空间幅度大于"通す"和"通じる"。例如:
- 白鳥が海を渡って北国からやって来る。/天鹅从北国越海飞来。
- まだ、その書類は先方に渡っていない。/那个文件还没给对方。
- これは地中海からアジアに渡る各地で見られる風習だ。/这是从地中海到亚洲各地都能见到的风俗习惯。

五十七　解く/解く/解す
　　　　　と　　ほど　ほぐ

📑 **相近词义**　解开,松开

📚 **区别和例句**

❶ **解(と)く**　用法广泛。反义词为"結ぶ",自动词为"とける"。用于具体东西时,指把被纠缠、绑缚、缝合或卷裹在一块儿的东西分解开来,使其整理恢复成原状。常搭配的词有"荷物・帯・紐・包み・設備"等。用于抽象内容时,可表示把纷乱的事情整理好,解除束缚、职务、状态,以及解决问题、解除误会等义。常搭配的词有"任・試験問題・問・誤解・警戒"等。例如:
- 中山さんは荷物を解いて中身を出した。/中山打开行李取出里面的东西。
- ひもは解かずに結んだままにしておく。/就那么系着不解开带子。
- 相手は用心深くてなかなか警戒心を解かない。/对方十分谨慎,始终没放下戒心。

❷ **解(ほど)く**　不如"解(と)く"用法广,是更口语化的用法。反义词为"縛る",自动词为"ほどける"。用于具体东西时基本可与"解(と)く"换用,表示把编织好的东西拆开时一般用"解(ほど)く"。一般不用于抽象事物。两者的自动词形式意义区别同上。例如:
- 母は古いセーターを解いて編みなおす。/妈妈拆开旧毛衣重新编织。
- 家に入ったら、帯を解いて着物を脱ぐ。/一回到家,就解开带子,脱下和服。

⊙ 考えごとをしながら腕を組んだり解いたりしている。/思考着，一会儿抄起手，一会儿分开。

❸ 解す　用于具体事物时，表示用手指、筷子等把缠绕的线、绳解开，或使身体比较紧绷、僵硬的部位变得松弛、柔软起来；也表示把粘在一起的块状物细细分开。用于抽象的事物时，表示使精神等方面放松。例如：

⊙ もつれた毛糸を解す。/把缠在一起的毛线解开。
⊙ 母の肩のこりを解してあげた。/帮妈妈缓解肩部疲劳。
⊙ 大きな深呼吸で緊張を解す。/深呼吸缓解紧张。

五十八　溶く/溶かす

相近词义　溶化

区别和例句

❶ 溶く　表示在块状或粉状的物质中加入水或油等，将其稀释、软化成均匀的糊状或液体状；也可表示搅拌鸡蛋。不用于加热的场合。例如：

⊙ ペンキをシンナーで溶いて使う。/用稀释剂把油漆稀释后使用。
⊙ 小麦粉を卵と牛乳で溶いて、パンケーキを焼いた。/用鸡蛋和牛奶搅拌面粉，煎薄饼。
⊙ 油絵の具がかたまってしまっても、オイルで溶けば使える。/油画颜料即使凝固了，用油溶化后还能使用。

❷ 溶かす　强调把物质没入液体中，使该物质渐渐失去原状。可表示通过加热或使用药品把固体变成糊状或液体状。一般在表示加热使固体物融化时写成"融かす"；表示熔化金属时写成"熔かす"或"鎔かす"，表示冰、雪融化时写成"解かす"。例如：

⊙ 南極では氷を解かして水をつくるそうです。/听说在南极是靠融化冰来制造水。
⊙ 粉ミルクを湯に溶かして赤ん坊に飲ませる。/把奶粉用热水兑开给婴儿喝。
⊙ この工場では、回収した空き瓶を溶かして再生している。/这家工厂把回收的空瓶融化后再生产（新产品）。

五十九　退ける/退ける/除く

相近词义　挪开，除开

区别和例句

❶ 退(ど)ける　表示为了空出某场地,把物品移动到别处,挪开,移开。例如:
- 自動車が通れないからそこの自転車を退けた。/因为汽车无法通过,所以把那里的自行车挪开了。
- 荷物を隅に退けて人を通した。/把物品挪开让人通过。
- 邪魔になる本を退けてくれ。/把碍事的书给我挪开。

❷ 退(の)ける　和"退(ど)ける"一样,可以表示把障碍物移动到其他地方;将其事物或某人排除在某范围之外。可写作"除ける"。例如:
- 道に積もった雪を退けよう。/把路上堆积的雪清除吧。
- ちょっと机の上のものを退けてください。/把桌上的东西挪开吧。
- かれは部活のグループから除けられた。/他被兴趣小组除名了。

❸ 除く　表示去掉多余的东西或障碍物。也可以表示将某事物或某人排除在某范围之外。"仕事から除ける""問題を除けて考える"等表示按照主观意愿排除某物时,也可以用"除く",但是,像"京都を除いて各地とも晴れ"这种与主观意志无关的"排除",不能使用"除ける"。例如:
- 花壇の雑草を除こう。/除掉花坛的杂草吧。
- 少数を除いて皆賛成するようだ。/好像除了少数人外,其余的人都赞成。
- 彼の名前をクラスの名簿から除いた。/把他的名字从班级名单里删除。

六十　握(にぎ)る/掴(つか)む

相近词义　抓,握

区别和例句

❶ 握る　表示5根手指向内弯曲,用手掌紧贴对象物,从四周对所握之物施加压力。还可以表示紧握喜欢的东西或做出像抓住什么东西似的手势。做寿司时用此词。例如:
- 運転免許を取ったばかりなので、ハンドルを握る手に力が入ってしまう。/因为刚拿到驾照,所以手很用劲地握着方向盘。
- 手に汗を握って試合の成り行きを心配している。/手心冒汗,担心比赛的进展。
- あの会社の実権を握っているのは、社長の夫人だ。/握有公司实权的是社长夫人。

❷ 掴む　强调5根手指分开抓住,或只用手指紧紧抓住小对象物的全部或大对象物的一部分。与"握る"相比,强调动作的瞬间性,有时还带有粗暴的意味。动作结束后有可能持续紧握,也可能转换成放手、抛、投等动作。另外,含有手紧握着往自己这边拉的意味。也用于偶然把某物弄到手的情况。表示吃寿司时用手抓握寿司的动作时用该词。

注意:①在所握东西或其被握住的部位周长小于手掌的长度时,两者可用。常用搭配有"コップ・ゴルフクラブ・小さなおもちゃ・バット・髪・ネクタイ・つり革・手すり・手・ボール"等。但使用不同的词时语义有所不同。②对于一些较抽象的词汇,如"大金・証拠・事件の鍵・確証・権利・人心・本質・正体"等,两者都可用,但意思各有所偏重。用"握る"时,重点在表示获得某物的安定感,强调个人可以保有、利用此物。而用"掴む"时,强调获得很难到手的东西那一瞬间的满足感,暗示为了把它变成自己的东西,需要付出努力。③用于"チャンス・絶好の機会・好運・良縁・束の間の幸せ・きっかけ・手がかり・解決の糸口・これからの方向・事件の輪郭・情報・要点・問題点・相手の信頼"等仅此一回、不能持续的事物,或表示为了达到目的,今后有必要努力时,只用"掴む"。另外,两词均有各自惯用的搭配。例如:

⊙ やっと証拠を掴み、事件解決に全力をそそぐ。/终于掌握了证据,倾尽全力解决那个事情。
⊙ 子供が車道に飛び出そうとしたので、あわてて腕を掴んだ。/孩子正要跑进车道,我急忙抓住他的胳膊。
⊙ 口で負けそうになると、弟は私の髪を掴んで引っ張った。/嘴上正要认输的时候,弟弟拽住我的头发一扯。

六十一　逃げる/逃れる

 相近词义　逃离

区别和例句

❶ 逃げる　日常用语。主要用于表示具体的人从具体的地方逃出,重点在于逃离现场的具体行动。多指事后的逃离。基本上只以"～から逃げる"的形式出现,而"～を逃げる"的形式只能用于"その場を逃げる"等个别习惯用法中。此词具体有以下用法:表示从被禁锢的场所逃走,或为了不被人抓住而逃跑;表示避开某种对自己有危险或麻烦的事或人;抽象方面只可用于对责任的逃避。例如:

⊙ 私は、つかまえたすりを交番に連れて行く途中で逃げられた。/我把抓到的小偷带去派出所,途中他逃掉了。

- ⊙ 学校の帰り、友達に誘われたが、急用があるからとごまかしてその場を逃げた。/从学校回家的路上,朋友约我,我借口说有急事就溜了。
- ⊙ われわれは現実の問題から逃げるわけにはいかない。/我们不应该逃避现实问题。

❷ **逃れる**　书面语。主要表示从危险的或对自己不利的、难以忍受的处境中挣脱,使自己脱身于某种束缚,或表示对责任、义务的懈怠等不好的方面。重点用于抽象和带有比喻性质的表达。多为事先的避让、远离。常搭配"難・重圧・災い・騒音・法の網・死・危険・責任・義務"等。多用"～を逃れる"这种形式,有时也用"～から逃れる"。例如:
- ⊙ 私たちは戦火を逃れて、国外に脱出した。/我们逃避战火,逃到了国外。
- ⊙ 彼は都会の騒がしさを逃れて、山奥の村で暮らすことにした。/他决定远离城市的喧嚣,到山村去生活。

六十二　〜始める/〜掛ける/〜出す

相近词义　(前接动词连用形)开始(做)

区别和例句

❶ **〜始める**　表示动作者有意识地开始动作,用于动作者自述。强调动作作用的起始点。前项动词可用自动词、他动词、持续性动词、瞬间性动词。表示按照预定的计划开始,然后按照计划会持续下去。如"言い始める・歌い始める・笑い始める・走り始める・動き始める"等。例如:
- ⊙ 主任さん、お客さんは何時に入れ始めたらいいでしょうか。/主任,几点让客人们进来呢?
- ⊙ あの人は言い始めるとなかなか止まらない。/那个人一说起来就没完。
- ⊙ カリナさんは舞台に立って歌い始めた。/嘉丽娜站在舞台上开始唱歌。

❷ **〜掛ける**　表示动作者有意识地动作,且动作刚开始或做了一半,还未完成。如"読み(書き・言い・溺れ・眠り・食べ・飲み・走り・建て)掛ける"等。多以"〜掛け""掛けて""〜掛けた"的形式出现。例如:
- ⊙ なかなか来ないので、帰り掛けると、彼女が微笑みながらやってきました。/她一直没来,正要回去的时候,她却笑着来了。
- ⊙ 眠り掛けたとたん、電話のベルで起こされてしまった。/正要睡着的时候,被电话铃声吵醒了。
- ⊙ 仕事をやり掛けたままにしておく。/工作做了一半就放下了。

❸ **～出す** 表示里面的东西或隐藏的东西呈现在外。常见搭配有"飛び出す・追い出す・捜し出す・誘い出す・引き出す・煮出す"等。也表示其结果从无到有，如"作り出す・描き出す・映し出す・打ち出す"。还用于表示自己不能控制的新事态突然发生，然后只持续一会儿，如"言い出す・歌い出す・笑い出す・走り出す・動き出す・怒り出す"等。另外，还表示自然产生的变化。强调瞬间变化，如"降り出す"等。例如：

- 遠足の朝、子供たちは元気に歩き出した。/去郊游的早上，孩子们精神饱满地出发了。
- 彼女はしゃべり出すときりがない。/她一聊起来就没完。
- 信号が青に変わったとたん、車はいっせいに走り出した。/信号灯一变绿，车就一齐开了出去。

六十三 走る/駆ける

📄 **相近词义** 跑

📚 **区别和例句**

❶ **走る** 意义广，是较书面化的表达。表示人跑步，动物奔跑，汽车、火车等交通工具的行驶，电脑软件的运行，道路等细长的东西的延伸，顺滑地移动的状态，感性地靠近某一侧，或事情往不好的方向发展。例如：

- 上越新幹線「スーパーあさひ」は最高時速275キロで走ります。/上越新干线"超级朝日"号以最快时速275千米疾驰。
- 夜更けの町を小走りに走って帰る。/在深夜的路上小步跑回家。
- すぐに感情に走って自分を見失うのは、きみの悪いところです。/很容易感情用事，迷失自己是你的缺点。

❷ **駆ける** 只能用于人和动物的跑动，带争先恐后之义；强调弹跳着奔向目的地，是较口语化的表达。多以"駆け～"的复合动词的形式出现，如"駆けまわる・駆けめぐる・駆け抜ける"等。例如：

- 彼女は転んだ子供のそばに駆け寄り、起こしてやった。/她跑到摔倒的孩子旁边，把他扶起来。
- 子供たちは楽しそうに海のほうへ駆けていった。/孩子们高兴地向大海跑去。
- 彼女は風のように人ごみを駆け抜けていった。/她像风一样从人群中急行而过。

六十四　弾む/弾く/跳ね返る/跳ねる/弾ける

相近词义　弾,跳,蹦

区别和例句

❶ **弾む**　表示落下的物体撞击到硬的东西后靠自身的弹力大幅度地弹起。强调物体本身的弹力作用,只能用于本身具有弹性的事物,常常用来说明事物的弹性强度,如"ボール・ゴムまり"等。还用于比喻高兴、兴奋、上气不接下气等情形,如"話が弾む・心が弾む・足が弾む"等。例如:

⊙ 帰って来ると息子は、「試合に勝ったよ」と弾んだ声で言った。/儿子一回家,就用很兴奋的声音说"比赛胜利了"。

⊙ 彼のけったボールは、大きく弾んで柵の外へとんでいった。/他踢的球猛地弹了一下,跳到栅栏外面去了。

⊙ 彼は弾んだピンポン玉を手でつかんだ。/他用手抓住了弹跳的乒乓球。

❷ **弾く**　重点强调用力撞击某物,使其弹起。还表示弹拨、拨弄的意思。例如:

⊙ おでこを指で軽く弾いてからかう。/用手指弹前额逗弄。

⊙ そろばんをパチパチ弾く音がする。/听到打算盘的噼噼啪啪的声音。

⊙ 弦をパチンと弾いて演奏を始める。/轻轻拨弦开始演奏。

❸ **跳ね返る**　指一个物体撞在另一物体上而被弹回去。强调被弹回去这一现象,不强调物体的弹性,因此,即使没有弹性的物体也可以用"跳ね返る"表示弹跳。还表示对某一物体施力时,该物体因反作用力而被反弹回来。例如:

⊙ 彼の投げた石が電柱に当たって跳ね返った時に私の頭を打った。/他扔的石头打到电线杆子,反弹回来,打中了我的头。

⊙ 曲げられた枝が急に跳ね返って私の顔にぶつかった。/被折弯的树枝一下子反弹回来,打到了我的脸。

⊙ どぶ板の端を踏んだら跳ね返って足に当たった。/踩到脏水沟盖子的边儿,那盖子反弹起来打到了我的脚。

❹ **跳ねる**　指自身有弹跳能力的动物、东西,如"うま・ウサギ・まり"向上飞跃。也可表示没弹力的水或泥等东西,如"水・ひばな・どろ"等,因受力而往上方飞溅。还可表示受惊吓跳起,车把人挂倒,戏剧、电影结束了。例如:

⊙ てんぷらを揚げていたら、油が跳ねて手にやけどをした。/油炸天妇罗的时候,油溅到手上烫伤了。

⊙ 雨の日は、泥水を跳ねないように気をつけて運転してください。/下雨的日子要小心驾驶,不要让泥水溅起来。

⊙ 野原を歩いていたら、足もとでバッタが跳ねた。/在原野上走路的时候,有蚂蚱在脚边跳。

❺ **弾ける**　指从裂口中弹出,是"弾く"的自动词。指豆子或坚果等受热迸裂;常伴随物体在火中的燃爆声、枪击声、水在热油中的炸裂声、果实的迸裂声等。例如:

⊙ ぱちぱちと豆の弾けるような音がする。/响起噼噼啪啪的像豆子炸裂时一样的声音。

⊙ 彼はとてもふとっていて、洋服が弾けそうだ。/他很胖,西装都快要撑开了。

⊙ 実が弾けて種子がとび出す。/果实裂开,种子跳了出来。

六十五　果たす/遂げる/成し遂げる/遣り遂げる/仕上げる

相近词义　完成,达成

区别和例句

❶ **果たす**　表示完成想做或必须做的事。多接在"責任・任務・役割・機能・公約・約束・優勝・望み・目的・所期の目的"等单纯表示责任、作用、约定、期待、目的的词后,指最终圆满达成目标或夙愿、履行职责等。强调坚持不懈的努力和责任感,有时带有到此结束的孤寂感、无常感、虚无感。例如:

⊙ オリンピック出場をついに果たした。/终于参加了奥运会。

⊙ 表現は感情を伝える機能を果たしている。/表达起到了传递感情的效果。

⊙ 職務を忠実に果たさないと出世できない。/不老老实实地完成本职工作就没法有出息。

❷ **遂げる**　表示把想做的事如愿推进到最后阶段。常接在"思い・進歩・本懐・りっぱ(悲壮)な最期・戦死・功成り名"等表示不易实现的状态或极限状态的词后。有时也像"果たす"一样,接"優勝・望み・目的・所期の目的"等目的性的词,表示最终达成目标、得偿所愿。强调结果,也含有至此死而无憾的满足感。例如:

⊙ 急激な経済成長を遂げた後は自ずとひずみも生じる。/经济取得了快速发展后自然而然地产生了弊病。

⊙ 科学はめざましい進歩を遂げてきた。/科学取得了显著的发展。

⊙ 自分が遂げられなかった望みを子に託す。/把自己没能实现的愿望寄托在孩子身上。

❸ **成し遂げる**　只用于强调完成了很难完成的事,成就大事业。例如:
- どんなことがあってもこの研究は成し遂げる決心だ。/无论发生什么事情,都决心要完成这项研究。
- 20年かかってやっと事業を成し遂げた。/花了20年终于成就了事业。
- 目的を成し遂げる。/达成目标。

❹ **遣り遂げる**　一般只用于强调所指行为对谁来说都很难做到的场合,是"しとげる"的口语形式。例如:
- それを遣り遂げるには時間がかかる。/要完成需要花时间。
- 困難な仕事を見事に遣り遂げた。/圆满完成了困难的工作。
- 誰の助けも借りずに一人で遣り遂げた。/没有求助于任何人,独自完成。

❺ **仕上げる**　强调经过奔波、劳作,使事情得以彻底完成。例如:
- 約束の日までには仕上げるだろう。/在约定日期之前能做完吧。
- この仕事を今日中に仕上げる。/今天内完成这项工作。
- 一つの仕事を仕上げたときの気分は何とも言えない。/完成一件工作时的心情真是难以形容。

六十六　離す/離れる/放す/放つ/隔てる/隔たる

📄 **相近词义**　分离,相隔

📙 **区别和例句**

❶ **離す**　指把两个(以上)的人或物体中的一方或双(多)方加以移动,使其拉开距离;还可表示松开握住的手。例如:
- 運転するときはハンドルから手を離してはいけない。/开车时不能把手从方向盘上移开。
- この道は車が多くて子供から目が離せない。/这条路车多,得一直盯着孩子。
- しっかりと離さないように持っていなさい。/请好好拿着,不要松开。

❷ **離れる**　是"離す"的自动词。表示无意志的自然分离状态。也可表示年龄、时代或想法相差很远,此时多以"離れている"或"離れた＋名詞"的形式出现。还可表示部分从整体或本体中分离,独立出来,也可表示有意识地离开,或人与人之间关系的断绝。例如:
- 学校は家から4キロ離れている。/学校离家4千米。
- あそこの夫婦は年がずいぶん離れている。/那对夫妇年纪相差很大。

⊙ われわれは感情の上では遠く離れている。/我们在感情上很疏离。

❸ **放す** 表示给被抓住或受束缚的人、物、动物以自由。

放つ 是"放す"的书面语，除了具有与"放す"相同的意思外，还有派出、射、驱逐等意思，如"光(異臭・異彩・生彩・質問・第一声・第一弾)を放つ"。例如：

⊙ 籠の小鳥を空に放してやった。/把笼中的小鸟放归了天空。

⊙ もう大人になったから、手を放しなさい。/已经是大人了，放手吧。

⊙ 公園では飼い犬を放さないでください。/请在公园里牵好你的狗。

⊙ とらを野に放つ。/把老虎放归山野。

⊙ 罪人を東国に放つ。/把罪犯放逐东国。

❹ **隔てる** 表示在空间、时间上因某物而相隔，强调距离较远。也可表示离间人际关系。例如：

⊙ 火が迫ってきたが道路1本を隔てていたので助かった。/火势逼近，但还隔着一条马路，所以得以脱险。

⊙ 十年の歳月を隔てて再会する。/相隔十年重逢。

⊙ 中日両国は狭い海を隔てただけの隣邦である。/中日两国是隔海相望的邻邦。

❺ **隔たる** 是"隔てる"的自动词。表示空间、时间上的自然相隔，指人或物之间相距很远，达到了几乎无法关联的程度；也表示人际关系的疏远；还表示程度、性质等方面有较大差距。例如：

⊙ 2人の考えはだいぶ隔たっている。/两个人的想法相距甚远。

⊙ ここは海から遠く隔たっている。/这里离海很远。

⊙ 今では、2人の仲は隔たってしまった。/如今两人的关系疏远了。

六十七 離れる/外れる/ずれる/分かれる

相近词义 分，离

区别和例句

❶ **離れる** 表示人或事物的自然分离状态，也可表示有意识地离开。例如：

⊙ 沖縄は東京から千キロ以上離れている。/冲绳离东京1000千米以上。

⊙ 仲間から一人ぽつんと離れて座っている。/远离同伴，一个人孤零零地坐着。

⊙ 都会の喧噪を離れ静かに暮らす。/离开都市的喧嚣安静地生活。

❷ **外れる** 表示从固定的位置上脱离。强调实际的结果脱离了原定的计

划、范围,落到或处于别的位置、范围中。还表示违背一定的常规、标准,或表示后来的结果跟事先所预料或期待的事不合。在表示这两层意思时,"外れる"跟其他几个词不是同义词。例如:

- ⊙ この船は予定の航路から外れた。/这艘船偏离了预定的航线。
- ⊙ これは正規の流通ルートから外れた取引だ。/这是一笔没经过正规流通渠道的交易。
- ⊙ 期待が外れてがっかりする。/辜负了期待,很失望呢。

❸ **ずれる**　指跟原来的位置、方向、时间、顺序等不完全吻合,有了一些移动、偏差。用于时间时一般指推迟、延迟。另外,它还可以表示人的行为、想法等与他人或一般人不同。例如:

- ⊙ この病気は治療のタイミングがずれたら、なかなか治りにくい。/这种病如果错过了最好的治疗时间,就很难治了。
- ⊙ 君と僕の話はどうもずれているみたいな。/你和我说的话好像不太一样。
- ⊙ 彼の考え方は時代からずれている。/他的想法脱离了时代。

❹ **分かれる**　强调能分辨出不明了的事情。可表示告别、男女分手、道路分岔等;也表示人自然分离的状态或有意识地离开,在表示此意义时常写作"別れる",可与"離れる"换用。例如:

- ⊙ 開発に関して意見が分かれている。/关于开发,意见不一。
- ⊙ 日本の関東地方は1都6県に分かれている。/日本的关东地区分为一都六县。
- ⊙ 手を振りつつ再会を期して別れた。/挥手作别,期待再见。

 省く/略す/抜かす

📄 **相近词义**　省略

📚 **区别和例句**

❶ **省く**　强调只保留事物中的必要部分,而多余的、不必要的部分则去掉,含有被去除的部分不复存在的意味。例如:

- ⊙ いろいろな電気製品のおかげで、家事の手間がだいぶ省けるようになった。/多亏有了各种各样的电器产品,家务变得简单多了。
- ⊙ 文章を書くときは、余分な修飾を省いた方が分かりやすい。/写文章的时候,省去多余的修饰更简单易懂。
- ⊙ 途中の経過を省いて、結論だけを伝えてほしい。/希望去掉过程,仅仅

转告结论。

❷ **略す** 强调只保留事物中重要的部分,去掉其余的部分,从而把整体简化,含有虽省去某部分但承认它应有的位置的意味。多用于公司、组织的名称及外来语的省略。例如:

⊙ この間の手続きは略すことにします。/决定省去这期间的手续。

⊙ 日本語ではしばしば主語が略される。/日语经常省略主语。

⊙「リモコン」というのは、「リモートコントロール」を略した言葉です。/"リモコン"是"リモートコントロール"的省略语。

❸ **抜かす** 强调从按照一定顺序排列的事物中去掉一部分。通常指把本应纳入的东西漏掉了。还可表示抹掉、丧失力气。例如:

⊙ 挨拶を抜かしていきなり本題に入る。/不寒暄,直接进入正题。

⊙ 難しい所は抜かして先を読む。/略过难点往下读。

⊙ 慌てて、1人抜かして数えてしまった。/因为着急,数漏了一个人。

六十九 捻る/捩る/捩る

📖 **相近词义** 拧,扭

📚 **区别和例句**

❶ **捻(ひね)る** 用于事物时,表示用手指尖捏住某物旋转,一般指弧度不大的扭转,而且这种扭转多是一次性的、不大费力的动作。用于人体时,是指扭动上半身或上半身的某个部位,多用于扭动腰部。此时如果用的是过去时,则表示扭伤;如果用于头部,则表示动脑筋、有疑问、思考。例如:

⊙ 家に湯沸しをつけたら、蛇口を捻るだけで、熱いお湯が出る。/在家打开热水器,拧一下龙头,热水就出来了。

⊙ 腰を捻る運動を毎日やってから、腰痛が大分少なくなった。/因为每天都做扭腰运动,腰痛缓解了很多。

⊙ 問題が難しいので、彼はずっと首を捻って考えている。/因为问题很难,他一直在苦思冥想。

❷ **捩(ねじ)る** 用于事物时,表示用手抓住细长、棒状的东西的两端,分别向相反方向拧转,即绞;或是使其一端处于固定状态,另一端用手扭转;还表示用手拧转有螺纹的东西。通常指反复扭转或用力扭转。用于人体时,指下半身固定不动,上半身或头部转动。例如:

⊙ 水が漏れないように、蛇口をしっかり捩ってください。/关好龙头,不要漏水。

⊙ 彼は体を捻って後ろを振り向いた。/他转动身体朝后。
⊙ みかんを二三回捻って枝から取った。/拧了两三次,才把橘子从树枝上摘了下来。

❸ **捩る** 用于事物时,表示把长条形的事物像搓绳般扭绞。在表达这种意义时,除了搓绳的个别用法外,类似动作一般都使用"捻(ねじ)る"。用于人体时,主要表示因大笑、痛哭、剧痛或兴奋过度等而不断地扭动身体。例如:
⊙ 彼はわらを捩って縄を作っている。/他搓着稻草把它拧成绳子。
⊙ 田中さんは痛みで体を捩った。/田中因疼痛而扭动身体。
⊙ 彼女は身を捩って泣いている。/她转身哭泣。

七十 冷やかす/からかう/皮肉る

相近词义 讽刺,作弄

区别和例句

❶ **冷やかす** 表示不负责任地用语言使对方的情绪高涨,制造热烈的气氛。还表示给对方泼冷水以此取乐。对象只能是人。例如:
⊙ 新郎新婦が披露宴の席で冷やかされる。/新郎新娘在结婚宴席上被捉弄。
⊙ まじめに発言したが、関西弁だったので、さんざん皆さんから冷やかされた。/非常认真地发言了,却因为说的是关西方言,被大家取笑了。
⊙ 二人の仲がうわさになり周りから冷やかされる。/两个人的关系成了大家调笑的谈资。

❷ **からかう** 半取乐性地让对方感到为难、厌烦等。"からかう"所指的"作弄"不仅表现在言语上,也表现在态度、行为上。不仅可用于人,也可用于动物。例如:
⊙ 子供は大人をからかうものではない。/孩子不能戏弄大人。
⊙ からかっているうちに彼は本気で怒り出した。/玩笑开着开着,他就真的生气了。
⊙ 人をからかうのもいい加減にしろ。/戏弄人也要适可而止。

❸ **皮肉る** 故意反着或绕着弯子说,以此来责难人,让对方察觉后有不愉快的感觉。例如:
⊙ 遅刻して教室に入ったら、教師にずいぶん早かったなと皮肉られた。/迟到了,一进教室,就被老师讽刺说"来得很早嘛"。
⊙ 現代社会を皮肉ったなかなかいい映画だ。/是一部非常棒的讽刺现代社会的电影。

⊙ 字の下手な人に、「字がうま過ぎて読めない」と皮肉って言った。/对字写得不好的人讽刺道："字写得太好了,没法儿认。"

七十一 広がる/広まる/広げる/広める

📖 **相近词义** 扩大

📖 **区别和例句**

❶ **広がる** 表示自然或人为的行为使某事物的面积或范围扩大。如"眼下に広がる平原""火事が広がる""事業が広がる"。前面既可以用具体名词,也可以用抽象名词。例如:

⊙ 空に厚い雲が広がっている。/天空上布满了厚厚的云层。

⊙ 学校の統合により、校区の範囲が広がった。/通过合并学校,校区范围扩大了。

⊙ 緊張な雰囲気が広がっている。/紧张的氛围扩散开来。

❷ **広まる** 表示某事态被人为地扩大,暗含人们将接受到的讯息再传给其他人的意味,如"教育が全国民に広まる"。前面多用抽象名词。表示某事物或事态自然而然地扩大时,通常用"広がる"。例如:

⊙ 狭い町なので、噂はあっという間に広まった。/因为是小城市,传言很快扩散开来。

⊙ 政府を支持する音声が広まっている。/支持政府的声音越来越多。

⊙ あれ以来、彼の名が世界に広まっていった。/在那之后,他的名字传到了全世界。

❸ **広げる** 表示通过人为行为扩大面积或扩展规模,或表示把卷起或叠起的物体摊开。例如:

⊙ 机の上に中国の地図を広げてみましょう。/把中国地图摊在桌上看吧。

⊙ 日本料理をグローバルに広げる活動が積極的に行われている。/把日本料理推向世界的活动正积极开展着。

⊙ かれは両手を広げて我々の前に立った。/他张开手臂站在我们面前。

❹ **広める** 表示通过人为行为推广或弘扬某事物,使其广为人知。也可表示扩大范围、增长见识等。例如:

⊙ セールスマンは新しい製品を各地に広めた。/销售员把新产品推广到各个地方。

⊙ 読書は人の視野を広める。/读书开阔了人的视野。

⊙ 日本にキリスト教を広めるのは困難だ。/在日本推广基督教很困难。

七十二　膨らむ/膨れる

📄 **相近词义**　膨胀

📚 **区别和例句**

❶ **膨らむ**　表示事物的体积比最初有所增大。用于经过一定时间后能够膨胀的具体事物。这种膨胀的东西有一种软软的、松松的良好质感，有向外突出的感觉，含褒义色彩。常搭配的词有"風船・帆・布団・パン・泡・シャボン玉・餅・頰・胸・蕾"。无"～上がる"的搭配用法。另外，也可用于"夢・希望・期待"等抽象的东西，褒义。特别是用于"赤字・経費・疑惑・都市人口・予算"等事物时，强调还没迎来异常事态的膨胀。也用来表示人体的肿胀，但此时只强调胀大，不意味病变。例如：

⊙ パン屋はオーブンから、よく膨らんでおいしそうに焼けたパンを取り出した。/面包店店员从烤箱里取出烤得很蓬松美味的面包。

⊙ 春になって、花のつぼみが膨らんだ。/到了春天，花骨朵鼓了起来。

⊙ 学生たちは卒業式のあと、希望に胸を膨らませて、それぞれの道を進んで行った。/学生们在毕业典礼之后，心里满怀希望，走上了各自的道路。

❷ **膨れる**　表示由于填充物过多，物体的一部分或全体从内部膨胀起来，变得鼓鼓的。含有本来应该不会胀大的东西由于某种原因而变大的意味，有异常感、极限感，贬义。常搭配的词有"餅・腹・ほおっぺた・足首・こぶ・ポケット"。还可用于不平、不满的情绪溢于言表等，有一种孩子气的感觉，贬义。用于"赤字・経費・疑惑・都市人口・予算"表示膨胀太快，含贬义。例如：

⊙ 柱にぶつけたおでこが膨れて、こぶになってしまった。/前额撞到柱子鼓了起来，形成了一个包。

⊙ ピーナツは胃の中で膨れるから、食べ過ぎないほうがいい。/花生在胃里会膨胀，所以不要吃得过多。

⊙ 彼女は、注意されるとすぐ膨れる。/她一被别人提醒告诫就生气。

七十三　増やす/増える/増す

📄 **相近词义**　増加

📚 **区别和例句**

❶ **増やす**　他动词。表示使数量比以前增加。只用于具体可数的东西。其对应的自动词为"増える"。搭配"財産・資産・動物・植物"等时，多写为"殖やす"。例如：

⊙ 外国の首相が来るので、警備の人数を増やした。/因为外国首相来访，所以增加了警戒的人数。

⊙ 外国語が自由に話せるようになるには、語彙を増やさなければならない。/为了能自如地说外语，必须增加词汇量。

⊙ 私の母はこれ以上体重を増やさないように気をつけています。/我的妈妈为了使体重不再增加，一直很注意。

❷ **増える** 自动词。表示事物在原有状态下数量增多。注重增加的结果（数量）。其对应的他动词为"増やす"。搭配"財産・動物・植物"等时，多写为"殖える"。例如：

⊙ 年齢100歳以上の長寿の人が増える。/百岁以上的长寿者增多。

⊙ 倒産件数がうなぎ登りに増えている。/破产（案件）的数量直线上升。

⊙ 収入も増えたが仕事の負担も増えた。/收入增长了，工作的负担也增加了。

❸ **増す** 自他动词。表示事物自身分量的增加或数量的增加。注重变化量。用于具体事物时，可与"増える""増やす"换用，但抽象事物"信用・人気・興味・親しみ"等的增加只用"増す"，也表示程度更甚。"増す"强调内部所包含的事物的增加，"増える""増やす"是从外部的增加。例如，"増える"在"子供が増える"中表示具体可数的事物的数量增加，而"増す"用于量的变化，因此不能替换。然而，"増える"在"子供の人数が増える"中表示笼统的整体数量增加，在"体重が5キロ増えた"中表示与之前相比时量的变化，可换用"増す"。在"1キロ増すごとに料金が2百円追加される"中，"増す"表示阶段性增加或部分增加，不能换成"増える""増やす"。在"子供が5人に増えた"中，"〜に増える"表示变化的结果，不能换成"増す"。例如：

⊙ 彼が来てから、パーティーの楽しさが一段と増した。/他来了之后，聚会变得更有乐趣了。

⊙ 列車は駅を出ると徐々にスピードを増していった。/列车出站后速度越来越快。

⊙ この駐車場の料金は1時間500円で、あとは30分増すごとに200円です。/这个停车场的费用是第一个小时500日元，之后每30分钟增加200日元。

七十四 放る/投げる

 相近词义　抛，投

区别和例句

❶ **放る**　表示把能手持的、比较轻的物品抛向对面或上方。常见搭配词有"紙くず・小石・本・消しゴム・タバコ・ライター・タオル"等。有时可与"投げる"换用,但"投げる"强调利用肩和身体的力量,将事物用力地向某个目标投去。另外,以"放っておく(俗語表現:ほっておく・ほっとく・ほったらかす)"的形式表示本应做某事却半途放手,常与"仕事・試験・勝負・試合・宿題"等搭配,表现出由于厌烦、失去兴趣或耐心而中止该行为,有不予重视、往后推延的意味,还表示对人或事置之不理,不加关心、照顾,放任不管。较口语化。例如:

- 試験を途中で放って教室を出た。/中途放弃考试出了教室。
- 人に物を放って渡すなんて失礼だ。/把东西扔给别人是很没礼貌的。
- 池に石を放ると、一面に水の輪が広がった。/把石头扔在池子里,水面漾起了波纹。

❷ **投げる**　表示把手持之物利用肩或身体的力量用力地向空中(远处)投去。多数情况是有目标的。常见搭配词有"ボール・槍・砲丸"等。也表示在柔道或相扑比赛中借对方的力将对方扑倒。还表示灰心,断了念头,常与"仕事・試験・勝負・試合・研究・宿題・匙"等搭配,表示因为某些事情而放弃迄今为止所追求的目标。但与"放る"相比,有因为力不从心而失去信心、不太认真地继续做的语义。另外,还喻指对结果施加了作用和影响。常见搭配有"身・話題・問題・質問・キッス・視線"等。例如:

- 新しく起った問題が人々の間に話題を投げかける。/新出现的问题给人们提供了话题。
- あのピッチャーは、とても速い球を投げる。/那个投手投了一个快速球。
- 今度の試験は投げてしまって、適当に字を埋めただけだ。/这次考试就放弃了,只是勉强凑点字数而已。

七十五　学ぶ/習う/教わる/勉強する

📖 **相近词义**　学习

区别和例句

❶ **学ぶ**　较书面化的表达。着重指学习某一方面的专业知识或经验,强调模仿。带宾语时,多表示有具体内容的学习,此时既可指在别人的指导下学习,也可指自学。不带宾语时,表示增进专业知识、取得经验、吸取教训,内容笼统,

表示此层意思时不能与其他几个词换用。还表示广义的求学，含有"是……的学生"之义，此时虽是动词，但不带宾语。此外，也可表示向榜样学习。与学习的对象之间用"に"或"から"连接。例如：

- この小説を読んで大いに学んだ。/读了这本小说，学到了很多。
- 社会人になって人生のことをいろいろ学んだ。/走上社会后学习了很多人生的道理。
- この失敗によって多く学んだ。/从这次失败中学到了很多。

❷ **習う** 一般表示在别人的指导下学习，不表示自学。在表示知识性的学习时，多指中小学等学术性不强的学习。还有通过反复练习而学成的意义，因此，还多用于伴随操作或练习的技能方面的实际学习，如"運転・料理・書道・英会話・そろばん・バレエ・歌・機械の操作・ペンキ塗り"等。与学习的对象之间用"に"或"から"连接。例如：

- 子供は塾でそろばんを習っている。/孩子在补习班学习算盘。
- 年寄りが運転を習うのは難しい。/老人学驾驶很难。
- 履歴書の書き方を先輩から習っておく。/向前辈学习履历书的写法。

❸ **教わる** 书面语，对应词是"教える"。指通过别人的教导而学到什么。可表示从别人那儿学到知识或技能，此时可与"学ぶ"或"習う"换用，但"教わる"更能显示郑重和对学习对象的敬意。还可以表示在别人的指点下懂得了某事，是"教えてもらう"的另一种说法，不能用同组的其他词代替。与学习的对象之间用"に"或"から"连接。例如：

- 先生から教わったことを生かして、力を尽くして病人を助けようとする。/灵活运用从老师那里学到的知识，尽力救助病人。
- 通りがかりの人に駅へ行く道を教わる。/向路过的行人问去车站的路。
- 学校で電池は土に捨ててはいけないと教わる。/在学校里学到不能把电池扔到土里。

❹ **勉強する** 是自他动词，使用面广。主要指为了取得某种学问或知识而努力钻研，强调本人的用功，所以多用于学术性强的学习，也可用于自学，不强调跟着学的意味，一般不用于伴随操作或练习的实际技能方面的学习。但如果不强调实际操作，而强调努力钻研时，仍可用。例如：

- いろいろな参考書で日本の歴史を勉強する。/通过各种各样的参考书学习日本历史。
- 何をやるのも勉強だと思っています。/我想做的事情只有学习。
- 勉強する時には、邪魔しないでください。/学习时，不要打扰我。

七十六　見逃す/見落とす/見過ごす

📄 **相近词义**　看漏

📚 **区别和例句**

❶ **見逃す**　表示原本一直想看的东西没看到，如"名画"等。也表示看了却没注意到。还表示错过机会。另外可表示对理当责备的人或行为，如"犯人・不正行為"等加以饶恕、宽恕。例如：
- 今回だけは万引きを見逃してやろう。/这次盗窃就饶了你。
- かわいそうに思い、友達の失敗を見逃す。/觉得很可怜，原谅了朋友的过失。
- 忙しくて見たいと思っていた話題の新作映画を見逃してしまった。/因为忙，错过了很想看的最近成为话题的新电影。

❷ **見落とす**　表示必须看的或只要注意就应该看到的重要事物，由于粗心、精神恍惚而没看到。常见搭配有"交通標識・監督のサイン・原稿の誤字や脱字・論文のポイント"等。例如：
- 標識を見落としたらしく行き過ぎてしまった。/好像看漏了路标走过了。
- うっかりして誤字を見落としたまま論文を出した。/因为疏忽，有错别字却没看到，就这样提交了论文。
- 重要な点を見落としたまま議論が進んでしまう。/遗漏掉了重点讨论继续进行。

❸ **見過ごす**　表示看到有必要进行处置的事却不加处置，不当回事，不加责备，放任。常见搭配有"失敗・違反"等。也表示看了但没注意。例如：
- この件だけは見過ごすわけにはいかない。/只有这件事不能置之不理。
- いわれない差別が行われているのを見過ごすことはできない。/无端歧视的存在是不能无视的。
- どうしてこんな大きな問題を見過ごしたのだろう。/为何会放过这样的重大问题呢？

七十七　耳にする/聞こえる/聞く/聞かせる

📄 **相近词义**　听

📚 **区别和例句**

❶ **耳にする**　偶然听到一些传闻。在述说自己曾听到某事的感受时常用该

词。例如：

- ⊙ 大同銀行の次期頭取は、大蔵からという噂を耳にしたことがありましたが、どうだったんですか。/大同银行的下届行长,听传言说是来自大藏省,是吗？
- ⊙ 講義の間に今年の卒業生がどこそこへいくらで売れたという話を耳にした。/课间的时候听到闲话说今年的毕业生又去了什么地方,收入多少云云。
- ⊙ この前の同窓会で彼のうわさを耳にした。/在之前的同学会上听到了关于他的传言。

❷ **聞こえる** 指自然听见,听起来有……的意思,广为流传。例如：

- ⊙ これは昔名高く聞こえたところだった。/这是以前很有名的地方。
- ⊙ 目が覚めたとき、隣で人の声が聞こえた。/醒的时候,听到旁边有人的声音。
- ⊙ こんなことを言うと冷たく聞こえるかもしれないが。/说这样的话听起来可能很冷漠,但是……

❸ **聞く** 不是自然而然地听见,而是有意识地想知道、想听某种声音或音乐等而主动去听。是用途最广泛的一个词语。还用于就不知之事向别人打听或提问。表示听见时可写作"聴く"。例如：

- ⊙ 耳を澄まして森を渡る風の音を聞く。/侧耳倾听风吹过森林的声音。
- ⊙ そんなつまらない講義なんて聞かなくていい。/那么无聊的课程不听也行。
- ⊙ 欠席の理由を単刀直入に聞いた。/直接询问缺席的原因。

❹ **聞かせる** 指让人听见,还表示值得听之意。例如：

- ⊙ 声を大きくして向こうの人に聞かせる。/放大声音让对面的人听见。
- ⊙ 中島美雪の歌は聞かせる。/中岛美雪的歌值得一听。
- ⊙ このすばらしい話を家族にも聞かせたい。/这么棒的故事想让家人也听听。

七十八 見る/見える/見られる

📝 **相近词义** 看

📚 **区别和例句**

❶ **見る** 表示想看某一物体而将视线转向该物体,远眺,注意观察,诊断,调查,判断,照顾。例如：

⊙ お姫様は月を見ては悲しくて泣き出している。/公主看到月亮，悲伤地哭起来。

⊙ 彼は時々物思いに沈み遠くを見るような目をする。/他有时会看着远方，陷入沉思。

⊙ サッカーの試合を見にスタジアムに行く。/为了看足球比赛去体育场。

❷ **見える**　表示不是特意地看，而是睁开眼睛就能自然看见，有能力有条件看见，也表示根据所见所闻有此感觉而进行判断、推测，还表示看起来像。还是"来"的尊敬语。例如：

⊙ どこか海の見えるところへ行きたい。/想去一个能看到海的地方。

⊙ どうやら雨もあがったと見えて、外が明るくなった。/看上去雨也停了，外面亮了起来。

⊙ 先が見えない仕事をやめる。/辞掉了没有前途的工作。

❸ **見られる**　指能看到、有看到的可能性，也表示经常会有的现象、状态、样子。以"～と見られている"的形式表示虽然还不明确，但如此认为或如此下判断。还可以表示受害、被动，是"見る"的尊敬语。"見る"是意志动词，表示努力克服不利的客观条件以"看见"。"見える"是自发动词，表示自然而然地看见。表示由外在条件造成的看不见或看得见时，"見える"或"見られる"都能用，如"前の人の頭が邪魔になって映画が見られ（見え）ない"。没有外在条件的影响时，不能用"見られる"，如"目が悪くて黒板の字が見えない"。通过自身努力或符合某种条件才能看见时，不能用"見える"，如"動物園に行かなければパンダは見られない"。例如：

⊙ めがねをかけると見られるようになった。/戴上眼镜就能看见了。

⊙ 大地震のときには、地面の隆起や陥没などの現象が見られる。/大地震时，见到了地面隆起或是塌陷的现象。

⊙ 事故の原因は運転手の居眠り運転と見られている。/事故的原因被认为是驾驶员驾驶时打瞌睡。

七十九　面倒を見る／世話になる／世話をする

📖 **相近词义**　照顾

📚 **区别和例句**

❶ **面倒を見る**　表示主观上感到照料起来麻烦，因此，既可能是确实很麻烦，也可能事情本身并不麻烦，而只是行为者懒于照顾才感到麻烦。还可强调替人解决应付不了的困难或麻烦，为他人承担解决困难或麻烦的责任。例如：

- 友達に子供の面倒を見てもらって、彼女はアメリカへ夫を捜しに行った。/请了朋友照顾孩子后，她去了美国找丈夫。
- 母親も病弱の父親一人の面倒を見るのが精一杯だった。/母亲也用尽了全力照顾身体虚弱的父亲。
- 彼の工場が倒産した後、すべての面倒は私が見てあげたのだ。/他的工厂倒闭之后，所有的麻烦都是我帮他处理的。

❷ 世話になる　　表示受人照顾。例如：
- 京都に滞在中いろいろお世話になり、ありがとうございました。/在京都逗留期间承蒙您多方照顾，非常感谢。
- 卒業式の日にはお世話になった先生に生徒全員で花束を贈った。/毕业典礼的那天，全体学生向曾经关照过大家的老师赠送了花束。
- できれば、私は親の世話になりたくないんだ。/如果可以，我不想再让父母照顾我了。

❸ 世話をする　　表示照料人，帮人做事，伺候人。强调给人以方便。重点在于生活上的照顾、照料。例如：
- 共稼ぎだから、子供の世話はすべて母がしている。/因为是双职工，孩子都是我妈妈在照顾。
- 下宿の時、下宿のおばさんがよく世話してくれた。/寄宿的时候，那家阿姨经常照顾我。
- 犬の世話はいつも弟がしている。/狗一般都是弟弟在照料着。

八十　養う/育てる/培う/培養する

 相近词义　　养育，培养

区别和例句

❶ 養う　　主要指对不能自食其力的家人从物质方面给予照料，也表示经济上的赡养、抚养。还表示可以指通过训练、休养等方式让能力、体力、力气、习惯等达到更佳的状态。可用于饲养动物等，但不用于植物等的培育。例如：
- ゆっくり休んで、英気を養ってください。/好好休息，养精蓄锐！
- 女手一つで幼い2人の子供を養う。/一个女人养两个年幼的孩子。
- 父は自分のためだけでなく、家族を養うためにも働いている。/父亲工作不仅是为了自己，也是为了养活家人。

❷ 育てる　　主要指对小而未成熟的东西给予必要的照料、引导，使其成长、成熟或长大。既可用于人、动物、植物，也可用于感情、文化等抽象事物。用法广

泛。例如：
- ⊙ 文化を育てる環境を大切にする。/要重视文化培养的环境。
- ⊙ 共働きなので、夫と協力して子供を育てるつもりです。/因为是双职工，所以打算和丈夫携手养育孩子。
- ⊙ 子供を育てながら内職をする。/一边带孩子一边做副业。

❸ **培う**　书面语。指对植物进行悉心栽培。也可用于将人的精神、态度、体力、意志、毅力、创造力与性情等提高到使人非常满意的程度。例如：
- ⊙ 苗木を大事に培う。/精心培育苗木。
- ⊙ 健康な心身を培う。/培养健康的身心。
- ⊙ 新しい人材を培う。/培养新人才。

❹ **培養する**　汉语词汇，书面语。可表示培育植物，但更常用于表示人工繁殖或培植微生物、病原菌、动物身体组织的一部分等。例如：
- ⊙ 実験用の細菌をこのシャーレの中で培養している。/在这个培养皿中培养实验用的细菌。
- ⊙ 試験管で菌類を培養する。/在试管中培养菌类。
- ⊙ 勢力を培養する。/培植势力。

八十一　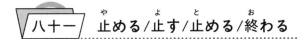止める/止す/止める/終わる

📝 **相近词义**　停止，中止，结束

📚 **区别和例句**

❶ **止(や)める**　他动词。指有意识地中断计划好的、准备要做的事情，或迄今为止一直进行的行为。一般只表示停止做不该做的事或自认为不做为好的事，可转义指戒掉烟、酒、赌等不良嗜好或习惯。例如：
- ⊙ 父が病気で倒れたため、私は学校を止めて就職するつもりだ。/因为父亲病倒了，我打算不上学了，去找工作。
- ⊙ あんまり手続きが面倒だというんで、とうとう止めてしまいましたよ。/说是手续太麻烦了，最后就放弃了。
- ⊙ おしゃべりを止めて先生の話を静かに聞きなさい。/不要闲聊了，安静地听老师说！

❷ **止す**　他动词，与"止(や)める"意义相同，是"止(や)める"的通俗说法，通常用于口语。但它没有使役态和可能态，因此，不能用于表示使役、可能的句子，也不能用于否定表达，多表示命令或劝诱。另外，它只表示就地停止，不表示场所移动。因此，接续表示移动的词时，一般用"止(や)める"，如果换成"止す"，

则像幼儿用语。例如：
- 今日はドライブに行くのは止そう。/今天不去兜风了。
- 人間よ、自然を破壊するのはもう止そう。/人啊，停止破坏自然吧！
- そんないたずらは止したほうがいいよ。/那种恶作剧还是停止吧。

❸ **止(と)める** 他动词。终止连续、持续的动作或状态，使之转向固定无变化的状态。强调表现从动到静的状态转化的一瞬间。例如：
- 雪道で車を止めようとしたが滑って止まらない。/在积雪的路上想停车却打滑停不下来。
- 足を止めて景色を見る。/驻足欣赏美景。
- 仕事の手を止めて話に夢中になる。/停下工作聊得起劲。

❹ **終わる** 一般作为自动词用，强调持续进行的事物随着时间的流逝而完结，或发展成不愿看到的结果。也可表示生命的完结。还可作他动词用，表示人为地使某种状态或动作完结。例如：
- 演説が終わって静かになった。/演讲完毕，一下子安静了。
- ぱっとした成果も上げられず欲求不満のままで終わった。/没有取得亮眼的成果，愿望没有实现就结束了。
- 命が終わったら、金がいくらあっても無駄だ。/生命一旦终止，再有钱也没用。

八十二 破れる/割れる/裂ける/破裂する

📖 **相近词义** 破，裂

📚 **区别和例句**

❶ **破れる** 指扁、平、薄的东西，如纸、布、木板、铁皮等，或以此制成的物体，在外力作用下，其一部分被撕破或弄出洞来。此外，它还可比喻希望、美梦等破灭或完美的事物等遭破坏。例如：
- 新聞を二人で取り合って引っ張ったら、二つに破れてしまった。/两人配合拿着报纸一扯，就撕成了两半。
- 消しゴムで何度もこすっていたら、ノートが破れてしまった。/用橡皮擦了好几次，笔记本被擦破了。
- 彼女は恋人に振られて、結婚の夢が破れた。/她被恋人抛弃，结婚的梦想破灭了。

❷ **割れる** 指完整的事物因外力或其他原因而分裂、破碎成几块，出现裂缝。也可表示声音或头脑等犹如撕裂、崩裂一般。还可用于意见存在分歧或组

织分裂。例如：
- 戸棚の崩れる音や、器物の割れる音がした。/听到柜子倒塌、器物打碎的声音。
- 意見がまっ二つに割れたため、決定は次回にもちこされることになった。/意见分裂为两种，留待下次再做决定。
- 子供が打った野球のボールが飛んできて、居間の窓ガラスが割れた。/孩子打的棒球飞过来，打碎了起居室的窗户玻璃。

❸ **裂ける** 指呈平面状的事物出现直线状的裂痕而一分为二。也可用于比喻句，表示犹如被撕裂一般。例如：
- 喉が裂けんばっかりに大声を上げて助けを求めた。/喉咙像要撕裂般放声求助。
- 爆発で地面が裂け、穴が空いた。/因为爆炸，地面裂开，出现了一个洞。
- 花びらの先端が五つに裂けている。/花瓣尖儿裂成了五片。

❹ **破裂する** 指球形物体或管状物体等处于密封状态的事物由于内部的压力而爆裂或胀裂。也可表示谈判破裂等。例如：
- そんなに風船を膨らますと破裂するぞ。/那么吹气球气球会破的！
- マラソンの最後1キロは、心臓が破裂しそうなほど苦しかった。/马拉松最后的1 000米，心脏快要裂开般的难受。
- 水道管が破裂して、水びたしになった。/水管破裂，浸水了。

八十三 茹でる/煮る/煮込む

📖 **相近词义** 煮

📚 **区别和例句**

❶ **茹でる** 通常指用清水煮，其目的是使食物由生变熟。有时也用于放入少量盐煮的场合。此时称为"しおゆで"。另外也表示做沙拉、凉拌菜时，把蔬菜倒入开水中快速地焯一下，然后捞出调味食用。例如：
- 卵を茹でてから食べる。/煮鸡蛋吃。
- 枝豆を茹でて、ビールのつまみにする。/煮毛豆当下酒菜。
- 野菜を茹でてサラダを作る。/把蔬菜焯一下，做沙拉。

❷ **煮る** 指把食材放进水中，在火上加热的烹饪法。多数情况下"煮"的目的不仅仅是煮熟，更是放入调料使其入味。可表示汉语中焖、炖、煨之类的意义。例如：
- 煮立てのシチューが大変おいしい。/煮好的炖菜非常美味。

- 肉はよく煮たほうがやわらかい。/肉食越炖越烂。
- おかゆを3時間ほどことこと煮る。/粥咕嘟咕嘟地熬了3个小时。

❸ **煮込む** 强调把各种食材放在锅里煮或长时间慢煨，使其更入味、更好吃。例如：
- 肉と野菜を一緒にとろ火で煮込む。/把肉和菜放一起用文火煨。
- おいしいカレーには人参やジャガイモや玉ねぎなどをよく煮込のが必要です。/可口的咖喱中加入胡萝卜、土豆、洋葱等慢炖是很必要的。
- かたい肉も十分に煮込めば、柔らかくなる。/即使是很硬的肉，炖得足够久也会变软的。

八十四　用心する/注意する/気をつける

📝 **相近词义**　注意，小心

📖 **区别和例句**

❶ **用心する** 指事先注意、小心提防，不让不好的事情发生。重点在平时的留意上，提防程度高。例如：
- いつも留守で、家の用心が悪い。/总是不在家，家庭防护很松懈。
- 火事にならないよう用心する。/注意不要失火。
- 用心の上にも用心が肝要だ。/慎之又慎是非常重要的。

❷ **注意する** 指在一些瞬间性的事情或具体的事情上要集中注意力。重点在当时、当场的精神集中。还可以表示特别当心，注意不要在一些重要的、细小的地方有疏漏以免导致恶果。提防程度不如"用心"。另外可表示提醒、忠告对方注意自己的言行，以防止不好的事情再次发生。例如：
- 研究所の構内で道に迷っていると、そこから先に行ってはいけないと守衛に注意された。/在研究所里迷了路，被门卫提醒说不能再往前走了。
- お忘れ物のないようにご注意願います。/请注意不要遗忘物品。
- 十分注意してやったつもりなのに。/自认为已经很小心了，可是……

❸ **気をつける** 指为避免错误，事先有所意识。除惯用句型和名词用法外，在"注意する"表达其后两层意思时，基本可与其换用。属于口语表达。例如：
- では、気をつけて行ってらっしゃい。/请小心慢走。
- 目上の人と話すときはもう少し敬語の使い方に気をつけるように。/和上司、长辈说话的时候要更加注意敬语的使用方法。
- これからは言葉に気をつけて話してください。/今后说话要注意措辞。

第二篇
形容詞・
形容動詞

一 明(あき)らか/はっきり/定(さだ)か

📖 **相近词义** 明显,清楚

📚 **区别和例句**

❶ **明らか** 表示确凿的、不容置疑的客观情况。若用在陈述个人意见时则表示较为客观地看待某事物。是褒贬皆可用的书面语。"火を見るより明らかだ"表示明明白白,洞若观火。而"明らかな満月"则是形容月光皎洁、洒满每个角落的情形。例如:

- この事態の責任がどこにあるかは明らかだ。/这个事情的责任在哪儿是很清楚的。
- 立場を明らかにしてほしい。/希望你明确立场。
- 月明らかに星まれに。/月明星稀。

❷ **はっきり** 可以用"はっきりとする"的形式,搭配"形・態度・文字・色・画面・声・記憶・内容・傾向"等,表示事物的形态或轮廓等非常清晰,或修饰"見える・聞こえる・分かる・感じる・思い出す・言う・話す・答える・知らせる・教える・見せる・決める"等动词,表示内容不模糊,能够明确区分。例如:

- 嫌なら嫌だとはっきり(と)言ってくれ。/如果不喜欢,请明确地告诉我。
- 富士山の姿がはっきり(と)見える。/富士山清晰可见。
- 水をかぶったら頭がはっきり(と)してきた。/水一浇,头脑清醒起来了。

❸ **定か** 表示确实、明确。多用于否定表达,表示"確かでない"或"はっきり〜しない"之义,褒贬皆可用,但属于生硬的书面语。用于表达肯定内容时常常换为"はっきり・明らか・確か"等。例如:

- 兄の行方は定かではない。/哥哥行踪不明。
- 霧で定かには見えない。/因为有雾看不清楚。
- 洪水による死者の数は定かではない。/洪水造成的死亡人数尚不清楚。

二 鮮(あざ)やか/鮮明(せんめい)

📖 **相近词义** 鲜明

📚 **区别和例句**

❶ **鮮やか** 指颜色、形状等在同类中显眼,给人以美好的印象,多用于好的

方面及基于瞬间印象的场合。形容场面精彩时,如用于"演奏・プレー・ショー",不能用"鮮明"替换。同时可以表示技术、手法高超,如"鮮やかな手並み"。例如:

- 海の色が鮮やかに見えた。/大海的颜色看上去很鲜明。
- 彼は鮮やかにすしを握った。/他动作干净利落地做寿司。
- 誕生日のことを鮮やかに覚えている。/清楚地记得生日的事情。

❷ **鮮明** 汉语词汇。在表示色彩明亮、形状分明时可用"鮮やか"替换。在表示与他者的不同时,如"前任者との違いを鮮明にする""旗幟鮮明""態度(意見)を鮮明にする"等,表示立场和态度明确的场合不能用"鮮やか"替换。搭配"色・コピー・記憶・映像・画像"等词语时,二者可以换用。例如:

- 鮮明にブレーキの跡がついている。/有很清晰的刹车的痕迹。
- 宇宙の鮮明な最新画像を公開する。/公布宇宙最新的清晰图像。
- 会議ではやはり個人の意見を鮮明にした方がよい。/在会议上还是清楚地表明个人的意见比较好。

三 危ない/危険

📄 **相近词义** 危险

📚 **区别和例句**

❶ **危ない** 使用范围广。表示对象处于危险状态,此外,还有令人担心、不可靠的意思。属于口语。例如:

- 道路で遊んでは危ない。/在马路上玩耍很危险。
- このままでは合格は危ないよ。/这样很可能不及格哟。
- 本当かどうか危ない。/不知是否是真的,不可靠。

❷ **危険** 表示危险、不安全,有可能对身体或生命产生危害。可用作名词和形容动词。作形容动词用时可与"危ない"换用。反义词为"安全"。例如:

- 台風が近づいているので海で泳ぐのは危険だ。/台风临近,在海里游泳很危险。
- 彼の命は危険な状態にある。/他的生命处在很危险的状态。
- 身に危険が迫る。/危险迫近。

四 薄い/淡い

📄 **相近词义** 浅,淡

📚 区别和例句

❶ **薄い** 表示物体很薄,密度、浓度很低。还可以用于表示不充分、程度不深、倾向性不强等抽象的场合。语义范围广。表示厚度、宽窄时,反义词是"厚い";表示颜色、味道、气体等的浓度、密度时,其反义词是"濃い・深い";表示兴趣、关心、效果的程度等时,其反义词是"深い・篤い・大きい"。感情色彩为中性。例如:

⊙ 空気中の酸素が薄くなる。/空气中的氧气变少了。
⊙ 髪の毛が薄い。/毛发稀疏。
⊙ 日本料理は味が薄い。/日本料理味道清淡。

❷ **淡い** 多用于书面,指颜色浅、味道淡、光线微弱等,也可形容感情程度浅。例如:

⊙ かれは淡い恋心を抱いた。/他怀着淡淡的恋慕之情。
⊙ ゼリーのほんのりと淡い甘さが好きだ。/喜欢果冻微微的甘甜。
⊙ 婦人が淡い色の服をまとっている。/妇女穿着浅色的衣服。

五 美しい/綺麗/麗しい

📖 相近词义　美丽,漂亮

📚 区别和例句

❶ **美しい** 多用于书面表达,表示对象好看或好听,让人感动。亦可搭配"行い・振る舞い・作法・詩・言葉・言葉づかい・愛情・友情"等,也用于表示道德上或精神上的善恶价值判断。例如:

⊙ 繊細で伸びのある美しい声に感動した。/被细腻而有穿透力的美妙歌声所感动。
⊙ 日本の美しい自然がすきだ。/喜欢日本美丽的大自然。
⊙ これは私たちの美しい友情の始まりだ。/这是我们美好友情的开始。

❷ **綺麗** 口语常用。强调清洁、整洁之义,表示对象给人以清楚、明亮的洁净感觉,不杂乱或没有污垢。如绘画、文字、抽象的现代派绘画、爵士乐等,即使是艺术,只要给人忧郁、阴暗的感觉,就不能用"綺麗"来形容。"綺麗"还可表示完全、彻底之义,如"綺麗に忘れる"。此外,"綺麗"还可表示没有污渍,纯洁、干净的样子,如"澄んだきれいな水/清澈洁净的水",这种场合不能用"美しい"替换。而在"美しい友情"中,"美しい"强调的是打动人心的、内在的美好,也不能与"綺麗"换用。形容"人・顔・目・女性・服装・花・絵・文字・模様・色・風景・空・朝・声・音・音楽・曲・朗読"等人或事物,或描述通过人的眼睛和耳朵感

受到的对象或印象时,"美しい"和"綺麗"可以互换。例如:
- 部屋を綺麗に掃除する。/把房间打扫干净。
- お金を綺麗に使ってしまった。/把钱都花光了。
- 木村さんの生涯は綺麗なものだった。/木村度过了美好的一生。

❸ **麗しい** 书面语。指美得打动心灵,给人以愉悦之感。与"美しい"有很多共同之处,但其表示的不是通过视觉或听觉等获得的感受,而是像"天候・季節・気分・情景"等对象整体给人的愉悦之感。"御機嫌麗しい"表示心情轻松愉快之义,也有"麗しい友情"的用法,表示友情令人心里感到温暖。例如:
- 中国の麗しい山河を遊覧していた。/游览了中国的美好河山。
- この映画は、麗しい友情をテーマにした感動の物語になっている。/这个电影讲述了一个主题为美好友情的感人故事。
- ご機嫌麗しい。/兴致勃勃。

うるさい/喧しい(やかま)/騒がしい(さわ)/騒々しい(そうぞう)

相近词义 吵,闹,惹人不快

区别和例句

❶ **うるさい** 表示某事件、某人或动物的行为、人的牢骚或是物体发出的声音引起的心理上的不快。强调声音使人不愉快时,与音量大小无关。直接修饰对象表示"令人厌烦的……",如"うるさい問題",也可以"〜にうるさい"的形式表示对某件事情比较挑剔。例如:
- 蝿が飛びまわっていて、うるさい。/苍蝇飞来飞去,真讨厌。
- 伸びた前髪がうるさいから切ろうと思う。/刘海儿长长了不舒服,想要剪短。
- 何かとうるさいおやじだ。/真是个讨人厌的老头子。

❷ **喧しい** 与"うるさい"一样,可以指声音大使人不愉快。在表示声音时,"うるさい"强调对声音的讨厌,而"喧しい"强调音量大而刺激性强。此外,用"〜が(に)喧しい"的形式还可表示严厉、讲究或挑剔。亦可指繁杂、麻烦。例如:
- 喧しい、だまっていろ。/太吵了,安静点!
- 警察の取り締まりが喧しい。/警察的监管很严格。
- 手続きはたいへん喧しい。/手续非常复杂。

❸ **騒がしい** 多表示各种类型的声音混杂交织、吵吵嚷嚷喧嚣的样子。也能表示骚动、不平静的状态。在表示声音时,"うるさい"和"喧しい"能表示个体

的声音状态。而"騒がしい""騒々しい"通常用于人多的场合。例如：
- オリンピックブームで、世間が騒がしい。/全社会都因为奥运热潮而兴奋不已。
- 周りが騒がしくてよく聞こえない。/周围很吵，听不清楚。
- マンション建設を巡って騒がしい。/关于公寓建设（的讨论）有多种声音。

❹ **騒々しい** 和"騒がしい"一样，也表示各种类型的声音混杂交织，而非只有某种单一或瞬间发出的声音，侧重点在声音的性质上，不太强调说话者的心理状态和感情。也可表示动乱、不安定的状态。例如：
- 周りが騒々しくて、なにも聞き取れない。/周围很喧嚣，什么也听不清。
- 世の中が騒々しくなった。/世界变得不平静了。
- 地震のうわさで世間が騒々しい。/因为地震的传闻，社会上有不安的情绪。

七 嬉しい/楽しい/喜ばしい

相近词义　高兴,愉快

区别和例句

❶ **嬉しい** 表示因期望实现而喜悦，强调个人的主观心理，常用于表达一时的、让自己获得满足的感情。不适用于说明某场景的氛围或客观的内容。例如：
- 久しぶりに高校時代の友達に会って、嬉しい。/遇到多年不见的高中时代的朋友,很开心。
- プレゼントを嬉しく頂戴した。/开心地接受了礼物。
- 入学試験に合格して嬉しい。/通过了入学考试,很高兴。

❷ **楽しい** 与"嬉しい"不同，指让人满意的客观情况，不适用于表现个人心理的状况。通常表示说话人置身某种场景和状况时感受到的幸福和快乐，这种快乐并非一时的快乐，它贯穿于过程始终。例如：
- 楽しく冬休みを過ごした。/愉快地度过了寒假。
- 昔の友達としゃべったり、歌を歌ったりして、楽しい一日を過ごした。/和以前的朋友聊天、唱歌,度过了快乐的一天。
- 今度の旅行は本当に楽しかった。/这次旅行很愉快。

❸ **喜ばしい** 从第三者的角度讲述对于对方或他人而言值得高兴的事情。属于客观、冷静的表达。反义词"悲しい"。例如：
- わが社の繁栄は喜ばしい限りだ。/本公司的繁荣兴旺让人无限喜悦。

⊙ 本日の盛典を迎えることができますことは誠に喜ばしい次第であります。/今天能够迎来盛典真是可喜可贺。
⊙ 紛争の解決は我々にとっても喜ばしいことだ。/纷争的解决对我们而言也是一件值得高兴的事情。

偉い/立派

📖 **相近词义** 了不起,厉害

📚 **区别和例句**

❶ **偉い** 一般用作肯定评价,表示伟大、崇高,如"偉い人物"。但称赞或尊敬的内容较笼统,常为口语或幼儿用语,较正式时用"立派"。也指社会地位高,如"偉いさん"指社会地位高、担任重要职位之要人;还可表示程度深,语义类似"たいへん",但"偉い"具有惊讶、感慨等感觉,多作定语或状语,如"偉く疲れた"。还可以修饰名词,指极其困难、严重,如"偉いことになる"。"偉い"不仅可以用于肯定评价,还可以用于否定评价。如"偉い女",根据上下文可译为"厉害(可怕)的女人"。例如:

⊙ 会社で一番偉いのは社長だ。/公司职位最高的是社长。
⊙ 親を旅行に連れていくとは偉い。/带父母去旅行,真棒!
⊙ 階段の上り下りが偉い。/上下楼梯很吃力。

❷ **立派** 表示行为、品行了不起,也可表示某事物无可挑剔、非常漂亮,如"立派な建物"。对象需要有一定体积,暗示其威严、高价、豪华壮丽,小东西一般不用"立派"修饰,如"立派な宝石"属错误搭配。"立派"属于对事物的客观评价,不用于如"なんて、立派な眺めなんだね"之类的主观表达,此时可用"見事"或"すばらしい"代替。例如:

⊙ こんな立派な物をいただいて、恐縮です。/得到这么贵重的物品,很是惶恐。
⊙ 彼は国民のことを第一に考える立派な政治家だ。/他是把国民利益放在第一位来考虑的伟大的政治家。
⊙ 自分を犠牲にして尽くすとは立派だ。/牺牲自己、报效国家是很伟大的。

美味しい/旨い

📖 **相近词义** 美味,可口

📖 区别和例句

❶ 美味しい　表示味道可口。"旨い"也表示味道可口，但略显怠慢失礼。因此，女性多用"美味しい"。此外还有适宜、令人欢喜之义，如"おいしい話"，表示让人听了舒服的话。例如：

⊙ 夕べ美味しい料理を食べた。/傍晚吃了可口的菜肴。
⊙ 林檎を美味しく食べる。/津津有味地吃苹果。
⊙ 美味しいことを言われてその気になる。/听了顺耳的话便产生了那种想法。

❷ 旨い　是"美味しい"的俗语表达，多用在口语中比较随意的场合。女性少用。惯用语"うまい汁を吸う"表示占便宜，不劳而获；"旨い"也有技术高超之义，但在表示这层意思时，"上手"一词更常用。此外，"旨い"还可表示有好处、顺利、幸运之义。例如：

⊙ この料理はうまい。/这道菜很美味。
⊙ 仕事がうまく運んだ。/工作进展顺利。
⊙ 家事をうまくさばく腕がある。/有本事处理好家务。

大きい/大きな

📄 相近词义　大的

📖 区别和例句

❶ 大きい　作定语时，多修饰表示具体事物的名词。反义词为"小さい"，但表示纸币的大小时反义词为"細かい"。惯用语有："心が大きい""大きくなる""大きいことを言う""話が大きい""気が大きくなる""大きく出る""態度が大きい"。例如：

⊙ 大きいサイズの婦人服を買おう。/买件大号的女装吧。
⊙ 日照りは作物に大きい被害をもたらした。/干旱给农作物带来了很大的损害。
⊙ 太郎は次郎より三つ大きい。/太郎比次郎大3岁。

❷ 大きな　修饰名词时与"大きい"意思相近，多修饰抽象名词。反义词为"小さな"。惯用语有："大きな口をきく""大きなお世話""大きな顔をする"。修饰"希望・計画・成功・利益・損害・被害・災害・戦争・事故・事件・問題・失敗・責任・負担・感動・恩恵"等抽象名词时，若其规模、程度可以量化则用"大きい"，反之则用"大きな"。表示比较时，一般用"大きい"，不用"大きな"。"小さい"与"大きい"，"小さな"与"大きな"是两组对应的反义词。例如：

⊙ その生物は大きな体を持っている。/那种生物是个大块头。
⊙ かれは規模の大きな会社に勤めている。/他在一家规模很大的公司工作。
⊙ 今までに大きな病気をされたことはありますか。/迄今为止生过大病吗?

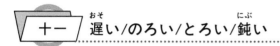

十一　遅い/のろい/とろい/鈍い

相近词义　缓慢,迟钝

区别和例句

❶ 遅い　既可以表示速度慢,也可以表示比期待的时间或平常的时间晚,是一种客观描述,不含焦躁情绪。例如:
⊙ 今からではもう遅い。/现在开始已经晚了。
⊙ パソコンの起動が遅い。/笔记本开机很慢。
⊙ 前の人より遅く歩いている。/比前面的人走得慢。

❷ のろい　表示动作缓慢,磨磨蹭蹭,头脑迟钝。常常含有说话人不满、焦躁和责难的语气,一般不作书面语。也可写成"鈍い"。在表示速度时,"遅い"表示相对缓慢,因此可用于"～より遅い"的比较句型中。而"のろい"指绝对的缓慢,不能用于比较句型。另外,"のろい"还有头脑迟钝之义,如"頭の働きがのろい"。例如:
⊙ この列車はひどくのろい。/这列车开得极慢。
⊙ 頭の働きがのろい人は絶対に雇わない。/绝对不雇头脑迟钝的人。
⊙ 決断がのろい人は人をイラつかせる。/犹豫不决的人让人着急。

❸ とろい　俗语,表示愚笨的、呆傻的、动作迟缓的。多用于年轻人的口语之中,年长者很少用。暗示由于速度缓慢带来的焦躁情绪和怒气。除了在使用拟人手法时可用于物体外,一般不用于物体。另外,可表示火势弱,但仅限于做菜时的小火,不用于其他场合。例如:
⊙ カレーをおいしく作るには火をとろくすればよい。/要做好吃的咖喱,开小火即可。
⊙ 彼はすこしとろい奴だ。/他是个有点愚笨的家伙。
⊙ 彼は仕事をするのがとろいな。/他工作很慢。

❹ 鈍い　可表示刀具不锋利,动作缓慢,或是反应迟钝、愚钝。惯用语有"頭が鈍い"。另外还可表示光线暗淡、声音沙哑。例如:
⊙ 切れ味の鈍い刀を買った。/买了把钝刀。

- 頭の働きが鈍い男にあった。/遇到一个愚钝的男人。
- 街灯の光が鈍い。/街灯的光线暗淡。

十二 恐ろしい/怖い

相近词义 可怕,害怕

区别和例句

❶ **恐ろしい** 与"怖い"相比,更为客观地描述对象的可怕和危险性。同时,还可以表示事态重大、程度惊人、不可思议。例如:
- 恐ろしくて声も出せない。/害怕得出不了声。
- 恐ろしく足の速い男がやってきた。/一个男子快步走了过来。
- 慣れとは恐ろしいものだ。/习惯是很可怕的东西。

❷ **怖い** 表示主体感觉到危险或不安。与"恐ろしい"相比,更强调主观的感受。如"後がこわい",表示事后会有不妙的事情发生。此外,还可以表示不可思议、不能轻视之义。例如:
- 草原で恐ろしい毒蛇に会い、怖かった。/在草原上遇到恐怖的毒蛇,很害怕。
- 相場は怖いから手を出さない。/因为行情很可怕,所以不出手。
- やはり専門家は怖い。/毕竟还是专家厉害。

十三 面白い/可笑しい/滑稽

相近词义 有趣,滑稽,可笑

区别和例句

❶ **面白い** 使用最广。除了可笑的意思外,还有有趣、愉快的意思。表示从普遍的基准来看,所修饰的对象内容新鲜、出奇、富于变化,让人想要更多地了解和欣赏。属于褒义词。后续否定表达时可表示不快、不满。例如:
- 面白いしぐさで人を笑わせる。/用有趣的动作引人发笑。
- 日本語の勉強が面白い。/日语的学习很有意思。
- 弟ばかり可愛がられて全然面白くない。/只有弟弟被疼爱,真没趣。

❷ **可笑しい** 指从打扮、表情、动作、说话方式等来看,与平时或一般人不同,惹人发笑的样子,尤指能引人当场、短暂发笑的样子。此外还有奇怪、反常、可疑的意思。多用于口语。例如:
- あの映画は可笑しくてたまらなかった。/那部电影好笑得不得了。

- ⊙ 胃の調子が可笑しい。/胃的状态不正常。
- ⊙ あの女は素振りが可笑しい。/那个女人的举止很可笑。

❸ **滑稽** 除了表示滑稽、可笑外，还有幽默、诙谐之义。例如：
- ⊙ チャップリンの映画はユーモラスで滑稽だ。/卓别林的电影幽默滑稽。
- ⊙ 滑稽な顔をして、観衆を笑わせる人が三枚目という。/一副滑稽的面孔，逗观众发笑的人叫作丑角。
- ⊙ 彼の言うことには滑稽味がある。/他的话很诙谐。

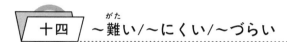

十四　～難(がた)い／～にくい／～づらい

相近词义 难做，难办

区别和例句

❶ **～難い** 接意志动词的连用形，如"得難いチャンス・筆舌に尽くし難い景色・動かし難い人事・引き受け難い申し出・理解し難い高度な話・耐え難い寒さ"等，表示主观的感觉，强调难度非常大，几乎难以实现。不能用于物理上或是技术上难以实现的场合，属于书面语。例如：
- ⊙ 彼は得難い人材だ。/他是难得的人才。
- ⊙ 信じ難いことだが、彼は自分のアイドルと結婚したそうだ。/真是难以置信，听说他和自己的偶像结婚了。
- ⊙ 彼女との出会いは忘れ難い思い出になった。/和她的邂逅成了难忘的回忆。

❷ **～にくい** 表示某个动作行为因心理、物理或是技术上的原因而难以实现。前面可以接意志动词的连用形，也可以接非意志动词的连用形。可以表示物体的客观属性。例如：
- ⊙ この万年筆はペン先が硬くて書きにくい。/这支钢笔笔尖很硬很难写。
- ⊙ 黒板の字が小さくて読みにくい。/黑板的字很小很难认。
- ⊙ これは燃えにくい木だ。/这种木材不易燃烧。

❸ **～づらい** 接在意志动词连用形后，表示由于说话人的肉体或者精神、心理方面的原因引起的不良感觉，或者事物本身具有某种引人不快的性质。例如：
- ⊙ わたしは近眼なので字が読みづらい。/我是近视眼，看不清字。
- ⊙ 無愛想で話しづらい。/很冷淡，不好说话。
- ⊙ 口にできものがあって食べづらい。/嘴里长了个疱，吃东西很难受。

十五　我慢強い／辛抱強い

相近词义　有忍耐力

区别和例句

❶ **我慢強い**　表示对于肉体的痛苦及遇到的困难有很强的忍耐力。属于正面评价。例如：

- 中国人は我慢強い国民だ。／中国人的忍耐力很强。
- この子は注射を受けても泣かない我慢強い子なんだ。／这孩子打针也不哭，是个很有忍耐力的孩子。
- あの子は我慢強いので勉強を何時間もする。／那孩子很有耐力，学习能坚持好几个小时。

❷ **辛抱強い**　侧重表示精神上不为环境的艰难困苦所吓倒，有积极向上的持续忍耐力，但不表示对肉体痛苦的忍耐力强。例如：

- かれは母親の辛抱強い看護によって一命を取り留めた。／因为母亲的辛勤照料，他才保住了一条命。
- 小林さんは絶望することなく苦悩を耐え忍ぶ、辛抱強い人だ。／小林没有绝望，一直忍受着痛苦，是个忍耐力很强的人。
- トラは辛抱づらく獲物を待っている。／老虎很有耐心地等待着猎物。

十六　可哀想／気の毒

相近词义　可怜

区别和例句

❶ **可哀想**　表示对对方的同情，暗含想给予对方帮助之义。常用于比自己弱小、理应受到保护的对象，带有强烈的主观感情。不仅可以用于人，还可以用于动物、拟人化的植物或其他物体及抽象名词。例如：

- 世の中の可哀想な人々を助けてあげたいと思う。／我想帮助世间可怜的人们。
- 水も肥料ももらえず、枯れた可哀想な花だ。／是一株没能得到水和肥料灌溉的、枯萎的、可怜的花。
- 事故で親に死なれた子供は本当に可哀想だ。／因为事故失去父母的孩子真的很可怜。

❷ **気の毒**　比前者更客观，只能用于与人相关的事物。适用于说话者与对象处于平等乃至更优越地位的场合。表示对象处于某种状态是不合理、不应该

或不幸的。也可以用于给别人添了麻烦道歉的场合。例如：
- 気の毒にもあの人はとうとう死んでしまった。/可怜的是那个人最终还是死了。
- 彼はまた試験に落ちたのか。気の毒だったね。/他考试又没过吗？太可怜了。
- せっかくいらっしゃったのに、留守にしていてお気の毒です。/您特意前来，我却不在家，非常抱歉啊。

十七　肝心／重要／大切

相近词义　有价值的，重要的

区别和例句

❶ **肝心**　本意为肝脏和心脏，均为人的重要器官，因此作形容动词用时，表示特别重要、紧要的意思，暗含"与其他相比，尤其……"的意味。例如：
- 準備はできたが肝心な天気が思わしくない。/准备就绪，只是最关键的天气不怎么好。
- 慎重に対処することが肝心だ。/最重要的是要慎重对待。
- 何よりも健康が肝心だ。/健康比什么都重要。

❷ **重要**　表示对某事物起着重要作用，客观上不可或缺。而"大切"表示主观上、心情上认为很必要。例如：
- かれはあの大手会社の重要な地位についた。/他在那个大公司有着举足轻重的地位。
- それは事件のカギになる重要な証言だ。/那是对事件起到关键作用的重要证言。
- 松山城は日本の重要文化財だ。/松山城是日本的重要文化遗产。

❸ **大切**　表示主观上认为很重要，而并不强调该事物是否起重要作用。如"大切な人"，指心里很在意、主观认为很重要的人。例如：
- キムさんは私の大切な友達だ。/小金是我很重要的朋友。
- 仕事をするうえで大切なことはなにか考えてください。/请思考在工作上重要的是什么。
- それはわたしにとって人生で最も大切な教訓だ。/那对于我来说是人生中最珍贵的教训。

十八 簡単/易しい/容易/平易/手軽/たやすい/安易/簡潔

相近词义 简单，容易

区别和例句

❶ **簡単** 无论是日常生活会话还是郑重场合都可使用，表示事物或状态简单明白，便于处理。例如：
- 朝食を簡単に済ませて、早速取り掛かろう。/简单吃个早饭，赶紧着手做吧。
- 手間のかからぬ簡単な方法を思いつく。/想到一个简单的、不费事的方法。
- 今日は冷蔵庫の食材を使って5分で作れる簡単レシピをご紹介します。/今天介绍一款使用冰箱里的食材5分钟就能做好的简单食谱。

❷ **易しい** 反义词为"難しい"，表示问题容易解决、目的容易达到，困难程度低于一般的状态。修饰的对象只限于抽象事物。有对说话者而言主观上觉得程度低、易于解决的含义。例如：
- この問題は易しいから子供でもできる。/这个问题很简单，连孩子都会做。
- 言うのは易しいが、行うのは難しい。/说着容易做起来难。
- 人のまねをするだけなら易しいよね。/只是模仿别人很容易。

❸ **容易** 表示某种行为容易进行，常用于修饰大规模的、复杂的事情，后面常接续否定形式。与"簡単"相比，语气更郑重，多见于报刊、新闻中。例如：
- 今回こそ大地震でも容易に壊れない家を建てようと思う。/这次想要修建一个即使大地震也不能轻易破坏的房子。
- 子供は一人でもたいへんだが、二人となると育てるのは容易ではない。/一个孩子已经很麻烦了，养育两个孩子更是不容易。
- 両者の考えの隔たりは大きく、和解は容易ではあるまい。/两人的想法差距很大，不容易和解吧。

❹ **平易** 指"辞書・問題"等内容简单，容易理解，较书面化。例如：
- 彼は誰にもわかるような平易な言葉で説明する。/他用谁都能懂的浅显的语言进行说明。
- 声明は自明といえるほど平易だ。/声明浅显易懂，不解释也能明白。
- 文章は平易だから初学者にも読める。/文章浅显，初学者也能读。

❺ **手軽** 常接"食事・料理・贈り物・買い物"等行为名词，表示简单、方便，能够毫不费力地处理。例如：

⊙ キャッシュカードで手軽にお金を出し入れする。/使用信用卡轻松存取。

⊙ インターネットは手軽な情報手段だ。/网络是很方便的信息手段。

⊙ スマホで手軽に写真が写せるようになっている。/用手机已经可以轻松拍照了。

❻ **たやすい** 和"簡単""容易"基本同义。表示某种行为能轻易完成,因此修饰的对象也为表示行为的词语。例如:

⊙ 口に言うのはたやすいが、実現するのは難しい。/嘴上说着容易,实现起来难。

⊙ 彼は意見をたやすく変える人だ。/他是个很容易改变意见的人。

⊙ これはたやすく解ける問題だ。/这是很好解决的问题。

❻ **安易** 书面语,多搭配"考え・計画・態度・行動・生活の仕方"等,表示没有困难,不需要通过努力即能达成目标。此外,还可以表示马马虎虎、漫不经心的意思。例如:

⊙ 大学生活を安易に過ごした。/轻轻松松地度过大学生活。

⊙ かれはいつも問題を安易に考えている。/他总是把问题想得很容易。

❽ **簡潔** 书面语,意为简明扼要,重点清晰。反义词为"冗長"。例如:

⊙ これから要点を簡潔に説明しよう。/现在简要地说明一下重点。

⊙ 発表するときは簡潔で要を得ていることだ。/发表的时候应该简明扼要。

⊙ できるだけ簡潔に自分の言い分を述べなさい。/请尽量简要地阐述自己的意见。

十九 きつい/厳しい

相近词义 严厉,严格

区别和例句

❶ **きつい** 表示要求或规则严格,没有松动的可能,略带贬义,反义词为"ゆるい"。用于抽象事物时与"厳しい"相近,但"きつい"暗示主体受损,而"厳しい"则不含此义。还可以表示做某事很费力、累人,也表示因为没有空隙或余地而感到不舒适。例如:

⊙ 先週の旅行はきつかった。/上周的旅行行程很紧。

⊙ 二度とやったら、きつく叱るよ。/再这么干,会狠狠骂你哟。

⊙ この靴は少しきつい。/这双鞋有点紧。

❷ **厳しい**　指规则、检查、管教等要求严格，不容松动，也指事态严重或是人的表情等很紧张，还表示难以克服、严酷。属客观表达。例如：
- 彼女は幼いころから厳しくしつけられてきた。/她从小就被严厉管教。
- 残暑が厳しい。/酷暑难耐。
- 国際情勢は日に日に厳しさを増す。/国际形势日益紧张。

二十　気持ちいい/快い/心地よい

📄 **相近词义**　愉快

📚 **区别和例句**

❶ **気持ちいい**　表示身心状态好或是触感很好、很清爽，包含肉体上和精神上的舒畅。例如：
- 晴れた朝は気持ちいい。/晴朗的早晨神清气爽。
- 気持ちいい手触りの布だ。/触感很好的布。
- かゆいところを掻いてもらうと、とても気持ちいい。/痒的地方让人挠挠，很舒服。

❷ **快い**　表示心情畅快，感觉惬意。强调精神上的快感，不适用于肉体或物质上的快感，如"快い雰囲気""快い寝心地"。后续动词，可表示爽快地（做某事），如"快く聞き入れる"。例如：
- 快いことをいわれると、喜びの微笑をおさえることができなかった。/听人说了些高兴的事儿，便抑制不住露出了喜悦的微笑。
- 彼はこの家に来て、はじめて本当の快い眠りをとることが出来たのである。/他来到这个家之后，第一次真正很舒服地入睡了。
- 彼女は快く応じてくれた。/她爽快地回应了我。

❸ **心地よい**　表示场面、状况或者环境舒适、惬意。属较生硬的书面语，不常用在口语中。常以"住み（居・座り・寝・着・はき）＋心地がよい"的形式，表示让人放松、轻松的感觉。也可用"心地いい"。例如：
- 小さな部屋は居心地がよくて、親密だった。/小房子住着很惬意很亲密。
- 朝から心地よい気分になりました。/从早上开始心情就很舒畅。
- 心地よいそよ風が吹いている。/清爽的微风吹拂。

二十一　気持ち悪い/気味悪い/不気味

📄 **相近词义**　令人不快

区别和例句

❶ **気持ち悪い**　指对于外界刺激感到不快，或是产生生理上的恶心。也表示对自己厌恶的、不能接受的人或氛围感到排斥。例如：
- 食べすぎて気持ち悪い。/吃多了难受。
- あなたのやることは気持ち悪い。/你干的事真恶心。
- 事故現場の生々しい写真は気持ち悪い。/事故现场血淋淋的照片让人害怕。

❷ **気味悪い**　表示身心感觉不快，害怕，内心不安。常用于描述黑暗的夜晚、可疑的怪物或声响等。例如：
- 真っ暗な地下三階は気味悪い。/幽暗的地下三楼让人很害怕。
- 幽霊でも出そうな気味悪い家だ。/似乎会有幽灵出现的诡异的房子。
- 気味悪い夜道を一人では歩けない。/一个人不敢走令人毛骨悚然的夜路。

❸ **不気味**　亦可写成"無気味"，和"気味悪い"一样，表示毛骨悚然、内心感到害怕。例如：
- 周りは不気味に静まり返っている。/周围安静得有点可怕。
- 奥の方から不気味な笑い声をして、びっくりした。/从里面传来令人毛骨悚然的笑声，吓了一大跳。
- 会議中、不気味な沈黙が続いている。/会议中，诡异的沉默还在持续着。

二十二　結構(けっこう)/いい/よい/よろしい

相近词义　好的

区别和例句

❶ **結構**　作为形容动词时，表示很好的、漂亮的、出色的，如"結構な品"；还可以表示足够的、充分的；根据上下文，也可以表示拒绝的语气。同时"結構"还作副词，表示达到相当的程度，如"結構役に立つ"。例如：
- 難しい単語なのに、結構覚えましたね。/尽管是很难的单词，但记得不错嘛。
- お元気そうで結構ですね。/您看上去很精神，太好了。
- お値段はいくらでも結構です。/价格多少都行。

❷ **いい**　指最理想的、最好的状态，用法很广。"いい"是"よい"的口语表达形式，但是只有终止形和连体形的用法，其他活用变化则用"よい"。"いい"也可表示不需要、拒绝，此时可与"よろしい""結構"替换。"いいですか"可为后句提

出自己的主张做好铺垫,以唤起对方注意。也可接在动词连用形后面,构成"～いい"的形式,表示该动作易做,此时可与"～よい"换用,且后者更常用。惯用语有:"いい年をして""いい恥さらし""いい面の皮""いい迷惑""～もいいところ"。例如:

- 毎日選挙の宣伝カーがうるさくていい迷惑ですよ。/每天选举的宣传车吵吵嚷嚷,让人很不愉快。
- いいアイデアだね。/好主意!
- 「もう一度ご説明しましょうか。」「もういいわ。」/"再解释一次吧。""不用了。"

❸ **よい** 表示品质好、漂亮、能力强、身份地位高。比"いい"更正式,属于书面语。口语中,终止形和连体形常用"いい"。反义词是"悪い"。"いい"的上述惯用语不能用"よい"替换,另有惯用语"よく言う(やった)"表示讽刺,指对方的发言(行为)不妥当、过火。例如:

- 自分さえよければいいという人間はどこにもいるんだ。/只要自己好就行,这样的人哪里都有。
- ここは景色がよい。/这儿的景色很美。
- 彼女はよい家にうまれた。/她出生在一个好家庭。

❹ **よろしい** 意思是好的、出色的、可以的、妥当的。语气比"いい"和"よい"更加郑重。暗示说话者是经过理性判断后做出的肯定,而"いい"则表示无条件赞成。也作叹词用,但含有自大的意味,近似词为"よし"。否定形式为"よろしくありません"。例如:

- 先生、よろしければ、もう一度説明してくださいませんか。/老师,如果可以的话,能再解释一次吗?
- よろしい、お任せください。/好,就交给我办吧。
- ご都合のよろしい時お越しください。/您方便的时候来吧。

二十三　寂(さび)しい/侘(わび)しい

📑 **相近词义**　寂寞

📚 **区别和例句**

❶ **寂しい** 可以表示说话人有寂寞、孤独、凄凉等主观感受,也可以表示使人产生这种感受的氛围、气质。也写作"淋しい"。另外"寂しい"还有不够、觉得不满之义,比如"口が寂しい""懐が寂しい"。例如:

- 父に死なれて寂しい。/父亲去世,(我)很孤单。

⊙ かれは寂しい一人暮らしをしている。/他一个人过着孤独的生活。

⊙ 財布の中身が寂しい。/囊中羞涩。

❷ **侘しい**　与"寂しい"相近，但悲伤程度比"寂しい"更强烈，表示非常凄凉、没有依靠而心中不安。同时也可以表示使人产生凄凉感觉的氛围、气质，有冷落、寂寥、寒酸之义，如"侘しい身なり""侘しい村"。例如：

⊙ 冬枯れの侘しい風景の中に佇む。/伫立在冬天万木萧瑟的一片凄凉之中。

⊙ 彼は毎日侘しく夕食をとる。/他每天寂寞地吃晚饭。

⊙ 夫が出張で不在のため侘しい。/因丈夫出差不在家，我很寂寞。

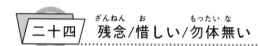

二十四　残念/惜しい/勿体無い

📖 **相近词义**　可惜

📚 **区别和例句**

❶ **残念**　表示对期待的事情没有实现而感到遗憾和不满足。可用"残念ながら"表示很遗憾、很抱歉、可惜之义。此外，还可表示因事情进展不顺而感到懊恼。"残念"常用于直接表示主体的感情，而不修饰对象物体。这也是它跟"惜しい・勿体無い"的本质区别。例如：

⊙ 若い時によく勉強しなかったのが残念だ。/年轻时没好好学习很遗憾。

⊙ 残念ながらご期待にはそえません。/很遗憾，达不到您的期望。

⊙ 試合で弟に負けて残念だった。/比赛输给弟弟很懊恼。

❷ **惜しい**　表示不管外部评价如何，自己很留恋，舍不得放手，或表示对本应实现的事情没能实现而感到遗憾的心情。例如：

⊙ 惜しい人をなくした。/失去了很珍惜的人。

⊙ 昔の手紙やアルバムを捨てるには惜しい。/舍不得丢弃以前的书信和相册。

⊙ 惜しいところで失敗しちゃった。/在紧要关头失败了。

❸ **勿体無い**　表示理应被珍惜的、有宝贵价值的事物未能发挥其作用，对此感到惋惜和不舍。另有不胜感激的意思，如"勿体無いお言葉"。例如：

⊙ 食べ残しを捨ててしまうのは勿体無い。/扔掉没吃完的食物很可惜。

⊙ この講義を聞くなんて、時間が勿体無い。/上这个课，浪费时间。

⊙ 先生に見舞いに来ていただいては勿体無い。/承蒙老师前来探望，不胜惶恐。

二十五　凄い/激しい/酷い

相近词义　厉害,激烈

区别和例句

❶ **凄い**　基本含义为惊人的、可怕的,还可表示程度非同一般。多用于日常会话中,强调的形式是"すっごい",其中暗示感叹和惊讶,可以用于褒义,也可以用于贬义。与"激しい""酷い"不同的是,"凄い"可以修饰数量,如"凄い数"。例如:

⊙ 彼は凄い病気にかかった。/他得了重病。

⊙ ジョンさんは凄い金持ちだった。/约翰是个大富翁。

⊙ この小説は凄く面白い。/这本小说很有趣。

❷ **激しい**　形容人的动作、变化、状态等很激烈,势头猛或性情暴躁。因此,"激しい"只能形容具有动态概念的词,而"酷い・凄い"可以修饰具有静态概念的词。如"風雨が激しい",表示风刮得猛烈,雨势很大,而"風雨が酷い"表示风雨(带来的损失)很严重。"激しい変化"表示变化迅猛,而"凄い変化"表示变化的结果令人惊叹。例如:

⊙ あの人は激しく咳き込んでいる。/那个人咳得很厉害。

⊙ 激しい吹雪の中を出発した。/在暴风雪中出发了。

⊙ 彼は激しい口調で何かを言っているようだ。/他好像语气激烈地在说着什么。

❸ **酷い**　表示残酷无情,目不忍睹。多用于贬义。还可以用于情况糟糕,程度很深。例如:

⊙ 日本の人々は今度の地震で酷い目に遭った。/日本人在这次地震中损失惨重。

⊙ 酷いぬかるみの中を歩いた。/走在泥泞不堪的路上。

⊙ 受験に失敗して彼は酷く落ち込んでしまった。/报考失败了,他变得非常消沉。

二十六　素敵/素晴らしい/立派/見事

相近词义　漂亮,优秀

区别和例句

❶ **素敵**　表示事物外观漂亮,具有吸引人的魅力。"素敵な人"通常表示人的身材好,服装或打扮漂亮。比起"素晴らしい","素敵"是更主观、更口语化的表达。例如:

⊙ 素敵な恋人に会いたい。/期待遇到出色的恋人。
⊙ 相手に素敵な印象を残した。/给对方留下极好的印象。
⊙ 素人でも素敵に花を生けたい。/素人也想要把花插得很漂亮。

❷ **素晴らしい** 表示事物的内容或状态极其出色,达到令人惊叹的程度。如"素晴らしい論文"。此外,还可以用来修饰形态、颜色、声音、气味、感觉等。例如:

⊙ 彼はこの一年間素晴らしい成績をおさめた。/他在这一年中取得了优异的成绩。
⊙ これは本場コックが作った素晴らしい料理だ。/这是正宗的厨师做出的令人惊叹的美食。
⊙ 豊かな大地で育った素晴らしいお米を買ってきた。/买了在富饶的土地上生长起来的优质大米。

❸ **立派** 表示外观或内在非常优秀、卓越。它不仅可以表示外观给人的良好印象,也可以用于评价事物的内在或行为的内涵。例如:

⊙ 彼は弁護士という立派な仕事に携わっている。/他从事律师这种高尚的工作。
⊙ 都心には立派な建物ができた。/城市中心建起了宏伟的建筑。
⊙ 小さい店だが、名前だけが立派だと思う。/店很小,只有名字很大气。

❹ **見事** 表示事物外观值得观看、漂亮、出色。重点在于视觉印象,而不在于内容。因此不能搭配"職業・履歴・家柄・出身校"等词语,但上述词语可与"立派"搭配。另有"見事に～する"的用法,此时作副词为完全之义,有时带有贬义。例如:

⊙ 花が見事に咲き乱れる。/鲜花盛放,非常漂亮。
⊙ 実に見事な眺めだな。/真是很美的景色啊。
⊙ 見事にトリックにひっかかった。/完全中了圈套。

二十七　切ない/悲しい

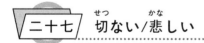 **相近词义** 难过

 区别和例句

❶ **切ない** 指由于寂寞、悲伤和思念而难过、苦恼,也可以表示身体上的苦痛。例如:

⊙ 恋人を失い切ない思いにかられる。/失去恋人,(我)感到非常痛苦。
⊙ 家の下敷きになった彼は切ない声を出した。/被压在房子底下的他发

出很难受的声音。
- 坂道を上がるのが切ない。/爬坡是很痛苦的。

❷ **悲しい** 表示遭遇不幸或是无法挽回的事情时，内心悲伤、绝望的感受，也可指对他人的不幸遭遇感到同情、哀伤。反义词为"うれしい"。"悲しさ"指悲伤的程度，"悲しみ"指悲哀、忧愁。例如：
- 恋人と別れるのは悲しい。/和恋人分别是很悲伤的。
- 小林さんは悲しい顔をして家を出てきた。/小林一脸悲伤，离开了家。
- その時、悲しくて涙がとまらなかった。/那时，悲伤得止不住泪水。

二十八 せわしい/忙しい/慌ただしい/多忙/忙しない

相近词义 忙碌

区别和例句

❶ **せわしい** 略带贬义，暗示事态紧迫，强调一时的心理状态，更强调焦躁和急迫的感觉。可写成"忙しい"。例如：
- 年の暮れはなんとなくせわしい。/年末很忙碌。
- 今年も残すところ半月となりました。何かとせわしい今日この頃、皆様いかがお過ごしでしょうか。/今年也只剩半个月了。在忙碌的当下，大家过得如何呢？
- 年の瀬を迎え何かとせわしい日々ではございますが、どうぞお体には気を付けて良いお年をお迎えください。/年末的日子总是忙忙碌碌的，请您一定注意身体，过个好年！

❷ **忙しい** 表示要做的事很多，没有闲暇，客观地描述忙碌的状态。表示"忙于……"的时候可以用"～に忙しい"或者"～で忙しい"。寒暄语"お忙しそうですね"是工作繁忙之义，含褒义；"おひまそうですね"则表示对方无所事事，含贬义。例如：
- かれはいつも忙しくてのんびりする暇もない。/他总是很忙，没有休闲的时间。
- 父は毎日仕事で忙しい。/父亲每日工作繁忙。
- 大学に入って、忙しい毎日を送っている。/进大学后，每天都很忙碌。

❸ **慌ただしい** 表示局势紧迫或事态急剧变化导致的慌乱，不能与"忙しい"或"せわしい"替换。例如：
- 彼は慌ただしく部屋を出て行った。/他慌忙出了房间。
- 政局が慌ただしい。/政局不稳。

⊙ いつも慌ただしい日を送っている。/过着匆匆忙忙的日子。

❹ **多忙**　表示忙碌，用在比"忙しい"更郑重的场合，或用于书面表达。不含慌乱、紧迫感，可作名词用。例如：

⊙ ご多忙中恐縮ですが、お願いがあります。/很不好意思，(您)百忙之中(我还)有件事想拜托您。

⊙ 多忙を理由に出席を断った。/以忙碌为理由拒绝了出席。

⊙ ご多忙のところをお邪魔してすみません。/非常抱歉，百忙之中打扰您。

❺ **忙しない**　是"せわしい"的强调表现，表示繁忙、匆忙。其中的"ない"不表示否定，而表示相当、非常的意思。例如：

⊙ 客の切れ目がなく忙しない一日だった。/客人不断，忙碌的一天。

⊙ 彼は忙しなく働いている。/他忙碌地工作着。

⊙ 忙しない子だね、少しじっとしていなさい。/这孩子忙来忙去的，稍微停一下嘛。

二十九　冷たい/寒い/涼しい

相近词义　冷

区别和例句

❶ **冷たい**　指物体温度低，也可以用在人际关系上，表示态度冷淡。反义词为"暖かい"。"冷たくなる"表示"死ぬ"之义，"冷たい戦争"指冷战。例如：

⊙ 冷たい飲み物を飲むな。/不要喝冷饮。

⊙ 周りの人に冷たい目で見られた。/被周围的人冷眼看待。

⊙ あなたは心の冷たい人だね。/你真是个内心冷淡的人。

❷ **寒い**　本义指气温低，身体发冷，使人感觉不舒适。也表示因为害怕而打寒战，如"背筋が寒くなる"；或因不满足而感到凄惶，如"心が寒い"；表示寒酸、简陋时多用"お寒い"的形式，如"お寒い研究設備"；也可指缺乏金钱，如"ふところが寒い"。例如：

⊙ 12月になって、朝晩はだいぶ寒くなった。/到了12月，早晚都变得寒冷起来。

⊙ 名前を聞くだけで、背筋が寒くなった。/只听名字就后背发凉。

⊙ ごちそうをしたら、ふところが急に寒くなった。/一请客，立马就囊中羞涩了。

❸ **涼しい**　指气候凉爽，感觉舒适、爽快。仅用于与气温相关的表达，气温

以外的事物的冰凉用"冷たい",如"涼しい風"。而温度过低让人不快时用"寒い"。此外还可以表示清爽、清澈,如"涼しい目""涼しい声"。例如:

- 暑い夏が過ぎて、涼しい秋になった。/炎热的夏天过去了,凉爽的秋天到了。
- 風呂あがりの扇風機は涼しくて気持ちがいい。/洗完澡后吹风扇,凉爽惬意。
- 夏の風鈴の音が涼しく聞こえてきた。/夏天的风铃声听起来很清爽。

三十　安い/安っぽい

相近词义　价钱便宜

区别和例句

❶ 安い　指价格低于一般水平,不含褒贬的感情色彩。反义词是"高い"。"安い"后可接"思い・心中・心持ち"等表示心理的抽象词汇,表示安心的、平静的意思。此外,俗语"お安くない"还可以形容男女关系亲密不寻常,暗含憎恶、挖苦的意味。例如:

- かれはいつも安くてうまい店が見つけられる。/他总能找到便宜又好吃的店。
- 考えていたより安い値段で買えた。/以比预想便宜的价格买下了。
- 君たちは朝からデートをするなんて、お安くないね。/你们一大早就开始约会,关系可真不一般哪。

❷ 安っぽい　"～ぽい"表示"看起来……的样子",形容词性结尾词。"安っぽい"表示看上去廉价的、品质差的意思,暗含贬义,多出现在日常会话中。此外,安っぽい"还可表示人品不好、肤浅之义。例如:

- 洋服のわりにネクタイが安っぽい。/穿着西服,领带却很没品位。
- そんな安っぽい同情なんかまっぴらだ。/那么廉价的同情还是免了吧。
- 彼女の服はいかにも安っぽいと思う。/她的衣服看上去很廉价。

三十一　～やすい/～よい

相近词义　……容易的

区别和例句

❶ ～やすい　可以接在意志动词之后,表示某个动作行为容易完成;也可以

接在非意志动词或描述自然现象的动词之后，表示一种客观评价，感情色彩中性。反义词为"～にくい"。例如：
- 乗り物酔いしやすい人は運動神経が悪い。/容易晕车晕船的人运动神经不发达。
- 最も移住しやすい国はアメリカだと思う。/我认为最容易移民的国家是美国。
- 彼は病気になりやすい体質だ。/他属于很容易生病的体质。

❷ ～よい　　只能接在意志动词后，表示主体的某动作行为做起来简单、容易，使人愉悦，属于说话人的主观评价，含有褒义。其口语表达方式为"～いい"。例如：
- 履きよい下駄を買った。/买了好穿的木屐。
- 大都会は必ずしも住みよいところとは言えない。/大城市不一定是宜居之地。
- この家は住みよい間取りになっている。/这房子的房间布局不错。

第三篇

副　　詞

一　相变わらず/やはり/依然

相近词义　仍旧，依旧

区别和例句

❶ **相変わらず**　强调事物没有发生变化，或与预想、期待相反的情况，以状态朝着积极或消极方面转化为前提。例如：
- 鈴木さんの話によると佐藤さんは相変わらず大阪に住んでいるそうだ。/据铃木说，佐藤依旧住在大阪。
- 新年おめでとうございます、相変わらずお引き立てをお願いいたします。/新年快乐，请继续关照。
- この前大学時代の同級生田村さんに会った。田村さんは相変わらずおしゃべりだった。/前不久遇到了大学时期同年级的田村。他还是那么能说。

❷ **やはり**　强调事物没有变化或与预想、期待的一样。"やはり私の思ったとおりになった"，这句表示和预想的一致；"今もやはり平社員だ"，这句也表示和预想的一致，但含有某人没得到提升的意思，不能当本人面说。例如：
- 木村さんは何度失敗してもやはり研究しつづけている。/木村虽然失败多次，但依然继续研究。
- その公園は休みの日ばかりでなく、平日もやはり賑やかだ。/那个公园不止休息日，平日里也很热闹。
- 後姿を見て山下さんだろうと思ったら、やはりそうだった。/看背影觉得是山下，果然是他。

❸ **依然**　重点在没发生变化，不表示说话者的期待。常用"依然として"的形式，后接否定表达。书面语。"旧態依然として変わりがない"，这句指至今状态没发生变化，不像"相変わらず"那样，以状态朝着积极、消极方面转化或时间间隔为前提，不能与"相変わらず"互换使用。"その町は相変わらず繁盛している"，这句话表示状态没有向消极方面转变；"給料は相変わらず上がれない"，这句是指应该朝积极方面转变，却依然保持原消极状态。如果用"依然"替换，则指虽然有了点变化结果却不能尽如人意的意思。"お宅のおじいちゃん、相変わらずお元気ねえ"，这句既可以指"おじいちゃん"的确身体好，也可以指"おじいちゃん"多嘴多舌，多管闲事。"相変わらず熱心な人"，也有同样的含义。例如：
- 何度も討論したが、その問題は依然解決する見込みがない。/讨论了多次，那个问题依然没有解决的希望。
- 世界平和に対する脅威は依然ある。/对世界和平的威胁依然存在。

⊙ いろいろ対策をとったが、その会社は依然不景気だ。/采取了很多对策,那个公司依旧不景气。

敢えて/無理に/強いて/押して/たって/無理矢理/強引に/腕ずく

📄 **相近词义** 硬,勉强

📖 **区别和例句**

❶ **敢えて** 指明知有信息不足造成的错误,或遭到反抗,或产生抵触,却依然采取行动。书面语。另外,"敢えて"后接"言う・聞く・問う・知らせる"等表示言行的词汇的否定形式时,是"不强行……"的意思。也表示积极地控制、保留、不违背等。后接"驚く・恐れる・悲しむ"等自发的无意志行为的否定形式时,是"并(不)……"的意思。用于表示用理性克制感情的场合时,不能与"無理に"替换使用,如"敢えて驚くこともない"。"敢えて反対する"暗示有顾虑、心理矛盾、不得不反对等意味。例如:

⊙ パソコンは修理に出すべきかと思ったが、敢えてつけてみた。/虽然认为笔记本电脑应该拿去修了,但还是硬把它打开了。

⊙ 会いたくないなら、敢えて会いに行こうとは申しません。/如果不想见,我不会勉强你去的。

⊙ いつも生意気で、彼の態度に敢えて怒るにはあたらない。/他的态度总是那么狂妄,没必要生气。

❷ **無理に** 指不合情理,不讲理,难以办到,勉强不合适,尽管可能得到不好的结果却强行实施某行为,过分,过度,不自量力。修饰意志性的行为时,可与"敢えて"替换,但是,"敢えて"含有遭到反抗、抵触、有错误、有困难等消极因素的意味。例如:

⊙ 無理にそれ以上食べたら、お腹を壊すよ。/再勉强吃下去,会吃坏肚子哟。

⊙ 無理に単語を覚えても翌日に忘れてしまう。/即使勉强记单词,第二天还是忘了。

⊙ 無口な山本さんに無理に発言させても上手にできるはずがない。/即使勉强让不爱说话的山本发言,他也不会说得很好吧。

❸ **強いて** 指违反自然规律或本人意志而采取行动。书面语。"強いて"可以与表示意志性行为的"無理に・敢えて"替换使用,但是,"無理に"表示导致反面结果也要进行,"敢えて"表示没有必要强行做却进行,"強いて"是以希望这样

做、有必要做为前提,虽然遭到了强烈的反对或产生了抵触情绪,却仍强行进行。例如:

- 甲乙なしだが、強いて言えば甲の方が少し勝っている。/不分胜负,硬要说的话,甲稍好一点。
- すぐ期末試験で、強いて手伝ってもらうまでの事は無かろう。/马上就要期末考试了,不会硬要请人帮忙吧。
- 学生だから、強いてお金を出せとは言わない。/因为是学生,不会勉强让他们出钱的。

❹ **押して** 指强行实现自己的想法和愿望。例如:

- 親の反対を押して結婚した。/不顾父母反对结婚了。
- 喉が痛いけれども押して歌を歌った。/喉咙虽痛,但还是勉强唱了歌。
- 奥さんに文句を言われても松山さんは押して沖縄に転勤した。/虽然妻子有所抱怨,松山还是坚持调去了冲绳工作。

❺ **たって** 指明知有些强人所难,却仍强烈请求。例如:

- たってお望みとあればお分けいたします。/如果您硬是这么要求的话,我就分吧。
- たって休暇をとれば、今月では終われない。/如果硬要请假,这个月就做不完了。
- 病気なら、たって働かせるというわけではない。/如果生病,就不能硬要人工作。

❻ **無理矢理** 是"無理に"加强语气的说法,表示主体有强行做某事的意愿,后面不能接续否定形式。例如:

- 暑いからといって、冷たいものを無理矢理食べるわけにはいかない。/虽然炎热,但也不能勉强吃冰凉的食物。
- 鈴木課長は部下を無理矢理命令に従わせて、嫌がられている。/铃木科长强制部下服从命令,招人厌恶。
- 兄におもちゃを無理矢理うばわれて、良子ちゃんは泣いている。/良子的玩具被哥哥硬抢了去,正哭着呢。

❼ **強引に** 指排除周围的反对、反抗、反感而强行进行某事。书面语。例如:

- そんなに強引に結婚しようとしたって幸せになれない。/即使强行结婚也不会幸福。
- 強引に通過された法案で、問題点がたくさんある。/强行通过的法案,有很多问题。
- 説明もないのに、強引に意見に従わせるのはあまりだ。/没有进行解释

就强行要人服从意见,太过分了。
- ❽ **腕ずく** 表示不进行说服,靠武力解决,或表示尽最大努力。例如:
  - ⊙ 高橋さんはお父さんに腕ずくで連れられて帰った。/高桥被父亲用暴力手段带了回去。
  - ⊙ 腕ずくで貸してもらったものはすぐ返したほうがいい。/用暴力手段借来的东西还是还回去比较好。
  - ⊙ 腕ずくの勝負なら負けないぞ。/比武,我是不会输的哟。

三 あくまで/限(かぎ)りなく/無限(むげん)/無数(むすう)/際限(さいげん)なく

📜 **相近词义** 无限,无止境

📚 **区别和例句**

❶ **あくまで** 表示(状态或性质)始终、无限之意,还有(想做的事情)彻底(完成)之义。也可以说成"あくまでも"。例如:
- ⊙ あくまで社会主義の道を突き進む。/在社会主义道路上勇往直前、坚持到底。
- ⊙ 人間の行動は法律にあくまで従わなければならない。/人的行为始终必须服从法律规定。
- ⊙ 吉田さんは黙っていて、あくまで反抗するつもりだ。/吉田沉默着,打算反抗到底。

❷ **限りなく** 指时间、空间、数量、程度、抽象事物的无止境。
   無限 是"限りなく"的汉语词汇表达。例如:
- ⊙ 敵機が数限りなく飛んで来て、人々はあわてて逃げた。/无数敌机飞来,人们慌忙逃窜。
- ⊙ 道が限りなく続いている。/道路一直延伸到远方。
- ⊙ 欲望が無限に増加して、そういう悪果になったのだろう。/欲望无限增加,才会导致那样的恶果吧。
- ⊙ 本は知識だけでなく、無限の楽しみを与えてくれる。/书本不仅给予我们知识,还带给我们无限的快乐。

❸ **無数** 指数量上的无止境。在"限りなくある欲望や夢や欠点"中,因为"欲望・夢・欠点"是可以量化的,所以可以与"無数に"替换;在"限りなく広がる林や畑・限りなく続く通り"中,因为"林・畑・通り"不能量化,所以不能与"無数に"替换。另外,"限りない欲望や夢や欠点"不是表示数量多,而是表示时间长或程度无限大,如果换成"無数に",则表示数量多。例如:

- 夏の夜空には無数の星が輝いている。/夏日的夜空中有无数的星星在闪耀。
- 環境保護に関する問題は無数にある。/关于环境保护有无数的问题。
- 戦争で家を失われたものが無数にいる。/无数的人因为战争失去了家。

❹ **際限なく** 表示事物在时间、空间或程度上的无止境,不能用于"海・空・道"等事物。例如:
- 問題の解決を際限なくひきのばす。/问题的解决被无限推迟。
- 判決は際限なく延期するわけには行かないが、証拠が不足だ。/判决不可能无限制地延期,但证据不足。
- 科学技術が際限なく進歩しつつあるので、私たちは頑張らなければならない。/科技在不断进步,永无止境,我们也必须努力。

四 あっさり/淡泊(たんぱく)/さっぱり

📜 **相近词义** (味道)清淡,(性格)坦率

📚 **区别和例句**

❶ **あっさり** 指味道时,"あっさりした味"表示不油腻、清淡;指性格时,"あっさりした性格"指对金钱、物质不刻意追求。另外,还有简单、轻松的意思。

淡泊 是名词和形容动词,与"あっさりしている"同义,书面语。例如:
- 何ヶ月も練習した甲斐があって、試合であっさり勝った。/几个月的练习有了成效,在比赛中轻松取胜。
- 病気のときは、お粥や牛乳のようなあっさりしたものがいい。/生病的时候,最好喝粥和牛奶这样清淡的东西。
- 日本に留学して、だんだん淡泊な味のものが好きになった。/到日本留学之后,渐渐喜欢上了口味清淡的食物。
- 彼は金や地位に淡泊だから、利益のために友達を裏切るわけにはいかない。/他淡泊金钱和地位,不可能为了利益背叛朋友。

❷ **さっぱり** 指味道时,"さっぱりした味"主要指不放油而放了醋的菜肴;指性格时,"さっぱりした性格"指无论什么事情都很大度,不计较;用于感觉时,指不油腻、不肮脏、整洁、潇洒、爽快,因此,"風呂に入ってさっぱりする"中的"さっぱり"不能用"あっさり"替换。另外,后接否定语时表示即使努力和期待也没有办法达成,还可以表示完全(不)、丝毫(不)。例如:
- 一時どういうテーマか、さっぱり思い出せない。/一时间完全想不起来是什么主体。

- 吉野さんはさっぱりした人だから、ぜったい気にしないよ。/吉野是个很大度的人,一定不会放在心上的。
- 今日は何かさっぱりしたものが食べたい。/今天想吃清淡的食物。

 案外/意外/思いがけず/思いもよらず/思いのほか/図らずも/存外

📞 **相近词义** 意外,出乎意料

📚 **区别和例句**

❶ **案外** 指预想的事情与结果有出入,判断带有主观性。"あの人が死んだといっても、案外驚かないのね"表示对方不太吃惊,与说话者的预料不符。如果换用"意外にも",则指说话人对对方一点也不吃惊,一点也不感到惊讶。例如:
- 忙しくて疲れたが、案外な売れ行きに気をよくしている。/虽然因忙碌很疲惫,却因为销路出乎意料地好而感到心情舒畅。
- 無理だろうと思ったが、工事は案外うまくいっている。/本来以为完不成了,没想到工程进展出乎意料地顺利。
- 交通渋滞で間に合えないと心配したが、案外早く着いた。/本来担心交通堵塞赶不上的,没想到早到了。

❷ **意外** 指事情结果与预料相差甚远,甚至相反,或指"意外"的表情。表示预想与结果的出入比"案外"大,并具有一定的客观性。口语也用"意外と"的形式。例如:
- 君にここで出会うとはまったく意外だ。/和你在这里见面简直太意外了。
- 一週間前に知らせておいたが、意外にも一人も来なかった。/一周前已经通知了,令人没想到的是一个人也没来。
- 山中さんが試験におちて、みんなは意外に思った。/山中考试不合格,大家都觉得很意外。

❸ **思いがけず** 指完全没预料到,毫无思想准备,或指一般不可能的事发生了。吃惊的语气比"意外"强。

思いもよらず 与"思いがけず"同义。例如:
- 公園を散歩したら、思いがけず高校時代の友達に会った。/到公园散步,却意外遇到了高中时代的朋友。
- 先週思いもよらず全然連絡していなかった彼から電話がかかってきた。/上周很意外地接到了完全没有联系的他打来的电话。

- きのう思いもよらずあの人がたずねてきた。/昨天那个人意外来访。

❹ **思いのほか** 程度或事物的进展与当初的预期有相当大的差别,表示"比预想的、想象的更……"的意思。"案外"表达失望的语气,与此相对应,"思いのほか"表达吃惊的语气,表示预想与结果的出入比"案外"大。例如:

- みんな手伝ってくれたので仕事は思いのほか早く終わった。/因为大家都来帮忙,工作出乎意料地很快结束了。
- 今年は天候が不順なのに、思いのほかよい収穫をあげた。/今年尽管天气不好,收成却意外地好。
- 論文が思いのほか上手なので、驚いた。/论文写得出乎意料地好,吃了一惊。

❺ **図らずも** 表示"没料到""却……""竟然"的意思。与"思いがけず・思いもよらず"同样,表示毫无思想准备。"思いかけず"强调吃惊程度高;"思いもよらず"是"思いかけず"的郑重说法,书面语。"図らずも"为书面语,强调偶然性,结果令人满意。例如:

- 会場に入って席についたら、課長は図らずもそこに居合わせた。/进会场就坐下了,没料到科长竟然也在场。
- 杉山さんは図らずも部長に選ばれて、うれしがっている。/杉山没想到自己能选上部长,很开心。
- よく喧嘩する二人だが、今度は意見が図らずも一致していた。/经常争吵的两个人,这次意见却出乎意料地统一。

❻ **存外** 指所见所闻的内容和程度与预想的有很大差别。书面语。例如:

- 遠いだろうと思ったが、歩いてみたら存外近かった。/以为很远,走过去一看却意外地近。
- 試合で存外な成功をおさめた。/比赛取得了意想不到的成功。
- 難しくてできないだろうと思ったが、やってみたら存外易しかった。/以为很难,做不了,尝试了一下却发现意外地简单。

六 いずれ/その内(うち)/やがて/まもなく

📖 **相近词义** 不久,早晚

📚 **区别和例句**

❶ **いずれ** 表示早晚会实现。实现的时间不确定,是没有信心的预想。不能用于以未来为起点的场合。常用"いずれまた"或"いずれそのうち"的形式,是对未知的将来和实现的时间点的推测。例如:

- 課長に知られたら首になると心配したが、いずれこうなることとは思っていた。/担心被科长知道了会被裁员，但我一直认为那不过是早晚的事。
- いくら怒ったってお父さんはいずれ許してくれることだ。/父亲再怎么生气，他早晚也会原谅你的。
- 今は忙しいが、いずれ一緒に旅行に行こう。/现在很忙，过几天一起去旅行吧。

❷ **その内** 用于即将发生或刚发生不久的事情上，表示模糊的时间段，实现的时间不确定，回避准确判断。在同组的几个词中，该词所表示的时间段最不明确，因此，事态实现的可能性最低。"その内お宅へお訪ねします"的"その内"没有明确的时间，表示说话人一般不会去拜访，可以理解为空头承诺；换用"いずれ"，则表示有什么时候想去拜访的意味。"まもなく・やがて"都表示很快就发生，不能与"その内"换用。"先にやりはじめて、その内来るだろう"，是以未来为起点的例句，只能用"その内"，而不能用"やがて・まもなく・いずれ"。例如：

- 空が暗くなってきたから、その内雪が降るだろう。/天空暗了下来，不久会下雪吧。
- 初めは抗議したが、その内彼女は古い習慣にとらわれ始めた。/最初进行了反抗，不久后又开始被老习惯所束缚。
- もう何度も説明してくれたから、その内彼の考えが分かってきた。/他已经跟我解释过几次了，所以最近我也明白了他的想法。

❸ **やがて** 用于行为或状态不久将会实现的场合，既可用于不久将会实现的事情，也可用于过去发生的事情。另外，"やがて"还有究竟、归根结底之义。"やがて"所表示的时间段比"いずれ"短。"いずれ"推测语气较强，"やがて"可用于确实能实现的场合。"やがて"在故事中有时表示随着时间的推移产生的结果和变化。书面语。例如：

- 大学を卒業してやがて20年になる。/大学毕业将近20年了。
- やがて夏も終わり、だんだん秋らしくなってくる。/夏天马上要结束了，渐渐开始有了秋意。
- 科学が素早く発展していて宇宙旅行はやがて実現するだろう。/科学迅速发展，宇宙旅行终究会实现吧。

❹ **まもなく** 用于状态或行为即将实现的场合。可用于即将发生的事情。"その内"是通俗表达，表示不知何时的意思。"まもなく"所指的离变化所需的时间比"やがて"所指的短，却比"すぐ"所指的长。以过去为起点的行为的实现，可用"その内・まもなく"，但是，这种表达有站在第三者立场上回顾的意味。"まもなく客が来るんだって"，这句是把现在作为变化或实现的起点，其中的"まもな

く"不能与"やがて"换用,因为"やがて"含有暂时维持现状的意味。说话者实现预想的可能性按"まもなく・やがて・いずれ・その内"的順序依次减小,从90%以上到10%以下。"まもなく"表示有把握实现预想。"やがて"表示虽然实现的时间不明确,但说话人对预想很有把握。"いずれ・その内"表示实现的时期不确定,是没有把握的预想。"その内"最含糊,有回避断定的意思。"その内・やがて"可以用于表示以现在和未来为起点的行为的实现;"まもなく・いずれ"不能用于以未来为起点的场合。以未来为起点的行为的实现只能用"その内"。例如:

- まもなく運動会を行うから、準備してください。/不久要举办运动会,请做好准备。
- 静かにして、社長はまもなく見えるでしょう。/请安静,社长就快来了。
- 近頃会社がまもなく倒産するという噂が飛び交った。/近来公司快要倒闭的传言到处传来传去。

 一々/一つ一つ/個別に/逐一

📄 **相近词义** 逐一,一一

📚 **区别和例句**

❶ **一々** 指连细微之处及最隐蔽的角落都不漏掉,事无巨细的意思,有时带有感到过于烦琐的语气。例如:

- 説明会で一々述べたので、詳しいはずだ。/在说明会上一一进行了阐述,应该很了解。
- 母はトマトを一々手にとって見てから買う。/母亲把西红柿逐一拿在手里看过才买下。
- この製品のいいところを一々あげるにおよばない。/不必逐一列举这个产品的优点。

❷ **一つ一つ** 指无一例外,表示认真、专心的样子。"一つ一つ丁寧に檢查する",表示积极做检查,如果换成"一々"就有感到过于烦琐的语气,因此不能换用。例如:

- 係りの人は手続きの流れを一つ一つ詳しく説明してくれた。/负责人就手续流程逐一进行了详细说明。
- 山下さんは部品を一つ一つ丁寧に検査している。/山下把零件逐一进行了仔细的检查。
- これを一つ一つ原稿と照らし合わせて、校正してください。/请把这个

对照原稿,逐一校正。

❸ **個別に** 指事务或行为挨个进行。例如:
- 被害者には個別のカウンセリングが必要だ。/有必要对受害者进行单独的心理辅导。
- この問題は個別的でなく、総合的に扱うべきだ。/这个问题不应该单个看待,而应该综合处理。
- 異議のある人と個別に話し合う。/和有异议的人挨个谈话。

❹ **逐一** 指所有事务依顺序、按阶段进行。例如:
- 新しい規則を理事会で逐一検討する。/理事会就新规则进行逐一讨论。
- 周さんは部長に研究の進度を逐一報告した。/小周就研究的进度向部长进行了逐一汇报。
- 事故の原因を逐一報告書に書く。/把事故原因逐一写进报告里。

八 一応/取り敢えず/ひとまず

相近词义 暂且,姑且

区别和例句

❶ **一応** 不用于有打算的行为。有事态(状态、行为)虽然不彻底却满足最低标准的含义。用于表达事物看起来完善其实并非如此的意味,也可表达先开始做,不行的话从头再来的语义。口语中使用频率很高。常用于表示谦虚、推卸责任、关怀、缓和断定、指责等意味。例如:
- 暫く休んでコーヒーを飲んだら一応元気になりました。/休息了一会儿,喝了杯咖啡,又变得精神些了。
- これについての資料は一応はわたしも調べておこう。/关于这事的资料,我也去查查吧。
- 勝手にやらないで、一応本人の意見も聞かなければならない。/不要任性而为,必须得听听本人的意见。

❷ **取り敢えず** 用于有打算的行为。主体行为所选择的时间顺序是从比较容易做或分量较轻的事务入手,有应付一时、以后再说的意味。经常作为寒暄语使用。"お蔭様で、一応娘が大学を卒業、取り敢えず御礼申し上げます",这句里的"一応"表示谦虚,不能与其他两个词替换。"取り敢えず"可以换成"一応の"。在"一応(の)＋お礼をする","の"表达谦虚的语义,没有"の"则有随意、敷衍的语气。因此,"一応の御礼を申し上げます"表示先道谢,其后一定再加上谢礼的意思,而"取り敢えず御礼申し上げます"只是寒暄语,有无谢礼均可。"一応拝見

いたしました。少し質問してよろしいでしょうか"、有为对方考虑、避免决断的语义。例如：

- 河野さんは出るかどうか分からないが、取り敢えず知らせておこう。/不知道河野会不会出现，姑且先通知吧。
- いつ必要か分からないが、取り敢えず準備しておこう。/不知道什么时候需要，先准备着吧。
- 必要な品だけ取り敢えず買い整える。/暂且先把必要物品买齐。

❸ **ひとまず**　表示事物进展到某个阶段，暂告一段落的意思。"ひとまず安心だ"用于进行下一个行动、告一阶段的场合，可以与"一応・取り敢えず"替换。"ひとまず始めましょう"表示前面的事情告一段落，重新开始。"ひとまず今日はこれで終わろう"有随大流、得过且过的意味。如果换用"一応"，则表示敷衍的态度。换用"取り敢えず"，则有"明天更辛苦，现在轻松一下以后继续努力"的意味。例如：

- パワー電気の人とひとまず連絡を取ったので、ほっとした。/和动力电气的人取得了联系，暂且放下心来。
- 駅までちょっと遠いが、ひとまずこの旅館に落ち着いた。/离车站有点远，暂且先住在这家旅馆。
- まもなく転勤するから、貸し出したものをひとまず引き揚げた。/因为即将调动工作，所以姑且先把借出的东西收了回来。

九　一途に/一筋に/ひたすら/専ら/ひたむき

 相近词义　一味，一个劲儿

 区别和例句

❶ **一途に**　表示只集中在某一方向或某件事上，不顾其他事情。贬义褒义都能用。例如：

- 一途に革命の真理を探求する。/一心追求革命真理。
- 彼の学問に対する一途な態度に感心した。/对他专注治学的态度感到钦佩。
- 父は仕事一途に生きてきたため、定年後毎日いらいらしている。/父亲以前一心扑在工作上，退休后每天都焦躁不安。

❷ **一筋に**　表示只专心于一件事情。原意是一条、一根，除了专注之意外，还有穷尽一生、目不斜视等意思。例如：

- 彼女はただ一筋に彼を思いつめた。/她一心想着他。

⊙ 科学者たちが学問一筋に打ち込む精神に感動した。/被科学家们潜心治学的精神所打动。

⊙ 文学の道を一筋に生きる。/专注于文学道路。

❸ **ひたすら** 表示只用心于某件事，重复一个行为。多指说话者的态度或状况。在"ひたすら字を練習し続けている"中，"ひたすら"表示专心、反复练习的意思。在"一途に原因を調べ続ける""一途に研究する"中，"一途に"表示一味地、朝着一个方向考虑、沉思、追求理想等。例如：

⊙ 山田さんは大学時代からひたすら数学の研究に没頭してきた。/山田从大学时代起就一心致力于数学研究。

⊙ それ以来花子さんは全然電話に出ないので、彼はひたすら後悔した。/从那之后，花子就完全不接电话了，他后悔极了。

⊙ 故郷で地震があったのを聞いて、山田さんはひたすら家族の無事を祈る。/听到故乡地震的消息，山田只一个劲儿地祈祷家人平安。

❹ **専ら** 表示所有精力都集中于某方面，或专注于做某件事情，指"专擅……""只……""净……"。例如：

⊙ この車は専らヨーロッパの国々へ輸出される。/这种车专门出口欧洲国家。

⊙ 会社が倒産するといううわさが専らで、心配でたまらない。/尽是些公司要倒闭的传闻，担心得不得了。

⊙ あんな権勢を専らにする人とは友達になりたくない。/我不想和那种一心追求权势的人交朋友。

❺ **ひたむき** 表示努力做某一件事。一般不用于修饰否定意义的词。"ひたむき"与"一筋に"意思相同，然而是书面语，强调为了实现远大目标克服困难，不懈努力。例如：

⊙ クラスの皆さんは四級試験を目指して、ひたむきな勉強を続けている。/班里的同学们都为了四级考试，努力地坚持学习。

⊙ 登山隊のうちの四人は頂上を目指してひたむきに突き進む。/登山队中的四个人向着顶峰发起了冲刺。

⊙ 文学の道をひたむきに精進する。/在文学的道路上努力精进。

 一度に/一時に/いっぺんに/一気に/一息に/一挙に
いちど　　いちどき　　　　　　　いっき　ひといき　　いっきょ

📖 **相近词义** 一下子，一次，同时

📚 **区别和例句**

❶ **一度に** 指两件以上的事情几乎无时间差地同时进行或完成。用于意志

行为。

　　一時に　是"一度に"的旧式说法,老人用语。多用于短时间内发生变化的场合,不用于意志行为。

　　いっぺんに　也是"一度に"的陈旧说法,强调集中地、不间断地发生或同时发生,有"一……就……"的意思。更口语化。产生不好结果,往不好状况转变时,只能用"一度に"。例如:

- すぐお正月か。盆と正月が一度に来たようなものだ。/马上就是新年了吧。盂兰盆节和新年似乎接踵而至一般。
- そんな短い時間でいくつかの仕事を一度に片付けるのは無理だ。/那么短的时间一下子要处理几份工作是不行的。
- 斉藤さんの病状は一時に悪化して、治れないかもしれない。/齐藤的病一下子恶化了,也许治不好了。
- 歌手が舞台に立ち上がるとあちこちから一時に歓声があがった。/歌手一站上舞台,四面就同时响起了欢呼声。
- スミスさんは一人で残った仕事をいっぺんにやり終わった。/史密斯一个人把剩下的工作一下子全做完了。
- 雨が降って草木がいっぺんに生き返った。/下了雨,草木一下子恢复了生机。

❷ **一気に**　强调一次性地无间断地进行或完成,有一口气完成(内心感到爽快)的意思。具体动作及抽象行为都可使用。

　　一息に　是"一気に"的日语固有词汇。只用于具体意志动作的完成,不修饰表示抽象意义的动作。有趁势完成之意,强调一次性完成。例如:

- 会いたくて会いたくて一気に東京まで飛んでいった。/很想见面,索性就飞去了东京。
- もう急がなきゃと思って、彼は一気に丘を駆け降りた。/他想着必须赶紧去,就一口气从山丘上跑了下来。
- 弟は家に入ったら、コップの水を一息に飲み干した。/弟弟一进家门就一口气喝光了杯子里的水。
- 明日休もうと思って工事を一息に仕上げた。/考虑明天休息,于是就一口气把工程做完了。

❸ **一挙に**　指用一次动作扭转局面(内心感到爽快),用于抽象内容。例如:

- 彼は一挙に懸案を解決したため、有名になった。/他因为一举解决了悬案而出了名。
- 彼は必死に泳いで、一挙にして劣勢を挽回した。/他拼命地游,一举挽回了劣势。

⊙ 敵を一挙に粉砕する。/一举打败敌人。

十一 一番/最も

相近词义 最,顶

区别和例句

❶ **一番** 带有强调第一、唯一的语气。可修饰表示方位或顺序的名词,如上、下、左、右等。这种用法如果换用"最も",则表示在和其他同等事物比较时"最……的意思"。在"一番最後""一番初め""会社で一番だ"等惯用语中,表示第一、唯一或作名词用时,不能换成"最も"。另外,"一番"有先、试试的意思。例如:

⊙ 今は一番忙しい時期だから、旅行に出かけるどころではない。/因为现在是最忙的时候,不能去旅行。

⊙ 一番好きな曲を聴いて、気持ちがぱっと明るくなった。/听到了最喜欢的曲子,心情一下子就愉快起来。

⊙ 会議が終わって、彼は一番先に席を立った。/会议结束,他最先离席。

❷ **最も** 指与其他相比某事物的程度最高。是书面语。修饰名词时后接"の"。例如:

⊙ 目の前に最も重要な問題は大気汚染を防ぐことだ。/眼前最重要的问题是防止大气污染。

⊙ 今度の台風でこの辺が被害の最もはなはだしい地域だ。/这一带是因这次台风受损最严重的地区。

⊙ それは山田さんの小説のうちで最も優れているものです。/那是山田小说中最杰出的作品。

十二 いっぱい/なみなみ/たっぷり/ぎっしり/たんまり

相近词义 满满地,充满

区别和例句

❶ **いっぱい** 指固体、液体、气体装满容器,或表示最大限度、无数事物。例如:

⊙ 田村さんは銀行から限度いっぱいお金を借りて、商売を始める。/田村从银行贷了最高额度的贷款,开始做起了生意。

⊙ 斉藤さんは涙いっぱいにお礼を言った。/斉藤满含眼泪地表示了感谢。

⊙ 公園の中は花見をする人でいっぱいだ。/公园里挤满了赏花的人。

❷ **なみなみ** 指液体满得快要溢出来了。例如：
⊙ 雨が降りつづいて、池には水がなみなみとある。/雨一直下着，池里的水就快溢出来了。
⊙ 高橋さんはビールをなみなみとついで、林さんと乾杯する。/高桥斟满了啤酒和小林干杯。
⊙ 良子さんはコップになみなみとお茶を注ぐ。/良子在杯子里倒满了茶。

❸ **たっぷり** 表示装满容器的意思，但是只用于宽裕或容量大的事物。还表示足够、充分的意思。例如：
⊙ 暇がないが君の将来について相談する時間だけはたっぷりある。/虽然很忙，但商量跟你将来有关的事的时间还是很充足的。
⊙ この工事を完成するのにたっぷり二年はかかる。/要完成这项工程需要花足足两年时间。
⊙ 大きなお皿にたっぷりと果物を盛る。/大盘子里装满了水果。

❹ **ぎっしり** 指人或物挤得没有一点空隙。例如：
⊙ 本箱に日本語の本がぎっしり入っている。/书柜里放满了日语书。
⊙ このトランクはぎっしり詰めれば100キロはある。/这个行李箱装满的话能装100千克。
⊙ ぎっしり詰まったスケジュールで疲れる。/日程安排得满满的，很疲倦。

❺ **たんまり** 只表示金钱方面的足够。口语中常用。例如：
⊙ 会社はこの機械の輸出でたんまり儲けた。/公司因为出口这种机器赚得盆满钵满。
⊙ お正月にはお年玉をたんまりもらった。/新年时收到了很多的压岁钱。
⊙ 杉山さんはたんまりチップをやって、店を出た。/杉山给了很多小费后离开了小店。

十三　うろうろ/まごまご/おたおた/おろおろ

相近词义 惊慌失措，不知所措

区别和例句

❶ **うろうろ** 指不知如何应对而非常为难，还有徘徊、闲荡的意思。例如：
⊙ 公園の出口が分からずうろうろする。/弄不清公园的出口而到处徘徊。
⊙ うろうろとキャンパスの中で山田さんを捜す。/在校园里到处找山田。
⊙ 必要な書類をなくして、慌ててうろうろしている。/弄丢了必不可少的

文件,惊慌得不知所措。

❷ **まごまご** 指不知道方法、方向,不能采取适当的行动。主要是指因失去方向、突然被提问、不知道方法、不知如何处理等而惊慌。例如:
- ⊙ 入学してまごまごしているうちに一年経った。/入学后懒懒散散地就过了一年。
- ⊙ 容疑者は逃げる場がなくてまごまごしていた。/嫌疑人无路可逃,张皇失措。
- ⊙ 発言するように言われて、まごまごして、上手にできなかった。/被要求发言却手忙脚乱的,没发挥好。

❸ **おたおた** 指因不能应付突发事件而惊慌。主要指因做饭时锅里燃烧起来了、夜间突然停电、没有心理准备等事情突然发生而引起的惊慌。例如:
- ⊙ 突然隣から大きな音が聞こえたので、おたおたした。/因隔壁突然传来的巨响而惊慌。
- ⊙ 急にトラックが走ってきておたおたする。/卡车突然开过来,惊慌得不知所措。
- ⊙ 緊張して、先生が何を聞いたか分からずおたおたしていた。/因为紧张,没弄清老师在问什么,惊慌得不知所措。

❹ **おろおろ** 指因突发事件而失去内心的安定,不知如何是好。主要指火灾、地震等灾难,身边人的死亡或事故,突然知晓的病情或悲伤等引起的惊慌。例如:
- ⊙ 店員は商品の盗難におろおろするばかりだった。/店员因为商品被盗而惊慌失措。
- ⊙ 船が水に沈んでいくのを見て、おろおろするばかりだ。/看到船快沉入水里了,惊慌得不知所措。
- ⊙ 事故の知らせを聞いて、ただおろおろするばかりだった。/听到了事故的通知,一直坐立不安。

十四 概ね/大体/大抵/大凡/凡そ/ほぼ/殆ど
（おおむ / だいたい / たいてい / おおよそ / およ / / ほとん）

 相近词义 大概,大体上

 区别和例句

❶ **概ね** 作名词时,指掌握了要点,也可表示概要的意思。作副词时,表示实现概率约为全体或总量的80%。例如:
- ⊙ なりゆきからしてみれば、概ね工藤さんが間違っている。/从情形来

看，大概是工藤弄错了。
- 今頃そんなことでいざこざを起こすのは概ねおかしい。/现在因为那样的事情而闹不和就很奇怪了。
- 今日の会議のはじめに決議案の概ねを発表するそうだ。/听说要在今天会议的一开始就发表决议案的大致内容。

❷ **大体** 指除个别之外几乎如此的意思，和"大抵"意思接近，但是，"大体"有根据长期经验能够确定的含义，没有"大抵"的准确度高。例如：
- そういう習慣は大体中国から伝わって来たものだ。/那样的习俗大抵是从中国传过来的。
- 大体のことは知っていましたが、そこまで詳しいことは知りませんでした。/大概的事情是知道的，但详情就不清楚了。
- 芝居の粗筋は大体わかった。/剧情的概要基本知道。

❸ **大抵** 表示大多数情况如此，还表示按照常理来讲一般如此。后面常接表示推量的词。例如：
- これぐらいの問題集なら大抵一日でやりおわる。/这种习题集的话，大概一天就能做完。
- 果物なら、あまり好き嫌いがないので大抵食べられる。/水果呢，我没有什么喜欢不喜欢的，基本都能吃。
- 私は今まで大抵南地方で暮らしたので、こっちの生活にあまり慣れない。/迄今为止我基本在南方生活，因此不怎么习惯这里的生活。

❹ **大凡** 用于对全体的大略估计、判断，或指一般的概念、话题，也可以指平均状态，不以个别的具体事物为对象。在一般状况下实现概率为100%。

凡そ 是"大凡"的口语简略说法，在句首时表示"凡是"。后面接否定表达，前后句意义相反，表示"原本"的意义时，不能与"大凡"替换。例如：
- それは大凡20年ぐらい前のことだから、はっきり覚えていない。/那大概是20年前的事了，因此记得不清楚。
- もう八万円払って、後大凡六千円あればいい。/已经付了80 000日元，之后再付大概6 000日元就行。
- 何日も経って、紛争は凡そ片付いた。/过了好几天，纷争基本平息了。
- 凡そ誤りを犯したものは必ず改めるべきである。/凡是犯错的人就必须得改正。
- あいつはそういう方面には凡そ能力のない男だ。/他在那方面是个完全没有能力的男人。

❺ **ほぼ** 表示状态、行为的实现概率为99%，也可表示接近基准点或者完全达到基准点，比"大体"程度更高。例如：

- 円の周囲は直径の三倍にほぼ等しい。/圆的周长几乎等于直径的3倍。
- 杉山課長はわたしとほぼ同年輩である。/杉山科长和我年龄相仿。
- この二つの山の高さはほぼ同じぐらいだ。/这两座山的高度几乎是一样的。

❻ 殆ど 表示以数量为前提,表示完成的程度、概率达到80％以上。"殆ど分からない"是指80％以上不懂,换成"凡そ",就表示完全不懂的意思。"こういったものは大体誰も使えない"表示除个别人以外几乎不会用的意思,不能换成"殆ど・凡そ"。"ほぼ"多半后接表示推测的表达,如"こういったものはほぼ欲しい人がいないはずだ",不能换成"殆ど・凡そ・大体"。"大体でいい"表示大致的意思,换用"大凡"是平常、平均的意思,而"殆ど・ほぼ"指要求程度高,不能与其换用。例如:

- 彼が嵐の中を生還したのは殆ど奇跡だ。/他能从风暴中生还大概是个奇迹。
- 今年の寒さは例年と殆ど変わりがない。/今年的寒冷程度和往年几乎没有什么变化。
- ひどい病気にかかって食べ物を殆どうけつけない。/生了重病,几乎吃不下东西。

十五　各々/それぞれ/個々/銘々

📜 **相近词义**　各自,各

📚 **区别和例句**

❶ 各々　指构成事物要素的各个部分有共同点,用于人、动物等。除此之外,还有作代词的用法,表示诸位、各位的意思。书面语。例如:
- スピーチコンテストがまもなく始まるから各々の席におつきください。/演讲比赛马上就要开始了,请各自就座。
- 留学用の書類は各々が用意して、申し込んでください。/留学用的文件都各自准备好,然后去申请吧。
- 新入社員は各々の希望を言い出した。/新职员说出了各自的愿望。

❷ それぞれ　指构成事物的要素每个都不相同,可用于人、动植物、食物、状况等。"食堂では学生たちがそれぞれ自分の好きなものを食べている"指学生各自吃着自己喜欢的东西。将此句中的"それぞれ"换成"各々"的话,则表示学生各个都喜欢什么就吃什么。口语中常用。

個々　名词,为"それぞれ"的书面语,多搭配事物、场合等。例如:

- 大学を卒業して、各人それぞれの夢を抱いて、社会に出る。/大学毕业后,每个人都抱着各自的梦想走进了社会。
- 参加者はそれぞれに言い分があって、まとまらない。/参加者都有各自的意见,没法统一。
- 中国では生徒がそれぞれ違った服で登校する学校もある。/在中国,有的学校的学生是穿着各自不同的服装去上学的。
- 今度のクラス会で個々の提案について討論してもらう。/在这次班会上,请大家就每个提案展开讨论。
- 最近の映画は個々について言えばなかなか面白いものがある。/最近的电影都有精彩之处。

❸ **銘々** 强调一个人一个人地进行某事,有分散的意味。只能用于人。例如:
- すぐ時間だから、入場券は銘々に持って、お入りください。/马上到时间了,请大家各自拿好入场券入场。
- 飲み物はいろいろあるが、銘々好きなのを選んでください。/饮料很多,请各自挑选喜欢的。
- 集合時間まで銘々自由に観光してください。/集合时间之前,请各自自由游览。

十六 概して/一般/総じて

相近词义 一般,总的来说

区别和例句

❶ **概して** 表示舍去细微部分,粗略地看。例如:
- 概して言えば、経済は予測どおりに発展している。/概而言之,经济正如预计的那样发展着。
- カードで払えば、概して使いすぎる結果になる。/用卡支付,一般都会造成过度使用的后果。
- このパソコンは概して品質がよくて、使いやすい。/这部笔记本电脑总体上品质优异,使用方便。

❷ **一般** 是名词,常用"一般に"的形式作副词,用于指广泛的、普遍的、普通的事物。例如:
- 今年は一般に景気が好転した。/今年经济普遍好转。
- 今年は気温が一般に低くて、作物が生長しにくい。/今年气温普遍较低,农作物不易生长。

⊙ 一般に熱帯の植物はここで育たない。/热带植物在这里一般没法生长。

❸ **総じて**　表示虽然有些例外,但大体如此的意思。例如:
⊙ 総じてこの試験に合格できない人は学力に欠けている。/总体而言,这次考试没能及格的人缺乏学习能力。
⊙ 婦人や子供は総じて可愛いものに注目する。/妇女和孩子大致都关注可爱的东西。
⊙ 世の中は総じて思いやりのある人が多い。/世界上总体来说还是懂得体谅的人多。

十七　かえって/寧ろ(むし)/いっそ

📖 **相近词义**　反而,莫如

📚 **区别和例句**

❶ **かえって**　表示结果与预期相反。常用于表示违反常识的事情,表示得出不利的结果。例如:
⊙ あの子は早く宿題をしろといわれると、かえって止まった。/那个孩子一听说让他快点做作业,反而就不做了。
⊙ 閉店しようとしたところ、かえって客足がのびた。/正要关店的时候,客人反倒多了。
⊙ 彼女を慰めようと思ったが、かえって彼女を傷つけた。/本想安慰她的,反而伤害了她。

❷ **寧ろ**　表示比较后选择一方(否定前者),或者表示后者比前者更合适(不否定前者)。表示被比较的事物没有相反意义时,不能与"かえって"替换,如"アニメより寧ろドラマのほうが好きだ"。例如:
⊙ 私の立場から言えば、名よりも寧ろ実を選ぶよ。/从我的立场而言,比起虚名不如选择实惠。
⊙ 先生の説明を待つより寧ろ自分で調べほうがいい。/与其等老师解释,还不如自己去查。
⊙ その背広には茶より寧ろ黒のネクタイが似合う。/比起茶色领带,黑色的更配那件西服。

❸ **いっそ**　表示"倒不如",有下决心,朝着与以前相反的方向前进的意思,后面常常用意志句。不能与"かえって"替换。例如:
⊙ このまま一緒に暮らしているより、いっそ別れたい。/我想与其这样一同生活,倒不如分开。

- それほど高くないから、いっそ自分で買いましょう。/也没有那么贵，干脆自己买吧。
- そういっても誤解されるから、いっそ気持ちを打ち明けよう。/那样说都还是被误解的话，干脆表明心意吧。

十八 がっちり/がっしり/しっかり

相近词义 结实，牢固，坚固

区别和例句

❶ **がっちり** 指组合或结合得紧密无缝、结实、牢固。另外，可引申为用钱仔细。"がっちり"是"がっしり"加强语气的说法。例如：
- そのビルはがっちりしていて、ちょっとした地震でも心配がないらしい。/那栋大厦非常坚固，即使大地震也不用担心。
- 斉藤さんは手を伸ばしてがっちりとボールを受け取った。/斉藤伸出手稳稳地接住了球。
- 姉はやさしい人だが、金にはがっちりしている。/姐姐是个善良的人，但在金钱上精打细算。

❷ **がっしり** 指建筑物的构造结实，人的体格健壮。例如：
- がっしりとして背の高い男の人が事務室に入ってきた。/一个体格健壮、个头很高的男人走进了办公室。
- 木造の家はがっしりとしていいが、火災が起こると大変だ。/木头做的房子很坚固，但如果发生火灾就麻烦了。
- 通りの両側にはコンクリートのがっしりとした建物が立ち並んでいる。/道路两旁混凝土建成的坚固建筑物鳞次栉比。

❸ **しっかり** 指坚固稳定、准确可靠。可用于基础、构造、记忆、判断、技术、性质、工作等各类事物。另外，还表示(意志)坚强、(识见)高明、(立场)坚定。方言中还有充足的意思。也指行市的坚挺。"しっかり＋つく・つける・結ぶ・縛る・つかむ"指不分开的稳定状态，"がっちり＋つかむ・握る・つかまえる"则是手掌紧握、无间隙的意思。"しっかりした＋家・机・自転車・体・腰・心臓"指安装得结实、不摇晃。如果换用"がっしり"是表示不知道实际怎样，看起来大而结实或显得性能好的意思。"しっかりした＋組み立て・仕掛け・骨組み・組織・人・社会"指内部构成、想法统一，不易损坏动摇。而"がっしりした＋体つき・テレビ・トラック・機械"是指外表大而结实，不易损坏，这种用法因为与晃动无联系，因此不能换成"しっかり"。例如：

- 田山さんは30歳未満だが、しっかりして、腕も高い。/田山虽然不满30岁，但为人可靠，技术也好。
- 先生のご指導とお教えをしっかりと心に刻みつける。/我会牢记老师的指导和教诲。
- スミスさんは重い病気にかかってもしっかりしている。/史密斯先生虽然身染重病却依旧很坚强。

十九　必ずしも/あながち/まんざら

相近词义　（后接否定）未必，不一定

区别和例句

❶ **必ずしも**　表示除此之外还有别的可能，指结果、评价等并不是确定的。常与"～とは限らない""～わけではない""～とは言えない"等呼应。例如：
- 一生懸命努力しても、必ずしも成功するとは限らない。/即使拼命努力，也未必成功。
- あの人は優しくて、頼んだら必ずしも断るというわけではない。/那个人很好说话，拜托他未必会拒绝。
- いい成績を取ったからといって必ずしも作文が上手だとはかぎらない。/虽然取得了好成绩，但作文未必就写得很棒。

❷ **あながち**　表示不能片面地判断。常与"～とは言えない""～とは言い切れない"等呼应使用，表示主观判断。多用于理性控制心情或态度的场合，特别是对善恶、是非的价值判断做部分否定的场合。例如：
- 佐藤さんが大学をやめたのは、あながち給料だけによるものではない。/佐藤从大学辞职未必只是因为薪酬的原因。
- 診断から見れば、あながち病気が悪化するわけではない。/从诊断上看，病情未必会恶化。
- この失敗はあながち彼のせいばかりではない。/这次失败未必只是他的错。

❸ **まんざら**　表示其状况、判断不是绝对的，消极地肯定相反的状况或判断，表现说话人满足的心情，或者非常关心的态度。如"まんざらでもない"，实际上是在委婉地表达高兴的心情。例如：
- いったんは断ったが、みんなから強く勧められるとまんざらでもない。/暂且拒绝了，但觉得被大家那么劝未必不好。

⊙ うわさだけど、まんざら根拠がないものでもない。/虽然是传闻,但也未必没有根据。

⊙ 挨拶しなかったが、まんざら知らない仲ではない。/没有打招呼,但未必就不认识。

二十　代わる代わる/代わりばんこ/交互に

相近词义　轮流,交替

区别和例句

❶ **代わる代わる**　指很多人依次轮换进行一件事情。

　代わりばんこ　是"代わる代わる"的口语表达形式。例如:

⊙ クラスでは代わる代わる当番を務めて、毎日掃除をする。/班级(成员)轮流值日,每天打扫。

⊙ 社員たちは代わる代わる年賀状に新年の祝詞を書く。/员工们轮流在贺年片上写上新年贺词。

⊙ ぐいぐいと押さないで、代わりばんこにブランコに乗ってください。/一个接一个,不要推挤,请轮流坐秋千。

⊙ 観光客も列に入って、代わりばんこにおみこしを担いで、進行する。/游客也加入队伍,轮流抬着神轿游行。

❷ **交互に**　多用于指两个人或者两种事物轮换着进行,也有交错的意思,如"男女が交互に列を作る"。"代わる代わる運転する"是指分班轮流开车,如果换用"交互に",则表示较随意地轮流开车。例如:

⊙ 坂本さんは友達と体育館で交互にボールを投げて練習している。/坂本和朋友在体育馆轮流进行投球练习。

⊙ 昨日の討論会では二つのグループが交互に論点について論戦を交わした。/在昨天的讨论会上,两个小组轮番就观点展开论战。

⊙ よみがえって、手足を交互に動かしてみると、たいした怪我はなさそうだった。/苏醒后,轮流动了动手脚,好像没受什么重伤。

二十一　偶然/偶に/偶々

相近词义　偶然,偶尔

区别和例句

❶ **偶然**　与"必然"相对应,指没有必然联系的事件碰巧一起发生了,表示

"凑巧"的意思。例如：
- 地震が起こるのは必然としても、人間には偶然にしか見えない。/地震的发生虽是必然的,但在人们看来是偶然的。
- いつも話がすれ違う三人の提案は偶然に一致だ。/这三人的意见总是不一致,但这次的提案却碰巧是一致的。
- 偶然寿司屋へ食事に行ったら、休業になった。/偶然去寿司店吃饭,却发现寿司店没营业。

❷ **偶に** 指某事件隔了相当长的时间(或周期)后重复。一般用在反复的、习惯性的事物上,不能用在没发生过,或今后不再发生的事情上。例如：
- 大学を出てからずっと会っていない橋本さんは偶に電話をかけてくる。/大学毕业后一直没见面的桥本偶尔会给我打电话。
- あの人は無口な人で、会議のとき偶に一言言うだけだ。/那个人不爱说话,开会时只偶尔说一两句。
- しっかりしている小林さんも偶には乱暴なことを言う。/平素很稳重的小林偶尔也会说粗话。

❸ **偶々** 有碰巧之义,次数既可以比"偶に"多,也可以比"偶に"少。只有在表示反复的、习惯性的意思时才能与"偶に"互换使用。"偶々"多表示次数极少(却意想不到地……),此时不能与"偶に"互换使用,如"偶々通りかかった本屋で会いましてね"。"偶の休日くらいゆっくりした""偶にはコーヒーでも飲みましょうよ",用"たまの・たまには・たまにしか～ない"表示非定期的行为或者不成习惯的行为时,不能用"偶々"替换。"偶に怪我人が出るんだから、気をつけなきゃだめだ",表示次数少的、将来可能发生的动作时,"偶に"与"偶然"可以互换；表示有可能重复的、未来的行为时,"偶に"可以与"偶々"互换；在表示一辈子只会发生一次的事时,不能用"偶々"。例如：
- 親友とは言えないが、朝の通勤電車で偶々乗り合わせて、知り合ったのだ。/说不上是亲密的朋友,是偶尔一同乘坐早上的通勤电车认识的。
- アメリカにいる宮本さんには偶々手紙をよこす。/偶尔会给在美国的宫本寄信。
- 偶々そこを通ったから、事件を目撃しただけだ。/只是偶然路过那里,目击到事件。

二十二　現に/今/只今/今や/現在/目下

相近词义　目前,现在

区别和例句

❶ 現に 指眼前这一刻。用于举出真实的证据或经验来说服对方的场合。例如：

- それは想像だけではありません。私が現に実験をしているのです。/那不只是想象，我眼下正在做实验。
- それは笑い話ではなく、現にわたしの経験したことだ。/那不是笑话，而是我实际经历过的事。
- 嘘ではなく、現にこの目で見たことだ。/不是谎言，而是我亲眼见到的事情。

❷ 今 包含前后接近的时间，可用在不久的将来或过去发生的事情上，也可以指现代。另外还有再、更加、现在、这里的意思。表示这一瞬间、这种场合、过去、未来等意思时，"今"不能与"現在"替换。表示有时间跨度的"今"可以和"現在"替换，如"今3年かけて工事をしている"。

只今 是"今"的另一说法，多用于郑重表达。例如：

- 新聞によると、今事故の原因を調べているところだそうだ。/据报道，现在正在调查事故的原因。
- 私から見れば、今の若者は職業に満足している人は少ない。/在我看来，现在的年轻人很少有人满意自己的职业。
- 只今ではこうやると不思議だと思うだけだが。/现在我只是认为这么做有点不可思议。
- 只今ご紹介にあずかりました斉藤でございます。/我是刚才承蒙介绍的齐藤。

❸ 今や 强调"现在"这一时间点，有对事物迅速地向着积极方向变化而感到吃惊的语气。例如：

- 経済が発展していて、人材が必要だし、今や若者の頑張るべき時だ。/经济发展了，需要人才，现在正是年轻人应该努力的时候。
- 十月に入ると、ずっと朗らかな天気で、今やスポーツのいい季節だ。/进入十月，一直是晴朗的好天气，现在正是适合运动的季节。
- その考えは今や時代遅れとなった。/那种想法现在已经落后于时代了。

❹ 現在 所指的时间段比较长。不用在不久的将来或过去发生的事情上，可用在报告当时状况不断变化的场合。例如：

- 以上、現在までの進行状況をご報告いたしました。/以上就是对到目前为止的发展情况所做的报告。
- 詳しいが、この表は2016年現在のものではない。/非常详尽，但这个表并不是2016年当年的。

- ちょっと改善されたが、現在の生活状況がいいとは言えない。/虽然有点改善,但现在的生活状况还不能称得上是好的。

❺ 目下 着重强调状况还在继续。例如:
- 医学が進んでも、ガンという病気は目下のところよい治療法はない。/虽然医学进步,但癌症这种病目前没有好的治疗方法。
- 地球温暖化に対して目下対策を急いでいる。/针对地球变暖,目前正在急寻对策。
- なんと言っても、目下の政策は経済の発展に不利だ。/不管怎么说,眼下的政策对经济发展是不利的。

二十三 こぞって/挙(あ)げて

相近词义 全,都,举

区别和例句

❶ こぞって 表示有关人员全体、一个不落的意思。例如:
- 一家こぞって教育事業に携わっている。/全家从事教育事业。
- 町の人はこぞってお祭りに参加した。/小镇的人全部参加了节日庆典。
- 家族こぞって二人の結婚に反対する。/所有家人都反对两人结婚。

❷ 挙げて 表示所有的物力朝着同一目标集结的意思,用于很多事物全包含在里面的情况。例如:
- こんなに成功を収めたのは挙げてご指導のおかげです。/能取得这样的成功全靠您的指导。
- 全力を挙げてたたかい、侵入してくる敵を殲滅せよ。/举全力战斗,歼灭入侵的敌人!
- 会社を挙げて技術の革新に取り組んでいる。/整个公司都致力于技术的革新。

二十四 この間(あいだ)/この前(まえ)/今度(こんど)

相近词义 前次,最近

区别和例句

❶ この間 表示刚过去的某一天,有前不久的意思,时间概念模糊。口语中也说成"こないだ"。例如:
- 吉岡さんはこの間ヨーロッパを回ってきました。/吉冈前不久去欧洲

逛了一圈。
- 10年前のことだが、ついこの間のことのように思われる。/虽然是10年前的事了，但觉得就好像发生在前不久。
- 大学時代のクラスメートとはこの間までずっと連絡が取れなかった。/在这之前一直没能和大学时代的同学取得联系。

❷ **この前** 指前一次，用在定期发生的事情上，一般用于一次性事情。也可以表示在此以前的日子。"この間""この間じゅう"表示期间，此时不能用"この前"替换，如"この間に片付けてしまおう"。"この間からずっと体の具合が悪い"表示过去的持续动作或状况，可以换成"この前"。例如：
- この前学校のホームページでその案内を見たっけ。/说是前不久在学校主页上看到那个通知了。
- 斉藤さんはこの前海外クラス会に出たときは元気だった。/前不久齐藤参加海外班级聚会时还很精神。
- この前は試験に落ちたが今度は大丈夫だ。/上次考试失败了，这次没问题。

❸ **今度** 指刚刚过去的时间、上一次，或者几次中最接近现在的一次，即"这一次"，还可以指不久的将来，即"下一次"。"あの人とこの間の会議で会ったことがある"，表示偶尔召开的会议，如果换成"この前"，就是定期召开的会议，如果换成"今度"，指最近一次例会。例如：
- 今度のクラス会でどうやって体力づくりをするかを話し合うことになった。/这次的班会就如何增强体力进行了讨论。
- 今度からもっとうまく発表するんですよ。/下次会发表得更好哟。
- 今度神戸で展覧会を開くことになりました。/下次展览会定在神户举行。

二十五　最近／この頃／近頃

📜 **相近词义**　　最近，近来

📖 **区别和例句**

❶ **最近**　　表示离现在相当近的过去或不久前直至现在的一段时间，如"つい最近""ごく最近"。也可用于过去某一时间段内发生的事件。书面语。例如：
- それは最近になって売り上げが急伸したカメラだ。/那是最近销量激增的照相机。
- 最近大学をでて就職せずにのらりくらりと過ごす人も出た。/最近出

现了大学毕业后不工作、游手好闲的人。
- 最近十年間海外へ進出する企業は増える一方だ。/最近十年到海外发展的企业不断增加。

❷ **この頃**　表示不久前到现在的模糊的时间段,常用于根据经验预测未来发展趋势、情形等场合,后面接否定意义的谓语,表示一次性的动作。还用于对个别人叙述身边发生的事情的场合,属于主观性很强的词。多以"天"为单位。例如:
- この頃は議員の選挙について報道しつつある。/最近一直在报道议员选举。
- 道路工事のため、この頃はよく渋滞する。/因为道路施工,这段时间经常拥堵。
- この頃この商品は全然若い女性に人気がないね。/这个商品最近在年轻女性中完全不受欢迎呢。

❸ **近頃**　指离现在近的时间段。偶尔也用于表示一次性动作的句子。可以用于以很多人为对象客观叙述一般状况的场合。时间跨度比"この頃"大,比"最近"小,可以是数天,也可以是数月或数年。"近頃火事が多いから注意するように",这是对他人讲述一般状况。如果换成"この頃",则表示以最近发生过的事情为话题。"最近"可用于修饰某一特定动作,"この頃"则不能,"近頃"很少使用。"最近"所表示的时间跨度最大,多以年为单位,如"最近10年"。使用"この頃""近頃"的句子一般可以用"最近"替换,反之则不行。例如:
- ちかごろうちの会社の若者はよく頑張っているね。/最近我们公司的年轻人都很努力呢。
- 林さんは近頃よく流行しているゲームをやって、全然働かない。/小林最近经常玩流行的游戏,完全不工作。
- 近頃の会社員は残業を断るものが多い。/最近有很多职员拒绝加班。

二十六　さぞ/さぞかし/さぞや/定(さだ)めし/定(さだ)めて/恐(おそ)らく/多分(たぶん)

📝 **相近词义**　想必,谅必

📚 **区别和例句**

❶ **さぞ**　后接表示推测的词句,用于对他人的境遇、心情等表示感同身受,也可用于与对方无关的事物。

　　さぞかし　是"さぞ"的强调说法,用于表示推测。

　　さぞや　是"さぞ"加上感叹语气的说法,表示从状况来看毫无疑问达到

某种结果。比"さぞかし"说法陈旧,含有恭敬的意味。例如:
- お昼には何も食べていないで、さぞおなかがすいたでしょう。/中午什么都没吃,想必肚子饿了吧。
- 若いころは大変苦労したが、今頃さぞ楽しく暮らしていることだろう。/年轻的时候很辛苦,现在想必过得很快乐吧。
- そちらには知人もいなくて、さぞかしお寂しいことでしょう。/在那边没有熟人,想必很寂寞吧。
- 子供さんが就職してさぞや、生活は楽になったことだろう。/孩子们工作了,想必生活轻松了许多吧。
- そちらは今頃雪が降り、さぞお寒いことでしょう。/您那边现在正在下雪,想必很冷吧。

❷ **定めし** 表示从过去的状况来推论,只能用于未来、假想的推量,而"さぞ"可用在对过去、现在、未来的推测上。确定语气较强。

定めて 与"定めし"意思相同,老人用语,说法陈旧。例如:
- 春には定めし桜の花がいっぱいで美しいことだろう。/春天樱花盛放,想必很美。
- 土曜日にも休めないで定めしお疲れのことでしょう。/周六也不休息,想必很累吧。
- 長年病気になった妻を抱えて、定めし苦労なことだろう。/有位常年患病的太太,想必很辛苦吧。
- せっかくのチャンスで定めて見学したいところが多かろう。/因为是难得的机会,想必想参观的地方有很多吧。

❸ **恐らく** 基于主观判断,表达疑惑、担心、犹豫的心情。例如:
- そんな安いものは恐らくお気に入りますまい。/那么便宜的东西恐怕您不会喜欢吧。
- 今までまだ始まらないで、恐らく今日は遅いと思いますが。/到现在还没有开始,恐怕今天会晚了。
- 電気製品の値上がりは恐らく当分続くだろう。/电器产品的价格上涨恐怕还会持续一段时间吧。

❹ **多分** 表示推断实现的可能性较大,比"恐らく"语气柔和。例如:
- 会議に出た人は彼の言うことには多分反対するだろう。/出席会议的人可能会反对他说的话吧。
- 明日も多分忙しい一日でしょう。/明天可能也是忙碌的一天。
- 休日には多分観光客が多いだろう。/休息日可能会有很多游客吧。

二十七　早速(さっそく)/直(す)ぐ/直(す)ぐに/すぐさま/直(じき)/直(じき)に/直(ただ)ちに

相近词义　立刻，马上

区别和例句

❶ **早速**　表示对自己希望发生的事情迅速采取行动。例如：
- 入試問題集なので、早速買ってやってみた。/因为是入学考试习题集，所以很快就去买来做了。
- ご注文ありがとうございました。早速お宅までお届けいたします。/感谢订购，我们会尽快送达贵府。
- 早速ですが、次の議題にうつしましょう。/免去客套，进入下一个议题吧。

❷ **直ぐ**　表示说话者的判断或希望与话题时间相隔不远。还可用于表示距离近。

　直ぐに　比"直ぐ"所表示的时间间隔更短，语义更强，但不能表示距离近。

　すぐさま　比"直ぐに"语气郑重。例如：
- 開催の時間が決まったら直ぐ知らせてください。/举办时间定下来的话，请立马通知我。
- 電話をもらって直ぐ事故の現場に駆けつけた。/接到电话后，立刻赶往了事故现场。
- 今度の目的地は直ぐそこです。/这次的目的地就在那里。
- けが人が出たから、直ぐに救急車を呼んできてください。/因为有人受伤，请立刻呼叫救护车。
- 先生が教室を出ると生徒たちは直ぐに騒ぎ始めた。/老师一出教室，学生们立马开始哄闹起来。
- どしゃぶりになったのは稲妻を見てからすぐさまのことだった。/暴雨是紧接着闪电降下来的。
- それらの内容をすぐさまお覚えできかねます。/那些内容要立马记住很难。

❸ **直**　指说话者的判断或推测离话题时间或距离不远。也可表示距离的近，几乎没有空间间隔。当"直ぐ"表示请求、愿望、命令、劝诱、禁止等意义时，不能换成"直"。"直"比"直ぐ"语气稍显生硬。

　直に　比"直"所表示的时间间隔更短，语气更强，比"直ぐに"所表示的时间间隔稍长。但不能表示距离近。例如：

⊙ 安いものは必ずしも直壊れるとは限らない。/便宜的东西不一定容易坏。

⊙ 映画館はうちの直隣です。/电影院就在我家旁边。

⊙ 年のせいか直にものを忘れる。/大概是上了年纪吧，很容易忘东西。

⊙ 直に勘定するから待っていてください。/立马就结账，请稍等。

❹ **直ちに** 主要表示在紧急状态下迅速采取行动，也可用于描述条件反射状态。另有直接、亲自的意思。属于书面语。例如：

⊙ その点から直ちに考えが間違ったというには根拠が不十分だ。/要从那一点来直接推断其错误，证据还不充足。

⊙ クラスメートがそろったら直ちに出発しよう。/同学们聚齐了就马上出发吧。

⊙ 美術館の後ろから直ちに森が広がる。/美术馆后面紧连着一片森林。

二十八 様々（さまざま）/色々（いろいろ）/種々（しゅじゅ）/取り取り（とりどり）/区々（まちまち）

相近词义 种种，各种各样

区别和例句

❶ **様々** 指事物呈现的样子和状态各不相同，或指事物本身种类多。作连用修饰语时，一般用"様々"或"様々に"的形式。作连体修饰语时，"様々な"和"様々の"都可用，但"様々な"更常用。另外，还常直接接在名词后，如"人様々"。例如：

⊙ 人間は様々な危険と困難をのりこえて成長するのだ。/人是通过克服种种危险和困难进而成长的。

⊙ 若いうちに様々に人生を楽しんでください。/年轻时请享受多彩的人生。

⊙ 人によって同じ言葉であっても様々に理解される。/即使同样的话，不同的人也会有不同的理解。

❷ **色々** 指同类事物的数量、种类多，具有多样性。作连用修饰语时，一般用"色々"或"色々と"的形式。作连体修饰语时，"色々な"和"色々の"都可用，但"色々な"用得更多。可以写作"色色"。"人生色々"指具体的、个别的人生种类繁多；而"人生様々"，指整体意义上的人生的种类多。表示忧心、苦闷等复杂心理状态时，不能与"様々"替换，如"色々（と）ありがとうございました"。

種々 和"色々"意思相同，具体事物、抽象事物都能用，多作书面语。可以写作"種種"。例如：

- 休むどころか、掃除をしたり色々やる事が有る。/哪里能休息呢，有打扫卫生等各种各样要做的事。
- 色々手を尽くしたが、治らなかった。/想尽各种办法，还是治不好。
- ワインといっても色々な種類がある。/虽说都是葡萄酒，但有很多的种类。
- その事件の原因については種々疑問がわいた。/就那个事件的原因产生了各种各样的疑问。
- 種々の雑事に追われて旅行するどころではない。/现在被各种杂事缠身，并不是旅游的时候。

❸ **取り取り** 指不同性质的事物的多样性，或者指个性、特征等各不相同，多用于肯定评价的事物。还可以表示(意见等)分歧。例如：
- 春になると、取り取りの花が満開している。/到了春天，各种各样的鲜花都盛开了。
- 社長の辞任について世評は取り取りだ。/对于社长的辞职一事(的原因)，大家议论纷纷。
- ホールは色取り取りの服装をした少女たちでいっぱいだ。/大厅里挤满了穿着各式服装的少女。

❹ **区々** 表示该统一的没统一，造成数量、种类繁多的结果。多用于否定评价的事物。可以写作"区区"。例如：
- 運動会なので生徒たちは区々な服装をしている。/因为是运动会，所以学生们都穿着各种各样的服装。
- みんなの意見が区々で、なかなか決まらない。/大家的意见都很分散，怎么都定不下来。
- 会議の後、みんな区々に飲みに行った。/会议后，大家三三两两地去喝酒。

二十九 更に/もっと/一層/一段(と)/より/一際

相近词义 更加，更进一步

区别和例句

❶ **更に** 指(事态)由一个阶段发展到另一个阶段，或者指时间的延长，新事项的补充。不能用于方位名词。例如：
- 何日も過ぎて、事態はさらに複雑になった。/过了好几天，事态变得越发复杂了。

- さらに四名追加したら、人数が多すぎるだろう。/再追加四人的话，人数就太多了吧。
- 帰国してから、その分野でさらに活躍することを期待する。/期待你回国之后，在那个领域有更大的发展。

❷ **もっと** 表示同一性质事物程度的加深、量的增加。"遠いから、もっと大きな声で話してください"，指程度的加深或量的增加，不指发展到另一个程度，不能换成"更に"。"もっと"还可用于方位名词前，如"もっと右に寄ってください"，此时不能换成"更に"。在"もっと真面目に勉強しなさい"中，"もっと"修饰副词"真面目に"，"更に"修饰整个句子。"更に"可用于否定句，如"更に気がつかなかった"，"もっと"不能用于否定句。例如：
- 暇があればもっとやりたいことがあるんだが。/如果有空，我还有更想做的事情。
- 荷物が重いから、もっと丈夫なのがほしい。/行李很重，我想要更结实点的。
- もっと頑張ったら、合格できるだろうと思う。/我想，再努力一点的话，是能够及格的吧。

❸ **一層** 指在其他条件、状况变化的情况下，程度大大提高。在"不景気で経営が一層苦しくなった"中，指不景气状况下程度大大加深。可换成"更に"，指到了另一个阶段，离倒闭更近了。"もっと"指赤字的增加，与"不景気"没有必然关联，因此，不能与"一層"换用。

一段と 是"一層"加强语气的说法，指比其他事物或以前的状态程度高得多。语气比"一層"强，变化程度比"一層"更高。书面用语。例如：
- 髪が黒いので一層美人に見える。/因为头发是黑色，看上去更美了。
- 社会に進出して、一層の努力を望む。/进入社会，希望你能更加努力。
- そう言われて、会うのが一層いやになった。/听他那么说，更讨厌见面了。
- 各階級の矛盾は一段と激化して、内戦が起こりかねない。/各阶级的矛盾进一步激化，很可能发生内战。
- お世辞ではないが、きょうは一段と美しい。/不是奉承话，（您）今天特别美。

❹ **より** 置于形容词、形容动词、一部分副词前面，表示事物程度的提高，属于书面语。例如：
- よりよい社会を目指して努力している。/为了建设更美好的社会而努力。
- 被災地で郷土を再建し、より新しくてすばらしい絵を描く。/在受灾地区重建家乡，描绘更新更美好的蓝图。

⊙ 今後もよりいっそう努力したいと思います。/我想今后加倍努力。

❺ **一際**　在同一水平、空间中突出，有超群的意思。例如：

⊙ これまでも教育報道には一際力を入れてきました。/迄今为止一直致力于教育报道。

⊙ 公園のチューリップが一際美しく咲いている。/公园里的郁金香开得格外美丽。

⊙ 秋に入って紅葉が一際美しくなった。/入秋后，红叶变得格外美丽。

三十　直に / 直接 / 直直に
じか　ちょくせつ　じきじき

相近词义　直接

区别和例句

❶ **直に**　用于具体对象间不夹杂人或物体、直接接触的场合。例如：

⊙ なべを直にとろうとしてやけどをした。/想要用手直接端起锅，结果被烫伤了。

⊙ 靴下を履かず直に靴を履く。/不穿袜子，直接穿鞋。

⊙ 大事なものだから直に手渡したほうが安心だ。/因为是很重要的东西，所以还是亲手交给他比较放心。

❷ **直接**　是"間接"的反义词，用于中间不间隔物体、人或某种状况的场合，或用于没有物体或空间的间隔、直接触及对象的场合，"直接"在用于这种用法时可与"直に"互换。但是，"直接"可作サ变动词，而"直に"不能。如"この建物は崖と直接している"。在"直接向こうと連絡する"中，含有不通过其他人或其他方式直接联系的意思。可以与"直に"换用，但有说话者在比较其他某种方法后特意采用某种方法的含义。例如：

⊙ これは子供の教育と直接関係がある。/这和孩子的教育有直接的关系。

⊙ 村山さんは直接入国管理局へ行って書類を出そうとする。/村山想要直接去入境管理局交文件。

⊙ この魚は直接火にかけて焼いたほうが美味しい。/这种鱼直接放在火上烤比较好吃。

❸ **直直に**　用于本人具体做某事的场合。一般表示恭维，指亲自做某事的意思。常用于尊敬或自谦的表达中。也可写作"直々に"。例如：

⊙ ご本人が直々にお会い下さるそうです。/听说是本人亲自接见的。

⊙ もう打合せる必要がなく、直直に裁判所へ訴えたほうがいい。/没有必要商量，还是直接去法院申诉吧。

⊙ 社長から直直計画を修正してくれる。/社长亲自修改了计划。

三十一　次第に/段々/どんどん/益々/いよいよ

📖 相近词义　逐渐,慢慢

📚 区别和例句

❶ **次第に**　表示由开始的不明显、速度慢,到后来发生加速变化而醒目的状态。例如:
- ⊙ 木下さんは走っているうちに次第に元気が抜けた。/木下跑着跑着,渐渐没有力气了。
- ⊙ 風船は次第に飛んでいって見えなくなった。/气球渐渐飞高,直到看不见了。
- ⊙ 消費都市を次第に生産都市に変えていった。/逐步把生产型城市转变成消费型城市。

❷ **段々**　表示稳步、慢慢发展的状态。例如:
- ⊙ 日本の生活にも段々なれるだろう。/慢慢适应日本的生活了吧。
- ⊙ 寒い冬が過ぎて、段々のどかな春になってきた。/寒冷的冬天过去了,晴朗舒适的春天渐渐走来。
- ⊙ 成長すれば段々親の苦労がわかるだろう。/长大了会渐渐明白父母的辛苦吧。

❸ **どんどん**　表示状态或动作迅速变化、加速推进的状态。例如:
- ⊙ 松下さんのかわりになってどんどん働いている。/代替松下拼命地工作。
- ⊙ みんな手伝ってくれたので、準備がどんどん整った。/因为大家都来帮忙,准备工作很快就做好了。
- ⊙ 経済がよくなって、欲しいものがどんどん買える。/经济能力变好了,想要的东西都能买。

❹ **益々**　表示程度比以前更进一步、向下一阶段推进的状态。例如:
- ⊙ 中国でも都市へ出稼ぎに行く農村の人は益々増える一方だ。/即使在中国,去城里赚钱的农村人也在不断增加。
- ⊙ 午後になって、予測に反し、雪は益々大きくなってきた。/到了下午,跟预测的不同,雪越下越大了。
- ⊙ 貴下益々ご清祥のこととお喜び申し上げます。/谨祝贵体日益康健。

❺ **いよいよ**　表示时间、程度向着极限推移的状态,还表示事物进一步发展的状态,也表示很长时间后某事即将实现,或表示最后时刻、紧要关头。例如:

- 今度の会談により両国の友好関係はいよいよ深まる。/通过这次会谈，两国进一步加深了友好关系。
- いよいよ待ちに待った卒業式が開催される。/大家盼望很久的毕业典礼终于要举行了。
- いよいよ留学しなければならないという気持ちになった。/最终想到了必须去留学。

三十二　実に/まことに/げに/本当に/正に

📖 **相近词义**　的确，实在

📚 **区别和例句**

❶ **実に**　用于修饰自己认为毫无疑义的事实，用感慨语气强调特殊情况或特别性质。后面多接续表达感觉、感情、判断等主观性强的语句。例如：
- いいチャンスを見逃すのは自分にとって実に残念である。/错过一次好机会，对我来说真是很遗憾。
- その発明が世に知られるまで、実に何百年に近い年月を要した。/那项发明竟然花了近百年的岁月才被世人所知。
- 子供にまで笑われるなんて実に恥ずかしいものだ。/甚至被孩子取笑，实在是很丢脸。

❷ **まことに**　强调状况确切，多用于表达感谢、道歉、遗憾、同意等场合，可写成"誠に""真に"。例如：
- 言うことはまことに簡単だが、操作してみたらどう。/说起来的确不难，去操作看看怎样？
- そんなに血だらけでまことにお気の毒です。/满身是血，真是可怜。
- 本日ご出席いただいてまことにありがとうございます。/今天承蒙出席，甚为感激。

❸ **げに**　用于摆出确切证据，用自己的实际体验说服对方的场合，可用于预告或评价与真实情况一致或同意他人的意见、态度的场合，是"実に"的文雅说法。例如：
- 火遊びをするんじゃないよ。げにこの前火事になったことがあるから。/不能玩火哟，因为之前确实发生过火灾。
- げに贅沢品をどんどん買う若者が見られる。/确实能看到接连不断买奢侈品的年轻人。
- うそじゃないよ。げにこの目で見たんだもの。/不是撒谎哟，确实是亲

眼所见。

❹ **本当に**　强调正如所说的一样真实，带有"没错"的主观语感。例如：
- あの人の態度に本当に怒っている。/那个人的态度真让人生气。
- 一緒に旅行して本当によかった。/能一起旅行真好。
- 夜になって、本当に冷えてきたね。/到了晚上天气真的变冷了呢。

❺ **正に**　用于确认事实的场合，后面多接续表示客观事实的语句。另外，还有即将、应当、当今、正当等意思。例如：
- 彼が来たら、まさに鬼に金棒と言えるであろう。/他来了，真的可以说得上是如虎添翼吧。
- 君こそまさにわたしの信頼している人だ。/只有你才是我信赖的人。
- 金十万円、まさにお受け取りいたしました。/兹收到金额10万日元。

三十三　しばしば/度々（たびたび）/よく/時々（ときどき）

📖 **相近词义**　屡次，常常

📚 **区别和例句**

❶ **しばしば**　表示具有习惯性、倾向性的状况频繁发生，比"よく"时间间隔小。可以写作"屡"。例如：
- 留学生が次々とスピーチをして、しばしば盛んな拍手がわき起こった。/留学生接连进行演讲，屡屡响起了热烈的掌声。
- 生活に余裕ができて国内だけでなく、海外旅行もしばしばだった。/生活上富足了，不仅在国内，也经常去国外旅行。
- 松岡さんにしばしば忠告したがきかない。/经常给予松岗忠告，可是他不听。

❷ **度々**　也是表示动作的次数多，比"時々"表示的动作的次数更多，日常用语。例如：
- 役人が賄賂を受けることは、これまでも度々問題となった。/迄今为止，公务员收受贿赂屡屡成为问题。
- あの人はからだが弱いので度々学校を休みます。/那个人身体不好，经常请假不去上学。
- 自治体のヤミ給与は、これまでも度々一問題となった。/自治体的灰色收入，也是迄今为止的一大问题。

❸ **よく**　表示次数多，也可以表示对行为状态的评价，有好好地、充分地（做某事）竟能、居然（怎么样）等意思。用于表示某一动作易于形成习惯的状态，如

"昔はよくこの川で泳いだものです"。例如：

⊙ そんなことがよくあるので珍しくはない。/那种事常有,并不稀奇。

⊙ 年のせいか、最近よく忘れ物をする。/大概是上了年纪吧,最近经常忘记东西。

⊙ あの子はよく野球を見物に行く。/那孩子经常去看棒球。

❹ **時々** 表示有一定的次数,不算多也不算少。用于修饰不形成习惯的动作。还有"有时"的意思。"よく"可以表示将发生的、易于形成习惯或易于达到的状态,如"これからはよく会えるだろう"。但是,"これから時々映画などにお誘いしましょう",表示将来发生的动作时可用"時々",不能用"よく"。"時々・よく・度々・しばしば"所表示的频率依次递增。例如：

⊙ 暇があったら、時々家族を連れて、ボーリングだの芝居だのに行った。/空闲时,有时会带上家人去打打保龄球或是看看戏剧什么的。

⊙ 山本さんが農村の中学校に時々寄付すると聞いたときは感動した。/听到山本有时会捐赠物品给农村的中学时很感动。

⊙ 時々というほどではないが、まれには会う。/不经常但偶尔见面。

 少し/少々/いささか/ちょっと/ちょいと/ちょっぴり/僅か/やや

相近词义 稍微,少许

区别和例句

❶ **少し** 表示某范围、状态中的数量不大,程度不高。后可接时间或地点名词,表示时间、方位稍有出入。"少し＋名詞"表示在条件、范围中程度较低、数量相对少。

少々 是"少し"的郑重说法。还有平常的意思。

いささか 表示数量不大,质量不好,是"少し"的书面语。例如：

⊙ 斉藤さんはなんでも少しは私の肩を持つ。/齐藤无论什么事情都有点偏袒我。

⊙ 少し前へ進むと、森が見える。/再往前走一点,就看到森林了。

⊙ 一人暮らしは自由だが、少々さびしい。/一个人的生活是自由的,但也有少许寂寞。

⊙ 少々の犠牲はやむを得ない。/少量的牺牲也是迫不得已的。

⊙ いささかのことで仲間はずれにされている。/因为一点小事被排挤了。

⊙ これは高いものと比べてもいささかもひけをとらない。/和(那个)贵

的比起来，这个也丝毫不逊色。

❷ **ちょっと** 是"少し"的口语说法。另外还有暂且、相当的意思。后接否定式，表示"不太……"等意思，也可用于招呼人。

ちょいと 是"ちょっと"的俗语，女性招呼人时的间投词。

ちょっぴり 所表示的数量、程度比"ちょっと""ちょいと"更少或更低，属于口语。例如：

- このほうれん草は茹でたらちょっと醬油をかけてください。/把这个菠菜煮了以后稍微放点酱油。
- ちょっと見たところでは本物らしかった。/乍一看像真的似的。
- けさがたほんのちょっぴり霧が立った。/今天早上起了一点薄雾。
- こんなちょっぴりでは何にも使えない。/这么一点点，什么也做不了。
- 放課後ちょいと本屋へ覗いてきます。/放学后去书店逛了一下。
- あの子はちょいとしたことで泣き出した。/那孩子因为一点小事哭起来了。

❸ **僅か** 表示数量、程度绝对少或低。可直接接在数量词前，表示数量极少。用"僅かな＋名詞"表示程度、数量绝对低或少，还可用于强调比一般认为的规模或年龄小。属于书面语。"少しお待ちください"等会话语中不能用"僅か"替换"少し"。用"僅か＋数詞"的形式表示数量比标准和常识少的场合，"僅か"不能与"少し"替换，如"僅か1年だ""僅か10分間もない"。"もう少し"表示在原有基础上数量、程度稍有添加。"少し＋方向名詞"表示时间、地点的相对差异时，"少し"不能换成"僅か"，如"もう少し右へ行ってください""少し前に手紙を出しました"。另外，在表示与其他事物相比较的场合或者没有实现可能的场合，"少し"不能换成"僅か"，如"もう少しきれいに書いてください""少しも教えてくれない"。例如：

- すぐ試験だから、たとえ僅かの時間でも無駄にしてはいけない。/马上要考试了，哪怕一点点时间也不能浪费。
- 母は僅かのお土産で喜んでいる。/妈妈因为一点点礼品而高兴。
- 吉岡さんはお腹を壊したといって、ご飯を僅かに食べた。/吉冈说是肚子不舒服，只吃了一点饭。

❹ **やや** 表示相比之下程度有点低，还表示有点进展、渐渐的意思，也可指"不大一会儿工夫"。多用于较郑重的场合。例如：

- 雨が降って、今日は気温がやや下がったようです。/下了雨，今天气温好像稍微降了点。
- その本棚をやや右よりに置いてください。/请把那个书架稍微往右边放一点。

- おじさんはややうつむきかげんに歩いている。/叔叔把头略微低着走路。

三十五　せっかく/わざわざ/態(わざ)と/故意(こい)に/殊更(ことさら)

相近词义　特意,好不容易

区别和例句

❶ **せっかく**　可用于两类句子:一是表示期待的事态没实现,带有遗憾、同情等语气时,常用"せっかく～のに(けれども・が・ながら・ものの)～"的句型。二是当希望期待的事态实现时,可用"せっかく～(だ)から～",或"せっかくですが(から)"的形式。另外,"せっかく"还可以用于人类行动以外的事物上,常用"せっかく(の)＋名词"的形式,如"せっかくの休日""せっかくの天気"等。例如:

- せっかく会いに行ったのに、彼は東京へ出張した。/特意去见他,他却去东京出差了。
- いつまでも食べないものだから、せっかくの刺身が生くさくなってしまった。/因为是我从来不吃的食物,所以难得的生鱼片也觉得腥臭。
- せっかくここまで来たんだから、お茶でも飲みながら話そう。/好不容易才来到这里,喝点茶聊聊吧。
- せっかくですが甘いものはだめなのです。/虽然很难得,但我不吃甜食。

❷ **わざわざ**　指说话人认为某行为是非一般的,相当费神费力的行动。用于说话者自身的行为时,表示有目的、麻烦(对方)、困扰、心理负担等,如"雨なのに、わざわざ空港まで迎えに来たんだぞ",这说法有时会引起误解或不快。用于他人行为时,有"辛苦""不可思议""麻烦"等意味,常用于表示感谢。用于已完成的行为时,带有白费劲、没必要的语气,如"こんな簡単な試験だと分かっていたら、わざわざ徹夜までして勉強しなかったのに"。不能用于人类行动以外的事物上,也不能用在"眠る・生まれる"之类人的意志不能控制的行动,以及没进行的、轻而易举的行动上。"わざわざの＋动作动词的连用形"的形式通常在表示感谢时使用,如"わざわざのお越し、恐縮です"。除此以外,没有"わざわざの"的用法。换成"せっか"就是道歉的语气,如"せっかくのお越しをむだに致しまして"。另外,也没有后接"だ・です"的用法。例如:

- ご遠方の所をわざわざおいでくださって有難うございます。/您特意从那么远的地方前来,真是太感谢了。

⊙ あの家の前は大きな犬がいるから、わざわざ遠回りして帰る。/那家门前有大狗,因此特意绕路回家。

⊙ こんな雪の中を、時計を取りにわざわざ家に戻るにも及ぶまい。/不必冒着这么大的雪特意返回家里拿表。

❸ 態と　为了达到某种目的或效果采取通常难以预料的行动,其行动往往带有隐藏的目的或恶意。可以用于没进行的、轻而易举的行动上,如"態と見せなかった""態と座っていた",相当于中文的故意、特意。用于他人行为时,除表示感谢的情况外,其他都能与"わざわざ"替换,但"態と"多含有故意、装作、恶意的语义,而"わざわざ"多表示感激。例如：

⊙ 松本さんは態とさりげなくそばを通った。/松本故意若无其事地从旁边经过。

⊙ 態と困らせたわけでないから許してください。/不是故意为难你,请原谅。

⊙ あの選手は態と負けてやったのだろう。/那个选手是故意输的吧。

❹ 故意に　明知不会有好结果而采取行动。主要用于违法、违纪的行为。是"態と"的汉语词汇。例如：

⊙ 腹が立って故意に部屋を片づけない。/很生气,故意不收拾房间。

⊙ 先生に叱られて正雄君は故意に教室に入らない。/被老师骂了,正雄故意不进教室。

⊙ 注意されてもあの人は故意に芝生に入った。/虽然有人提醒,但那个人还是故意进入了草坪。

❺ 殊更　指由于某种条件、目的、原因,或者特别强调,而有意采取的言行,此外还有"特别"的意思。表示"麻烦""没必要"等语义时,可与"わざわざ"换用。表示"恶意""故作"等语义时,可与"態と"换用。例如：

⊙ みんなの前で殊更乱暴に振舞って見せる。/在大家面前故意做出粗暴的行为。

⊙ スミスさんはいつも新入社員に殊更意地悪くする。/史密斯总是故意刁难新职员。

⊙ 悲しみを描き出すため、殊更灰色を強調する。/为了描绘出悲伤的意境,格外突出灰色。

三十六　絶対に/断じて/決して

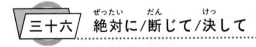　相近词义　绝对,一定

区别和例句

❶ **絶対に** 既可以用于肯定句，也可以用于否定句。用于否定句时，表示无条件地、百分之百地否定；用于肯定句时，表示说话人的强烈意志、决心。例如：
- 絶対に課長に報告しないから、安心してやり直してください。/绝对不会报告科长的，所以请放心重做吧。
- 子供の悪癖は絶対に大目に見てはならない。/孩子的坏习惯绝对不能姑息。
- 数学はだめだが、物理は絶対に自信がある。/数学虽然不好，物理却绝对有自信。

❷ **断じて** 后接否定表达时表示全面禁止或否定，是"絶対に"加强语气的说法；用于肯定句时，表示确定、断言。"断じて秘密を厳守させます"，此句中的"断じて"有绝对禁止的语气，在对部下下命令时常用。如果改成"絶対に秘密を厳守いたします"时，则表示说话人的决心。例如：
- みんなの前でそんなに悪口を言われて、断じて許さない。/在大家面前那么中伤我，我绝对不会原谅他。
- 引き受けた以上、断じて最後までやりぬく。/既然接受了，就一定做到最后。
- 田山さんは断じて友達を裏切ることはない。/田山一定不会背叛朋友。

❸ **決して** 句末常接续"ない・まい・ものか・な・つもりはない・わけがない・はずがない"等否定表达，表示强烈的否定意志、否定推测等，带有"たとえ～としても"的让步语气。如"これからはもう決してうそをつきませんから、許してください"，此句带有"即使你不相信我，我也绝不……""即使有人教唆，我也绝不……"等语气。如果换成"絶対に"，则带有"无论发生何事都绝不……"的否定语气。例如：
- あんな嘘をつくばかりの人と絶縁するのは決して悪いことではない。/和那种只会撒谎的人绝交绝对不是件坏事。
- あの人は給料が高いし、お金を借りたまま返さないなんてことは決してありえない。/那个人工资高，所以借钱不还什么的绝对不可能。
- もう二日続いたが、決して明日は授業に遅れるまい。/已经连续两天了，明天上课绝对不会迟到了。

三十七 ぜひ/ぜひとも/きっと/必ずや/必ず/決まって

相近词义 一定，必定

区别和例句

❶ ぜひ 表示对自己或他人的行为、状态的愿望，不能用于表示无意志行为的场合。常用在表示愿望的"～てください""～てほしい""～てもらいたい""～たい""～しよう"等句型中。

ぜひとも 是"ぜひ"的强调说法。例如：

- 京都へいらっしゃるおりはぜひお立ち寄りください。/来京都的时候请一定来寒舍坐坐。
- このことについてぜひ皆さんの意見を聞かせてもらいたい。/关于这件事我想听听大家的意见。
- 有名な大学にぜひ受かってもらいたいと思っています。頑張ってください。/请一定要考上有名的大学，加油！

❷ きっと 表达说话人有自信的推断，是接近断定的推测。还可以用于说话人自己的决心。常用于"～にちがいない""～はずだ""～だろう""～する"等句中。

必ずや 由"必ず"加上表示疑问、感叹的古语助动词"や"构成，与表示推测的"きっと"意思几乎相同，属古语表达用法。例如：

- カメラを壊して兄はきっと怒るに違いない。/弄坏了照相机，哥哥一定很生气。
- カリナさん今頃はきっと中国の生活に慣れたはずだ。/嘉丽娜现在一定已经习惯了中国的生活。
- 姉がスーパーへ行けばきっと色々買って帰る。/姐姐去超市就一定会买很多东西回来。
- あのこは優秀で近い将来に必ずや出世できるであろう。/那孩子很优秀，不久的将来一定能够出人头地。
- 努力すれば、必ずや夢を叶わせるに違いない。/如果努力，就一定能够实现梦想。

❸ 必ず 在一定条件下会产生必然结果，如自然法则、理论、社会观念、常识、本能、条件反射、习惯、习性等，即使有例外，说话者也不必负责。同时，还可以用于说话人表示肯定的断定。例如：

- 今頃朝になれば必ず草木の葉に露がある。/这段时间，一到早上，草木的叶子上一定会有露水。
- その子は家に帰ると必ずゲームをやる。/那个孩子一回家必玩游戏。
- われわれは必ず目標を目指して頑張る。/我们一定要向着目标努力。

❹ 決まって 表示百分之百将出现某种状况。常常用于毫无因果联系的状况反复发生的场合，伴有不理解、不愉快的语气。例如：

- 食事をしようとすると決まってお酒を出す。/一说吃饭一定会拿出酒。
- 佐藤さんは講義を聴くと決まっていねむりをする。/佐藤一听课就必然会打盹。
- 吉田さんは何か頼まれたら決まって断る。/无论别人拜托什么,吉田都一定会拒绝。

三十八 せめて/少なくとも/少なくも

相近词义 至少,最低

区别和例句

❶ **せめて** 表示虽然不满足但希望最低限度达到如此的愿望,最初就含有期待,因此,常与"～ならいいのに""～てください""～てほしい"等表示愿望的形式呼应使用。例如:
- 毎週せめて一回は水をかけてください。/每周至少浇一次水。
- 来週せめて一日だけは空けてくれてほしい。/希望你下周至少给我空一天。
- そんなに近いのならせめて年に何回か会えばいいのに。/要是那么近,至少一年能见好几次,可是……

❷ **少なくとも** 表示最低限度的值或最低限度必须做的事。
  少なくも 与"少なくとも"同义。例如:
- そんなことをして、犯罪でないにしても少なくとも交通違反だ。/做那种事,即使不是犯罪,至少也是违反交通规则的。
- それほど強くなっていないが、今度の試合は少なくとも三組に勝つはずだ。/虽然没有那么强,这次比赛至少应该能战胜三班。
- そんなに悪いことをしたら少なくも十年寿命が縮むよ。/做那种坏事,至少会减寿十年哟。

三十九 全部/皆/すべて/すっかり/悉く

相近词义 全部,一切

区别和例句

❶ **全部** 指所有同类事物,没有剩余。与"すべて"一样,指事物的所有部分,而在表示作为一个整体的这一点上又与"皆"相同。后面常常接续"が・の・に・を・と・から・で"等连接所表示的事物。表示人时,用"全部の人"的形

式。例如：
- 本年度の決算の問題は全部解決ずみだ。/本年度的决算问题已经全部解决了。
- 事件の原因が全部そうとはかぎらない。/事件的原因未必全是那样。
- あの人がいやだが、全部が悪いわけではない。/那个人很讨厌，但也不完全是个坏人。

❷ **皆（みんな）** 既可以作副词也可以作代名词，指没有一点剩余，用于一个整体。多用于表示人，可以译作大家、全体。"皆で相談する"，表示动作状态时指人；"皆で一万円です"，表示数量总和时指物。常常后接"が・の・に・を・と・から・より・で"等。

"皆（みな）"是"皆（みんな）"的郑重说法。指人时用"皆さん・皆様"。例如：
- 試合の準備は皆終了した。/比赛准备已经都完成了。
- これらの文章はどれも皆理解しにくい。/这些文章哪篇都很难理解。
- 皆彼の計画に賛成した。/大家都赞同他的计划。

❸ **すべて** 既可为副词也可为代名词，表示各个部分（三个以上）集中在一起，没有残余部分。多用于指物，指人时，用"すべての人"的形式。如"来週の討論会にはすべてが参加すること"，是根据前后句省略了"の人"。另外，"すべて"不用于表示动作状态或数量的总和；可以否定形式结束语句，表示全面否定。常常后接"が・の・に・を・と"等。"皆の生活"指所有人的生活；"すべての生活"指（各个层面上的）全部生活。"全部で"和"皆で"既可以用于人，也可以用于物；"すべて"后不能接"で"。"12時間もの長い映画を一度に皆見たんだって"，是指1部电影。可换成"全部"，指很多部分或片段的组合。不能用"すべて"，这句只有1部电影，"すべて"要3部以上才能使用。"重くて、一人で皆持っていけない"，此句中的"皆"可与"全部"换用，不能用"すべて"，因为"すべて"表示各个部分集中在一起，不能用于一个完整的事物。例如：
- 今度の失敗はすべてわたしが悪いのです。/这次失败都怪我。
- 親の言うことはすべて聞くべきか。/父母说的所有话都应该听吗？
- 悲しいことに社会常識の欠けた若造にはすべて吸収できなかった。/可悲的是缺乏社会常识的年轻人没能全部吸收。

❹ **すっかり** 用于现象、状态、行为等彻底发生变化的场合，不换成"すべて"，如"すっかり忘れる"。但是，"すっかり食べる"，有都吃光了的意思，其中的"すっかり"可以与"すべて"换用。例如：
- 就職して以来、学問とはすっかり縁を切った。/工作以来，就与学问完全无缘了。

- ⊙ この報道ですっかり事件の過程が明らかになった。/事情的经过通过这个报道已经完全清楚了。
- ⊙ 長年暮らしていたのですっかり中国人のようになった。/因为常年(在中国)生活,已经完全像个中国人了。

❺ **悉く** 指现存的、有关联的事物无一例外。可与"すべて"替换,表示"悉数"的意思。例如：
- ⊙ 戦争で財産の悉くを失う。/因为战争失去了所有财产。
- ⊙ 君の提出した条件は悉く承っています。/您提出的条件已全部知悉。
- ⊙ 手に入れた資料を悉く調べる。/查阅手上的所有资料。

四十 それほど/さほど/あまり/大(たい)して

📖 **相近词义** （不）太……,（不）怎么……(后接否定)

📕 **区别和例句**

❶ **それほど** 常用"それほど～ない"的形式,指没有达到预期的程度;用于肯定表达时,指达到预期的程度。

さほど 是"それほど"的郑重说法。例如：
- ⊙ 失敗しても、それほどまで悪く言うことはない。/即使失败,也不该说得那么坏吧。
- ⊙ ここの書類、それほどないのに今日で清書できないのか。/这里的文件并不太多,今日内能誊清吗？
- ⊙ このような詩はそれほど若者に喜ばれていない。/这样的诗并不太受年轻人喜欢。
- ⊙ コーヒーを飲んだりして、今はさほど眠く感じない。/喝了咖啡,现在不太想睡。
- ⊙ 今年は雨が多いせいか、西瓜はさほど甘くない。/大概是因为今年雨水多,西瓜不怎么甜。

❷ **あまり** 常用"あまり～ない"的形式表示否定,客观表示没有超出一定的程度,数量或次数少;用于肯定表达时,表示超出一定的程度,数量或次数多。例如：
- ⊙ 黒のと青のとはあまり差がないので、どっちでもいい。/黑色和蓝色没有什么差别,哪个都行。
- ⊙ 相撲にはあまり詳しくないが、大相撲を見るのが好きだ。/对相扑不太了解,但喜欢看大相扑。

⊙ 叔父のうちに泊まるので、あまり生活用品を用意せずにすむ。/因为住在叔叔家里,所以几乎不用准备生活用品。

❸ **大して** 常用"大して～ない"的形式,用于自己时,有稍带自信的谦虚的语感;用于别人时,则有轻视对方的语气。在"お酒はあまり飲みたくない"中,指对酒没什么兴趣,如果换成"たいして",则指酒不值得喝。在"その話はあまり聞きたくない"中,如果换成"たいして",则有轻视语气,显得不自然。"今日はあまり時間がありませんので、大してお話もできないんですが"中,前半句的"あまり"如果换成"たいして",则有"没功夫为你这种人腾时间"的语气,是失礼的表达;后半句的"たいして"含有"您那么重要的事情没必要和我这种人讲"的谦虚语气,换成"あまり",则表示说话内容不太多,重要程度不太高。例如:

⊙ 友情は金銭や地位などと大して関係ない。/友情跟金钱和地位没有什么关系。

⊙ 松本さんは大して努力せず世界で有名な大学に受かった。/松本没怎么努力就考上了世界著名的大学。

⊙ 母がうちにいなくても、食事には大して困りはしない。/即使母亲不在家,吃饭也没有什么问题。

四十一 そろそろ/ゆるゆる/ゆっくり

相近词义 慢慢地

区别和例句

❶ **そろそろ** 指缓慢地行动,为防备中途的失败、不测而谨慎地行动;还指静静地、抚慰性地、不显眼地行动;也可以表示就要、快要、渐渐(到某时刻、阶段、状态)。例如:

⊙ 滑っていて、草や木につかまってそろそろと登っていく。/很滑,抓着草和树慢慢往上爬。

⊙ 心配しているので、そろそろ周りを見ながら歩く。/因为担心,所以一边四处看一边慢慢前行。

⊙ 太陽がそろそろ西に沈むにつれて冷えてきた。/随着太阳渐渐西沉,天气冷了起来。

❷ **ゆるゆる** 指不拘小节地、闲散地行动。另外还指(浓度)稀、宽松。例如:

⊙ どこまで続いているか分からず、人の流れによってゆるゆると進むほかはない。/不知道(前方)通向哪里,只能跟着人流缓缓前行。

⊙ 近頃病気のため痩せたのか、シャツがゆるゆるになった。/最近也许是

因为生病瘦了,衬衣变得宽松了。
- 寒くなって、ゆるゆると湯につかったら、気持ちがよくなる。/天气变冷,轻松地泡泡澡,心情也变得舒畅了。

❸ **ゆっくり** 指不慌不忙、镇静地行动,也可以指时间、空间上的余裕或身心的放松,如"ゆっくりと体を休める"。例如:
- 母親は眠った子供にゆっくりと布団をかける。/母亲给睡着了的孩子慢慢地盖上被子。
- 電子レンジなら時間をかけてゆっくり煮込む必要がない。/用微波炉的话,没必要花时间慢慢炖。
- 昨年から景気がゆっくり回復してきて、海外旅行の人が増えた。/从去年开始,经济慢慢恢复,去国外旅行的人增多了。

四十二 大分/随分/かなり/なかなか/よほど/相当

 相近词义 很,颇,相当地

区别和例句

❶ **大分** 表示程度接近基准,暗示程度会继续加深。"だいぶん"是其稍显郑重的口语说法。例如:
- 上海から広東までの高速道路の工事が大分進んでいる。/从上海到广东的高速公路工程进展相当顺利。
- 近頃結婚もしなければ子供も生まない若者が大分いる。/近来有相当多的年轻人既不结婚也不生孩子。
- いろいろ対策を採って、生活環境は前よりも大分よく改善した。/采取了各种对策,生活环境比以前有了很大改善。

❷ **随分** 结果或程度远远超出基准、预想。是以自己的知识和经验为基准得出的主观印象、判断、评价。另外,"随分"作形容动词表示"太不像话""心坏""冷酷"时,不能与"かなり"替换,如"見て見ぬふりをするとは随分な人だ"。例如:
- みんな残業しているのにあなただけ帰るのは随分だよ。/大家都在加班,只有你回去了,太不像话了。
- 随分働いたわりには給料が安い。/做了很多工作,可是工资很低。
- 休日の公園は随分混雑で、のんびり遊ぶどころじゃない。/休息日的公园非常拥挤,不是悠闲游玩的好地方。

❸ **かなり** 表示间隔、结果、数量、程度等超出期待,超出平均水平。是以常识或平均值为基准做出的客观评价。常用"かなりの(な)+名詞"的形式表示规

模、程度、数量、比例等超出预想、意外地大,如"かなりの財産",这时,不能与"随分"替换。例如:
- 小川さんはどういうわけかここにはかなり滞在したらしいよ。/小川不知为何在这里待了相当长的一段时间。
- 石山さんはかなりの怪我で入院しているんだ。/石山伤得不轻,住院了。
- 両親は今まで一家の生活のためにかなり無理をしてきた。/父母至今为止勉强维持着一家人的生活。

❹ **なかなか** 状态、性质等比预想的好。后面可接续否定式,表示预想或期待的事情难以实现。例如:
- 説明は簡単だが、なかなか勉強になる。/解释得很简单,但受益良多。
- みんな頑張って、去年生産高はなかなか増加した。/因为大家的努力,去年的生产量有了很大提高。
- 自分も楽ではないのに他人を助けるのはなかなか容易なことではない。/自己并不轻松却还去帮助别人,这并不是件容易的事。

❺ **よほど** 表示相比之下程度很高,还有很想(做),差一点的意思。例如:
- 地震の災害は新聞で報道されたよりもよほどひどいようだ。/地震灾害好像比报纸报道的还要严重得多。
- 私にとって英語よりも数学のほうがよほどいい点数が取れる。/对于我来说,比起英语,数学能取得高得多的分数。
- あの人はよほどでなければ苦情を言わないのだ。/那个人如果不是万不得已是不会投诉的。

❻ **相当** 是名词和形容动词,"相当に"作副词用;"相当"还有サ变动词的用法,表示"适合"的意思,程度比"かなり""随分"高,但后面常接续"そうだ・らしい・ようだ・ちがいない・はずだ"等,用于间接体验的场合。例如:
- この仕事を引き受けるには相当な覚悟がいる。/接受这项工作需要有相当的心理准备。
- カリナさんは昨日新幹線で相当ひどい目にあったらしい。/嘉丽娜昨天好像在新干线上吃了苦头。
- 会議室には相当の新入社員が集まった。/会议室里聚集了很多的新职员。

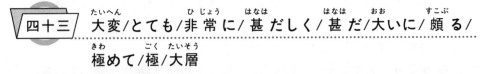

四十三 大変(たいへん)/とても/非常に(ひじょうに)/甚だしく(はなはだしく)/甚だ(はなはだ)/大いに(おおいに)/頗る(すこぶる)/極めて(きわめて)/極(ごく)/大層(たいそう)

相近词义 很,非常

区别和例句

❶ 大変 既是副词又是形容动词。表示程度远远超出标准,好的、坏的方面都能用。在表示对自己不利的场合下用得多。可用在郑重的寒暄语中。"大変申し訳ありません"既可以表示感谢也可以表示道歉,如果换用"非常に",就只有道歉的意思。口语、书面语都可用。例如:

- 東京にいる間、木下さんには大変お世話になった。/在东京期间,承蒙木下先生多方关照。
- 意見が纏まらなくて、またの合作は大変難しいでしょう。/意见不一致,再合作会很难吧。
- 大雪で電車が一時不通になって大変だった。/因为大雪,电车暂时不运行,(所以)很麻烦。

❷ とても 表示程度远远超出一般标准。表示"非常""很"的意思时,后面不能接否定式,表示喜怒哀乐、吃惊、意外、后悔、遗憾、为难的程度高,不用于表示未来的事物或状态;"とても"后续否定式时,是"无论如何也(不)……,怎么也(不)……"的意思。口语中常用。"とっても"是其口语形式,只用于强调感情的场合。例如:

- 昨日はとても眺めのよい部屋に泊まった。/昨天住在视野很好的房间。
- 物理ではとてもジョンさんには及ばない。/物理怎么也赶不上约翰。
- あのプレゼント、母はとても喜んだよ。/那个礼物,妈妈非常喜欢哟。

❸ 非常に 远远超出一般的意思,与"とても"意义相同,是客观评价的郑重说法,不用于表示未来的事物或状态。不常用在口语会话中。例如:

- 大きな拍手が沸き起こって、ムードは非常に盛り上がっていた。/响起了热烈的掌声,气氛达到了高潮。
- 今度の試験は非常に難しいらしく、90点以上取った人は一人もいない。/这次考试好像非常难,90分以上的一个人也没有。
- 三日間も残業して、非常に疲れている。/加了三天班,非常疲倦。

❹ 甚だしく・甚だ 多表示不好的方面程度深,是书面语。"甚だ"修饰状态性的词汇,表示不愉快、担心、不安、遗憾、后悔等的程度深。"甚だしく"主要修饰动词,表示动作、状态的激烈,可以与"甚だ"换用,但语感完全不同。都不能用于表现未来事物或状态。例如:

- 森さんは誰にも甚だしく生意気な態度で話す。/森先生对谁都用很狂妄的态度说话。
- その話は甚だしく彼の気持ちを傷つけた。/那番话狠狠地伤了他的心。
- 今度は調印が出来なくて、甚だ遺憾に思う。/这次不能签约,我感到甚是遗憾。

⊙ 親友のリンナさんにまで誤解されて、甚だ不愉快だった。/甚至被好朋友琳娜误会，非常不开心。

❺ 大いに　表示程度超乎寻常，或数量多。多用于修饰"語る・飲む・怒る・あばれる"等动词。例如：

⊙ クラスで決を採って決めるという事も大いにあり得る。/在班上也很可能有通过表决来决定的事。

⊙ 吉本さんは今度の試合で大いに腕前を発揮した。/吉本在这次比赛中很好地发挥了技术。

⊙ 各部門は大いに新製品の開発を支援しなければならない。/各部门都必须大力支持新产品的开发。

❻ 頗る　超出一般程度，程度介于"極めて"与"非常に"之间，用法与"非常に"相同，一般用于郑重场合或书面表达。例如：

⊙ その川の水は頗るきれいだという評判だ。/那条河的水，水质洁净，评价好。

⊙ 亀山先生は70歳といっても頗る元気に働いている。/龟山先生虽然70岁了，却精神饱满地工作着。

⊙ スポーツ大会は頗る順調に行われている。/运动会举办得颇为顺利。

❼ 極めて　表示没有比这更甚的程度，接近高极限状态，可修饰"深刻な・大きい・遠い・長い・遅い"等表示高、大、多的词汇。例如：

⊙ 汚職と横領は極めて腐敗の醜悪な行為である。/贪污和非法侵占是极其腐败的丑恶行为。

⊙ 排気ガスによる環境問題は極めて解決しにくい。/由尾气引起的环境问题极难解决。

⊙ あの人は世界の平和に極めて大きな貢献をした人だ。/他是一个为世界和平做出了极大贡献的人。

❽ 極　与"極めて"意义相同，但接近极低限度，用于修饰"僅か・近い・短い・貧しい・たまに"等表示少、小、低的词汇。例如：

⊙ 係長が奢ってくれるのは極まれなことだ。/股长请客是极少的事。

⊙ そこに着いたら、みんな極親しくしてくれた。/到了那里，大家都对我很亲近。

⊙ それは極内緒の話だが、どうして分かるの。/那是极其机密的事，你怎么知道的呢？

❾ 大層　既有副词的用法也有形容动词的用法，常用于郑重的场面，在使用敬体的文章中，表示规模大，超出常规的状态。用于修饰动作时，有感到夸张的负面含义，如"ご大層な言葉・ご大層な話し方・ご大層な歩き方"。例如：

⊙ 吉田さんは大層それに興味を持っているらしいです。/吉田对此好像很感兴趣。

⊙ 夜近くの公園へ散歩に行くと大層な人出だった。/晚上去附近的公园散步，人非常多。

⊙ プレゼントをもらったおばあさんは大層お喜びでした。/得到礼物的奶奶非常高兴。

四十四　ただ/たった/単(たん)に/単(たん)なる

相近词义　仅，只有

区别和例句

❶ **ただ**　除表示唯一的行为或状态的意义外，还可用"ただの＋数词"的形式，后接数量词表示数量少，程度低，如"ただ十分でできあがった"。另外，还可以作名词，表示白给、普通、白白地等意思。汉字可写作"唯""只"。例如：

⊙ そんなにくよくよしないでただ教えたとおりにすればよい。/不要那么闷闷不乐，只要按教你的那样去做就行。

⊙ ただ内容を読むばかりせずに文法も復習しなさい。/不要只看内容，语法也要复习。

⊙ 吉岡さんはただぶるぶる震えるばかりで何も言えない。/吉冈只是哆嗦，什么话也说不出来。

❷ **たった**　后接数量词，表示数量少，还有唯一的意思，也有刚发生过的含义。由"ただ"促音化而来，是副词用法的口语形式，但可以用来表达失望、意外、吃惊、责备等。"ただ"不能表达情绪。例如：

⊙ 5人も発言するのに、たった1時間じゃ困るよ。/有五个人发言，只有一个小时够呛吧。

⊙ その時楽しく過ごした日々はたったこの間のことのように思っている。/那时度过的那些快乐的日子就像发生在不久之前。

⊙ 山村さんはたった1点の差で入学試験に落ちた。/山村仅以一分之差在升学考试中落榜。

❸ **単に・単なる**　是"ただ"的书面用语。"単なる"是连体词，后面常接否定形式。"単に"后面常接"のみ""だけ"等助词或者否定形式。例如：

⊙ その猿は単に人間の行為を真似したにすぎない。/那只猴子不过只是在模仿人的行为而已。

⊙ 安全運転は単に若い人のみならず私たちも注意すべきことだ。/要安

全驾驶的不仅是年轻人，我们也必须要注意。
- わざとしたのではなく、単なる勘違いにすぎない。/不是故意为之，只不过是误会而已。

四十五 忽(たちま)ち/急(きゅう)に/直(す)ぐに/直(ただ)ちに

相近词义 立刻，转瞬间

区别和例句

❶ **忽ち** 指前后两个动作无时间间隔地发生，造成某种结果的过程比预想的时间短，带有身临其境、吃惊、感叹的语气。多用于自然现象或者人的状态的变化，不能用于命令句。比"直ぐに"更多用于书面表达。例如：
- 風が強くなって忽ち稲妻が走った。/风刮得更猛了，忽然电光闪闪。
- 小鳥が木に止まったかと思ったら、忽ち飛んで行った。/小鸟刚一落到树上就立刻飞走了。
- 弟は買ってもらったカメラを忽ち壊してしまった。/不大一会儿工夫，弟弟就把别人买来的相机弄坏了。

❷ **急に** 动作无前兆地发生，或者发生的时间比预想的短。例如：
- 小林さんは急に思い立って写真を探した。/小林突然想起来，去找照片。
- 前の車が急にブレーキをかけたので、衝突しそうだった。/前面的车突然急刹车，差点撞到它。
- 急にそんなことを言われても困る。/你突然那么说我很为难。

❸ **直ぐに** 客观叙述前面状况发生后紧接着采取行动，或紧接着发生了另一状况。例如：
- 思いがけず休暇をとれたので、直ぐに思い立って旅行に出かけた。/没想到能休假，立马就决定出去旅行了。
- まだ小さい子供なので、見ていないと直ぐに勉強を怠ける。/因为还是个小孩子，一不盯着就不用功学习了。
- 大変疲れたのか、山田さんは床につくと直ぐにいびきをかいた。/大概是累极了吧，山田一着床就立刻打起鼾来。

❹ **直ちに** 表示紧急事态发生后短时间内采取相应的措施，可用在命令句中。另外，还有直接、亲自的意思。例如：
- 怪我人は直ちに近くの病院に運ばれた。/受伤的人被立即送往了附近的医院。

- 名前を呼ばれた者は直ちに留学生部に申請書を提出してください。/叫到名字的人请立即向留学生部提交申请。
- ニュースを聞いて直ちに火事現場へ駆け寄った。/听到新闻立刻赶去了火灾现场。

四十六　たとえ/よしんば/もし/もしか/仮(かり)に

相近词义　纵使,纵然,即使

区别和例句

❶ たとえ　表示逆接假定条件。常用"たとえ＋ても・でも・にせよ・にしろ・であれ・とはいえ・にしても・としても・ようとも"的形式,表示前句提出对现在、过去的假设或者对未来的假设逆接条件,后续事件不受前面条件的影响。不能用于既定条件。

よしんば　意义与"たとえ"相同,表示逆接假定条件,用法有些陈旧,属于书面语。例如:

- たとえどんなにいやでもそんな失礼な言葉遣いをしてはいけない。/即使再怎么讨厌,也不许说那么没有礼貌的话。
- たとえパートをしても、生活は楽にならない。/即使打临工,生活也不轻松。
- よしんば今日は解説を抜きにしても順調に取り付けてしまう。/今天即使省去说明也能顺利安装好。
- よしんば彼が申請を出したとしても、わたしは絶対に通させない。/即使他提出申请,我也绝对不会让他通过。

❷ もし　用于后面伴有"と・ば・たら・なら",表示假设的场合,或表示违反事实的假设。表示"即便"的意思时,一般不用"もし",而多用"たとえ"。

もしか　是"もし"的强调说法,在顺接条件句中用于实现概率低的事物,常用"もしかして・もしかすると"的形式。例如:

- もしいいアイディアがあれば教えてくれるだろう。/如果有好的想法,(你)会告诉我吧。
- もし植物や動物が生きられなかったら、私たち人間も暮らしていけないだろう。/如果植物和动物无法生存,我们人类也生活不下去了吧。
- もしかスケジュールを決めたら、すぐ知らせて下さい。/如果决定好了日程表,请立刻通知我。

⊙ 誰も電話に出ていないが、もしかすると引っ越したかもしれない。/没有人接电话,也许是搬家了吧。

❸ 仮に　有"暂时""姑且"的意思;表示"假设""即使"的意思时,用于几乎没有可能发生或者发生的可能性极低的事物,后句多表示说话人的推测、意志、希望、判断等。例如:

⊙ 仮に面接に合格したとしても彼はその会社に入らないだろう。/即使面试合格,他也不会进那家公司吧。

⊙ 仮にチケットが予約できないというならやめる。/假如订不到票就算了。

⊙ 仮にそこに川があるとすると、目的地に到着するのにどのぐらいかかるか。/假如那里有河,到目的地要花多久呢?

四十七　ちっとも/少しも/全然/全く/さっぱり/まるきり/まるで/一向に/とんと/到底/皆目/一切/てんで

相近词义　一点也(不)……,丝毫也(不)……(后接否定语)

区别和例句

❶ ちっとも　表示数量、程度为零;或者没有发生预期的事态或变化,事物没有按预想方向的进展,偏离期待的状态。常用在事态发生变化、进展的句子里。

少しも　与"ちっとも"同义,但否定意义比"ちっとも"弱,语气更郑重。例如:

⊙ 住友さんはちっとも私の意見を聞こうとしない。/住友一点也不听我的意见。

⊙ どういうわけか、このごろ渡辺はちっともパーティーに出ない。/不知为何,最近渡边完全不去参加聚会。

⊙ 私はバドミントンでは彼に少しも負けない。/打羽毛球我一点也不比他差。

⊙ 誰も手伝ってくれなくても少しも困らない。/即使谁都不帮我也没有任何问题。

❷ 全然　强调客观的动作、状态、事态没有发生。大多能与"少しも"替换,但是,"全然"表示对事实的客观判断,"少しも"有没按预期的方向进展而感到失望的语气。用于表达与预期相反的事物或冷静叙述事实的场合,也可在用否定意义的词汇而后面没有表示否定的"ない"呼应的场合使用,不能用"少しも"替

换,如"それは全然無駄だ""全然つまらない"。例如：
- しつけが全然ないあいつとは付き合いたくない。/不想和一点没有教养的他来往。
- 高校を卒業してから、彼のうわさは全然聞いたことがない。/高中毕业以后,完全没有听到过他的消息。
- カリーナさんは病気で会社を休んだことは全然ない。/嘉丽娜从来没有因病请假不来公司。

❸ **全く**　与否定语呼应使用时,和"全然"意思和用法相同,表示全面否定。但是也可以用在如"全く面白い"的肯定句中,表示"实在""很"的意思。还可以用在如"全くだめだ"含否定意义词语的句子中,表示完全、简直的意思。例如：
- 日本で十年暮らしたが、生のものは全くだめだ。/虽然在日本生活了十年,但还是完全不吃生的东西。
- これとそれは形が同じだが、全く違うものです。/这个和那个形状一样,却是完全不同的东西。
- 今度の失敗は全く君のせいではありません。/这次的失败完全不怪你。

❹ **さっぱり**　用于状态的完全否定,也表示完全不像所期待的那样。与表示否定的"ない"呼应时,可以和"少しも"替换,带有"没办法""死心"的语气；用于肯定句中时,有整洁、直爽、爽快、清淡、完全等意思。例如：
- 山本さんはその後さっぱり研究室へ来なくなった。/山本在那之后就完全不来研究室了。
- あまり緊張して、試験のとき復習した内容をさっぱり忘れた。/太紧张了,考试的时候把复习过的内容全忘了。
- どうやってもだめで、どうしたらよいか、さっぱり見当がつかない。/怎么做都不行,到底怎么做才好,完全找不着方向。

❺ **まるきり**　表示百分之百(的否定),是表达人的意志的词语,一般不用于自然现象。"さっぱり"重点在期待,"まるきり"重点在努力的结果。"まるきり"加强语气的说法是"まるっきり",会话中常用,语气随便。

まるで　后接否定式时与"まるきり"用法相同。另外还有完全、仿佛的意思。例如：
- 私がそんなことをしたのはまるっきり覚えていない。/我完全不记得做过那样的事。
- 冬休みになって以来メールはまるきり利用していない。/寒假以来我完全没用过邮件。
- あの後まるで弱ってしまって今も入院中だ。/从那之后,身体就完全不好了,现在也还在住院。

⑤ あの外国人が何を言っているのかまるで分からない。/完全不知道那个外国人在说什么。

❻ **一向に**　表示事态完全没有如所期望的那样发展,比"少しも"多了经过很长时间事态没有发展、状态没有变化的意味。书面用语,在表示郑重的寒暄或公开发言时常用。

とんと　是"一向に"的口语表现形式。"一向に"与表示否定"ない"呼应,而"とんと"还可以接续具有否定意义的词或具有否定意义的表达形式。也可以用于肯定句中,表示完全的意思。例如:

① そんなに言われても、松田さんは一向に怒る気配もみえない。/被人那么说,松田还是没有一点要生气的意思。
② いくらメールを出しても一向に返事がない。/再怎么发邮件都没有回信。
③ 近頃忙しくて、とんと書物を手にするひまがない。/最近很忙,完全没有看书的时间。
④ あれ以来とんと顔をみせなくなった。/那以后就再也没露面了。

❼ **到底**　表示想尽一切方法、用尽一切手段都不能实现。语气较郑重。例如:

① 彼が今度の試合で優勝をとったとは到底信じられない。/完全不敢相信他在这次比赛中拿到了冠军。
② 今からじゃ、到底間に合わない。/现在怎么都来不及了。
③ 何回も打ち合わせをしたが、この計画は到底実行する望みがない。/磋商过好几次,但这个计划还是完全没有实施的希望。

❽ **皆目**　表示完全(不明白)。一般用于人的理解行为。比"全然"增添惊讶、感到奇怪、不知为什么产生不好结果的语气。例如:

① それらの資料はどこに置いたのか、皆目思い出せない。/完全想不起来那些资料放在哪里了。
② 不景気のせいか、電気製品は皆目売れない。/大概是因为不景气的缘故吧,电器产品完全卖不出去。
③ 小林さんはどこへ行ったのか、皆目見当が付かない。/小林去了哪里,完全没有头绪。

❾ **一切**　表示丝毫(不)的意义,一般用于人的有意行为。例如:

① 調べた資料はほかの人に一切見せないでほしい。/希望你丝毫不要给其他人看调查资料。
② 社長は新製品について一切言わなかった。/关于新产品,社长什么也没说。
③ 遅刻は一切許さない。/绝不允许迟到。

❿ **てんで**　后接否定式,也可接表示负面的词语,用于一开始就完全没有问

题、根本就不想那么做的场合,口语中使用。口语中或者年轻人之间也用后接肯定的形式,表示"とても"的意思。例如:

- 兄はゲームばかりしていて、仕事のことなどてんで頭にない。/哥哥老是打游戏,工作的事一点儿不放在心上。
- 毎日残業して、てんで飲みに行くひまがない。/每天加班,完全没有去喝酒的时间。
- どんなに言われても、その子はてんで返事しない。/无论别人怎么说,那孩子完全不回应。

四十八 ちゃんと/きちんと

相近词义 整整齐齐地,好好地

区别和例句

❶ **ちゃんと** 重点在符合规矩,(品行)端正,行为动作得体,有分寸,准确,确实,完全。几乎可与"きちんと"替换。例如:

- ちゃんと留守を預かるからご安心ください。/我会好好替您看家的,请放心!
- あと10分しかないからちゃんと座っていてください。/只有10分钟了,请坐好!
- 礼服をちゃんと着ていて、なにかあるだろう。/礼服穿得整整齐齐的,有什么事吧。

❷ **きちんと** 重点在整齐端正,有条不紊,行为、动作按规定准确进行,一丝不苟。"ちゃんとした服"指像样得体的服装;"きちんとした服"指整齐的服装。"きちんと家賃を払う"指按时无误地付房租,换成"ちゃんと"则是不违约、不拖欠的含义。在"ちゃんと書きなさい"中,"ちゃんと"表示不允许、马马虎虎的意思,带有责备的语气。而"きちんと"强调写得规整,没有否定不完美行为的意思,带有鼓励的语气。例如:

- 父は休みになると庭をきちんと手入れする。/父亲一休息就会好好地修整庭院。
- 卒業式の場合はきちんとした服装をしなければならない。/毕业典礼的时候必须穿着整齐的服装。
- 新入社員であっても、責任を持って仕事をきちんとしている。/即使是新职员,也很负责地认真工作着。

四十九　ちょうど/まるで/いかにも/宛(さなが)ら/恰(あたか)も/さも

📄 **相近词义**　恰如，宛如

📚 **区别和例句**

❶ **ちょうど**　表示谈到的事物与所知事物的形状等很相似，与"まるで"意思相近。还有"正好""恰好"的意思。例如：

- 銀杏の葉は地面に落ちてちょうど黄金をはったようだ。/银杏叶落到地面，恰如铺了一层黄金一般。
- ボランティア活動はちょうど君が言ったように展開された。/志愿者活动就如同你所说的那样开展了。
- この花はちょうど鈴のような形をしているので、そう名づけられたのだ。/这种花的形状像个铃铛一样，所以才那么命名的。

❷ **まるで**　表示样子相似，完全没差别。常和"ようだ・みたいだ"呼应，表示主观推测。和否定语呼应表示全面否定时，不能与"いかにも"替换。例如：

- スピーチコンテストで一等賞をもらうなんて、まるで夢のようだ。/在演讲比赛中得到一等奖，就像做梦一样。
- 杉山さん一家はまるで身内のように親切にしてくれた。/杉山一家对我就像对待家人那么好。
- リンナさんはまるで困っているように仕事を引き受けた。/琳娜很为难似的接下了工作。

❸ **いかにも**　表示样子、态度充分体现特征或个性。表示果真、确实的意思时，常和"らしい・そうだ"呼应，这时不能与"まるで"替换，如"言われることはいかにもごもっともです""いかにも女らしい"。"彼はまるで子供だ"指身为大人的他简直就像个孩子；换成"いかにも"，是指小孩的他完全显示出小孩的特征。例如：

- ワットさんはいかにも将軍らしく座っている。/瓦特就像将军一样坐着。
- 放課後の小学生がいかにも楽しそうにそばを通った。/放学后的小学生高高兴兴地从一旁经过。
- それはいかにも松本さんらしい処置しかただ。/那果然是松本式的处置方法。

❹ **宛ら**　表示亲眼所见的事物非常像某一事物，非常逼真。与"まるで"相近，是旧式说法。例如：

- 雨の中の西湖は宛ら水墨画のようだ。/雨中的西湖宛如水墨画一般。

- 電気をつけると、式場は宛ら昼のように明るくなった。/一打开电灯，会场就变得如白昼般明亮起来。
- 橋本さんは宛ら酔ったようによろよろ歩いている。/桥本就像是喝醉了似的，摇摇晃晃地走着。

❺ **恰も** 用于以某种状态比喻，说明另一种状态的场合，常和"ようだ・ごとし"呼应。另外，"恰も"与"ころ・時期・時代"相呼应，表示时机正好，是书面语，如"時恰も春爛漫のころ"。例如：

- 今日は蒸し暑くて、恰も真夏のようだ。/今日恰如盛夏般闷热。
- 時恰も百日の旱魃も近いころである。/时值干旱近百日之时。
- 彼のその時の失望の顔が恰も目の前にあるように思い出される。/不由得想起那时他那张失望的脸，仿佛就在眼前。

❻ **さも** 表示从一旁看来实在、非常像，或表示"一副……的样子"，还有真像是(其实并非)的用法，多用于负面评价。例如：

- 吉田さんはさも得意そうに腕を見せ付ける。/吉田一副得意的样子，卖弄着自己的本领。
- 私が行った時、彼はさも苦しそうに呻いた。/我去的时候，他很痛苦地呻吟着。
- 子供たちは木の下でさも楽しそうにブランコをやったりしている。/孩子们在树下快乐地荡着秋千。

五十　つい/うっかり/思わず

相近词义 不留神，没注意

区别和例句

❶ **つい** 指由于控制力不足或内在原因引起的应该避免的行为。可用于反复进行的习惯性的行为。只用于行为已成为既成事实，或者说话者认为行为将要实现的场合。能和"うっかり"构成"ついうっかり(して)"的用法。例如：

- 話しこんでいて、つい時間がたった。/只顾着谈话，不知不觉时间就过了。
- 小さい財布だったのでついどこかに置いたのです。/是个小钱包，不小心放在哪里了。
- 山下さんはタバコを見るとつい手が出てしまう。/山下一看到烟就禁不住伸手去拿。

❷ **うっかり** 表示因没注意而出错。含有那种时候谁都会如此的意味，言

外之意，自己没有责任的含义。后面可接续"する"成为サ变动词，还可用在假定句和可能态的否定句中，这是"つい""思わず"所没有的用法。一般用于偶然性行为，不用于习惯性行为。例如：

- そのものにうっかり触ると感電するよ。/不小心摸到那个东西会触电哟。
- 方向が反対のバスにうっかり乗ったので、帰りが遅かった。/一不小心坐上了反方向的车，因而回家晚了。
- ちょっとうっかりすると、答えを書き間違えてしまった。/一不小心写错了答案。

❸ **思わず** 指无意识地做了自己也没想到的事情。还可以表示由于兴奋、感动、恐怖引起本能的瞬间的行为，这时不能与"つい"替换，如"あまりかわいそうなので思わず泣き出した"。不用于习惯性行为。另外，和"つい"一样，只用于行为已成为既成事实，或者说话者认为行为将要实现的场合。例如：

- 今日はいいチャンスなので、思わず話が長くなってしまってすみません。/今天是个好机会，所以不知不觉就讲了很久，不好意思啊。
- 役者たちの優れた演技に、客席から思わず歓呼の声を上げた。/演员们的精彩演技，让观众席中不由自主地响起了欢呼声。
- 重要な記事が載っているので思わず身を乗り出して隣の人の新聞を覗いた。/因为刊登着重要的报道，所以不由得探出身去瞄了瞄旁边的人的报纸。

五十一 常に/普段/いつも/しょっちゅう/始終/絶えず/頻りに

相近词义 经常，常常

区别和例句

❶ **常に** 表示在客观判断基础上的持续状态。例如：

- 健康のため食品安全には常に注意を払わなければならない。/为了健康，必须时常注意食品安全。
- 君は常に努力を重ねて目的を遂げたのだ。/你是因为不断努力才达到目标的。
- 佐藤さんの予感は常に正確なので彼の言うとおりにしよう。/佐藤的预感常常是对的，就按他说的做吧。

❷ **普段** 有平时、平常之义。还表示在非特别的时候或场所，状态、行为不断地持续或反复。常写成"不断"。例如：

- 普段よく勉強していれば試験まぎわに徹夜などしなくてもいいのに。/平时好好努力的话，考试前不用熬通宵也行的。
- 今日は週末で普段より早く仕事を終わって家に帰る。/今天是周末，比平时早一些结束了工作回家。
- それはお前の普段の心がけが悪いからだ。/那是因为你平时用心不良。

❸ **いつも** 有随时随地之义，表示状态、行为的持续或反复。"いつも遊んでいる"表示总是在玩的意思，如果换成"普段"，就是除特别的日子外，平日都在玩的意思。还可表示不变的状态、习性、必发事件，这时不能与"普段"替换，如"いつも会うとけんかする"。例如：

- 会社でだれかに山田さんはいつもにこにこしながら挨拶する。/在公司里山田总是笑嘻嘻地对人打招呼。
- いつもの服で入社式に出ては失礼だよ。/穿着日常的服装参加公司的典礼很失礼哟。
- 田辺さんはいつもと変わらなく家に閉じこもっている。/田边和平日里一样待在家里。

❹ **しょっちゅう** 含有"一有机会就""不断地"的意思，用于反复或变化的动作、状态，强调同一动作有间隔地频繁发生或同一状态频繁出现。一般用在会话中。例如：

- ヨーロッパからしょっちゅういろんな物を輸入している。/从欧洲不断地进口各种各样的东西。
- 岡本さんは会議中しょっちゅう携帯電話でメールを送った。/冈本在开会时总是拿手机发短信。
- 木下さんはしょっちゅう顔を出すので会えるかもしれません。/木下经常露面，也许能遇到（他）。

❺ **始終** 用于从头至尾持续、频繁地做某一动作。与"しょっちゅう"意义相近，书面语。例如：

- 森田さんは事件を解明するまで始終沈黙を守った。/直到事情弄清楚为止森田始终都保持着沉默。
- 花子ちゃんは誉められたがって、時機さえあれば始終表彰状を出して見せた。/花子想得到夸奖，一有机会就总是把奖状拿出来给人看。
- 見合いのときは、由佳さんは始終うつむいたままで、相手を見もしない。/相亲的时候，由佳始终低着头不看对方。

❻ **絶えず** 表示行为或状态不间断、持续。例如：

- 夜でも車が絶えず家の前を走っているので、よく眠れない。/即使是晚

上,也有车子不停地从家门口开过,因此睡不好觉。

⊙ おじいさんはますます弱くなったので、絶えず不安に思った。/爷爷越发虚弱了,我常感不安。

⊙ 地球は太陽を回りながら絶えず自転している。/地球绕着太阳不停地自转。

❼ **頻りに**　指频繁地重复同一动作,或指同一状态不断出现。例如:

⊙ 先輩からこの会社を頻りに勧められて入ったのです。/我是因为学长经常劝说才进这家公司的。

⊙ 松下さんは頻りに頭を下げて、お詫びをした。/松下不停地低下头道歉。

⊙ サイレンが頻りになって、消防車が出動した。/警笛长鸣,消防车出动了。

五十二　つまり/即ち/要するに/結局/詰まる所/所詮

📖 **相近词义**　即,总之

📚 **区别和例句**

❶ **つまり**　既可以用于单纯地说明前项就是后项(AつまりB),也可以用于省略应该说明的中间环节、理论,导出结论。说明前项就是后项(AつまりB)时,后项B是前项A的简缩或概括形式,因此一般较简短。另外,"つまり"还可以放在句子的开头,总结前面的内容,陈述想要得到结论,如"つまり行きたくないというわけですね"。还可以作名词,表示堵塞、尽头之义,这些是"即ち"没有的用法。例如:

⊙ その政策がよく実行できるのもつまりは市民の要求にあったからだ。/那项政策能很好地实行,归根结底是因为符合了市民的要求。

⊙ 中田さんと小林さんは同じ人ではなくて、つまり世界観が違うのだ。/中田和小林不是一样的人,也就是说他们的世界观不同。

⊙ 今老人の扶養、つまり親孝行は私たちが果たすべき義務だ。/现在,赡养老人,也就是孝顺父母,是我们应尽的义务。

❷ **即ち**　说明前文事项,表示前后项是同一内容。后项B是在对前项A进行解释,因此后句一般展开说明。另外,还有正是(加强判断的语气)、则、于是等意思,这些是"つまり"没有的用法,如"そこがすなわちわたしの指摘したい点だ"。例如:

⊙ 生活が一番苦しかったのは、一九四五年、即ち戦争が終わったばかりの

時。/生活最苦的时候是1945年,也就是战争刚结束时。
- カタカナは即ち初心者が覚えにくいものだ。/片假名正是初学者最难记的东西。
- 母はすぐ反対した。即ち、ぼくの結婚に言下に反対した。/妈妈立刻表示反对,也就是说,她立马对我结婚的事情表示反对。

❸ **要するに**　指总结概括前面的内容,导出结论,简明概括不明了的内容,使其明确。用在句子开头时可以和"つまり"互换,不能与"说明前项就是后项(A つまりB)"时的"つまり"互换。例如:
- 要するに自分の考えたことをはっきり言い出すべきだ。/总之,应该清楚地说出自己的想法。
- 小松さんはなかなか決められない人だ。要するに彼を当てにしないほうがいい。/小松是个很难下定决心的人。总之还是不要指望他。
- 時間は私にとって何より大事なものだ。要するに一分も無駄にしてはいけない。/时间对我而言比什么都重要。总之一分钟也不能浪费。

❹ **結局**　表示经过各种过程,得出最终结论、结果。常用于客观的好的结果。

詰まる所　与"結局"同义。例如:
- 姉はぐずぐず言っているが結局一緒に出かけたくない。/姐姐唠唠叨叨地,最后不想一起出去了。
- 根拠が足りないので、その人は結局無罪の判決を受けた。/因为证据不足,那个人最后被判无罪。
- なんのかんのと言っているが結局謝る気がない。/这个那个地说了半天,结果却并不想道歉。
- 詰まる所国民の判断で「決着」をつけるよりなさそうだ。/看样子最终只能根据国民的判断做出决定了。
- 意見が纏まらないので、詰まる所クラス会を開くより仕方がなさそうだ。/意见不统一,所以看样子最终只能开班会了。

❺ **所詮**　指经过各种尝试,没得出什么好结果,后面一般接续否定式。常用于表示主观推论、死心的场合。例如:
- 彼と仲良く出来ないのは所詮考えが違ったのだ。/和他关系不好终究是因为想法不同。
- サラリーマンにとって、マイホームは所詮高嶺の花に過ぎない。/对于工薪阶层而言,拥有自己的房子终究不过是可望而不可即的事。
- あの小説で描かれたのは所詮かなわぬ恋だ。/那本小说所描述的是终究无法实现的恋爱。

五十三 丁寧に/丹念に/念入りに

📖 **相近词义** 细心，周到

📚 **区别和例句**

❶ **丁寧に** 表示站在对方立场尽心做某事，小心谨慎，注重动作行为的连贯性。还可以表示有礼貌、恭恭敬敬的意思。例如：
- 高田さんの奥さんは生け花を丁寧に教えてくれる。/高田先生的夫人认真地教我们插花。
- 生徒たちは平仮名を一字一字丁寧に書いている。/学生们一个字一个字地认真书写着平假名。
- これは壊れやすいから丁寧に扱ってください。/这个容易坏，请小心对待。

❷ **丹念に** 表示对某种数量较大的对象精心、细致地重复某一动作。其动作行为有时间或空间上的延伸。例如：
- 銀行員が受け取った紙幣を一枚一枚丹念に数えている。/银行职员一张一张地认真数着接过来的纸币。
- 正雄さんはひよこの成長を丹念に見て記録する。/正雄细心地观察小鸡的成长，并将其记录下来。
- 店員はきわめて丹念に眼鏡を校正する。/店员非常细心地校正眼镜。

❸ **念入りに** 指为得到最好的结果而多次进行某动作行为。例如：
- 休みの日になると、父は庭で念入りに草木の手入れをする。/到了休息日，父亲总在院子里精心地养护草木。
- デザイナーは念入りに牡丹の模様を描く。/设计师精心地描绘着牡丹的图案。
- 渡辺先生は指導計画を念入りに修訂してから校長に出す。/渡边老师认真地修改了指导计划，然后交给了校长。

五十四 出来るだけ/出来る限り/せいぜい/なるべく/なるたけ

📖 **相近词义** 尽量，尽可能

📚 **区别和例句**

❶ **出来るだけ** 努力超越现有的水平、状态，没有限度设定。一般可以和"せいぜい"互换，但没有"せいぜい"表示"充其量""最多不过"的用法。例如：

⊙ 若いうちに出来るだけ勉強したり、経験を積んだりしよう。/年轻的时候尽可能地多学习，积累经验吧。
⊙ 明日開会式だから、今夜は出来るだけ祝辞を覚えておこう。/明天就是开幕式，今晚尽量把祝词记住吧。
⊙ もう成人したから、出来るだけ自分で始末してください。/已经是成年人了，尽量自己处理吧。

❷ **出来る限り**　与"出来るだけ"意义相同，"出来る限り"是指在能力、时间允许的范围内行动的意思。"出来るだけ勉強しなさい"有鼓励的语气，"出来る限り"是达到极限、临界点的意思，"出来る限り勉強しなさい"，就有点强人所难的意味。例如：

⊙ 何人出席するか見当がつかないが、出来る限り人数を確認します。/摸不准多少人出席，但尽量确认人数。
⊙ 出来る限り今日の討論会で日帰り旅行の日程を決めます。/尽量在今天的讨论会上决定一日游的日程。
⊙ 諺や外来語だけでなく、新語、俗語も出来る限り収める。/不只是谚语和外来语，新词和俗语也尽量收录。

❸ **せいぜい**　指努力在某限度或范围内超越现有的水平、状态，还有充其量、最多不过的意思。例如：

⊙ 夏休みがすぐ終わるから、今のうちにせいぜい寝たり遊んだりしよう。/暑假就快结束了，现在拼命睡觉、玩耍吧。
⊙ 全部は無理だろうが、せいぜい三分の二ぐらい出来上がるように頑張る。/全部做完可能有点困难，努努力，尽量完成三分之二吧。
⊙ もうすぐ入社するから、今のうちにせいぜい遊んでおこう。/就要进公司了，趁现在尽情地玩吧。

❹ **なるべく**　表示在情况允许的情况下努力做（不做）某事，有"为了……尽量……"的意思。而"出来るだけ""出来る限り"的上下文没有关联也行。

　なるたけ　与"なるべく"同义，一般用于口语。例如：

⊙ 道路工事をなるべく来月までに完成するように努力しよう。/努力吧，尽量在下个月前完成道路施工。
⊙ 断るつもりだが、なるべく感情を傷つけないようにしている。/打算拒绝，但是尽量不伤害他的感情。
⊙ 元気になるにはなるたけ十分に栄養をとったほうがいい。/为了健康，尽量多吸收点营养。

五十五 当然/勿論/無論/当たり前/もっとも
とうぜん　もちろん　むろん　あ　まえ

相近词义 当然,不用说

区别和例句

❶ 当然 是以道理、常识、法律、事物的过程为基准得出的必然结果。表示前提条件、义务、必然性时,不能与"勿論"替换。例如:

- 青年が国の呼びかけに応えるのは当然言うには及ばない。/青年要响应国家的号召,这是自不必说的。
- 国民の利益を損害する政策は当然反対されるのだ。/损害国民利益的政策当然会受到反对。
- 富士山なら、当然誰でも知っているはずだ。/富士山当然是谁都知道的。

❷ 勿論 有毋庸置疑之义,不管有无具体论据,都可表示说话者的主观判断。在"Aは勿論B"的句型中,以及表示通常的自然现象或普遍常识的内容时,"勿論"不能与"当然"替换。

　　無論 与"勿論"意义相同,为书面语。例如:

- スポーツ大会のときは勿論、子どもも応援してくれた。/运动会的时候不用说,连孩子都给我加油。
- 葵祭は日本人は勿論のこと、外国人も知っている。/日本人就不用说了,就连外国人都知道"葵祭"。
- 土曜日の日帰り旅行なら私は勿論大賛成だ。/周六的一日游,我当然是非常赞成的。

❸ 当たり前 表示按道理应该如此之义,指不言而喻的事情,与"勿論"意义相近,是口语中的说法。例如:

- 買ったばかりなので面白がっているのが当たり前だ。/因为是刚买的,觉得有意思是理所当然的。
- あれだけ頑張ったのだから、褒められるのは当たり前だ。/那么努力了,被表扬是理所当然的。
- 他人のものが断ってから使うのは当たり前だ。/别人的东西要先打招呼才能使用,这是不言而喻的事。

❹ もっとも 指认同、肯定前面提到的事项,有"合理""正当"的意思,不能用于自己的事情。例如:

- あんなに力を入れたのだから、完成するのはもっともだ。/投入那么多的精力,完成了也是理所当然的。

- 賛成なさらない原因はごもっともです。/您不赞成的理由是很充分的。
- こんなに早いんだから、起きられないのももっともだ。/这么早，起不来是理所当然的。

五十六　とうとう/やっと/ついに/漸（ようや）く/辛（かろ）うじて/何（なん）とか/どうにか

相近词义　终于，终究

区别和例句

❶ **とうとう**　指长期通过各种努力，使预计的事情得以实现，或因为某事最终导致计划没能完成。与"ついに"意义接近，可以互换。但是，"とうとう"强调过程，而"ついに"强调结果出现的瞬间。例如：

- カメラが壊れて、記念写真はとうとう誰の手にも渡さなかった。/相机坏了，纪念照最终谁也没拿到。
- 風船は高く飛んで、とうとう見えなくなった。/气球飞高了，终于再也看不到了。
- 学費どころか、生活費にも困っていて、とうとう大学にいけなくなった。/不只是学费，生活费也很难凑齐，最终没能去读大学。

❷ **やっと**　经过长时期、最大限度的努力，使预计的事情得以实现。带有经过时间、金钱、劳力等方面的付出，使得某事得以实现的满足感，主观评价的语气强，着重点在实现的瞬间。也可用于短时间完成的事情上。表示"勉勉强强"的意思时，不能与"ついに"替换，如"やっと4人暮らせるだけの給料"。例如：

- みんなで徹夜してやっと新しい機械を組み立てた。/大家干了个通宵，终于组装好了新机器。
- 何年間も研究を重ねた末やっと所期の成果を収めた。/经过多年的不断研究，终于取得了期望的成果。
- 本を取ろうとして、手を伸ばしてやっと本棚の最上部に届いた。/想要拿书，伸手勉强碰到了书架的最高层。

❸ **ついに**　经过很长时间，在最后期限内完成（未完成）预计的事情，着重点在实现的瞬间。用于当初的期待实现了，或者说话人对事情感到担心、不安的场合。客观评价的语气强。多为书面语。"やっと五時の飛行機に間に合った"，表示短时间赶上飞机，句中的"やっと"不能换成"ついに"。得到不好的结果或后续否定句的场合能用"ついに""とうとう"，但不能用"やっと"，如"ついに運動会が止めた"。而表示轻易就能完成某事，或者得到与预期相反的有利结果时，可用"ついに"，不能用"やっと"，如"ついに作家活動を続けていった""ついにみんな

が集まるまで待たなかった"。例如：

- 今回の運動会で期待通りついにチャンピオンを獲得した。/在这次的运动会上,(我)终于如愿以偿地获得了冠军。
- 長いこと発明に勤めたが、ついに諦めてしまった。/长期致力于发明,最终放弃了。
- 渋滞のため、ずいぶん遠まわしをしてついにふるさとに帰った。/因为堵塞,绕了很大一圈终于回到了故乡。

❹ **漸く** 长时间期待的事情得以实现。与"やっと"意义接近,两者可以互换。但"漸く"强调过程,带有喜悦的心情。"やっと"强调结果及过程的辛苦。"漸く・とうとう"几乎可与"やっと・ついに"互换。例如：

- 雪も風もやんで漸く朗らかな天気になった。/风雪都停了,天气终于变得晴朗起来。
- 苦労した甲斐があって、子供も漸く成長して、せっせと働いている。/辛苦没有白费,孩子也终于长大,努力地工作着。
- 待ち望んだが、二ヶ月のあと、漸く採用の知らせが来た。/盼着盼着,两个月后,录取的通知终于来了。

❺ **辛うじて** 表示某事在极限状况下得以实现,差一点完不成的事情得以完成。和"やっと"不同,所指的动作不必经过一定时间或按预定计划进行,因此,"やっとバスが来た"中的"やっと"就不能替换为"辛うじて"。另外,"辛うじて"还可以用在未发生的、没有确切的可能性的事物上。有确切的前提或可能性时用"やっと・漸く"。例如：

- 生活が楽などころか、辛うじて学費を出すありさまだ。/生活哪里谈得上轻松呢,好不容易才拿出学费。
- 三組の実力と伯仲して、今度は辛うじて勝った。/与三班的实力不分伯仲,这次好不容易才获胜了。
- 男の人が水に溺れたところを辛うじて助かった。/男人溺水了,好不容易才被救起来。

❻ **何とか** 表示用尽一切手段达到大致目标,有表示经过说话人的努力得以实现某目标的含义。例如：

- 二組は体力づくりについて何とか案を出しましたか。/关于增强体力,二班有什么提议吗？
- 手術を受けて、足は何とかとりとめた。/接受了手术,脚总算是保住了。
- 資料を調べたり夜更かしをしたりして、締め切りの日に何とか論文を出した。/熬夜查资料,总算在截止日期前交出了论文。

❼ **どうにか** 表示想尽各种方法实现大致目标,有表示经过说话人努力使某目标得以实现的含义。"なんとか"和"どうにか"可以互换,在大多数情况下可以和"辛うじて"互换。但是在表示"设法"的意思时,如"何とかなるさ・どうにかするよ",不能用"辛うじて"。另外,"なんとか"还有"这个那个""什么的"意思。但"なんとかしよう"带有期待的语气,如果换成"どうにかしよう",则带有不安的语气。例如:
- ご鞭撻のおかげでどうにか学業にいそしんでおります。/在您的鞭策之下,我勉强算是勤于学业。
- 自分でどうにかなるんでしたら、お伺いはいたしません。/要是自己有办法,就不来请教您了。
- タクシーで空港まで行って、どうにか飛行機に間に合った。/打的去机场,总算赶上了飞机。

五十七 どうも/どうやら

📖 **相近词义** 似乎,多半

📚 **区别和例句**

❶ **どうも** 表示在无确切根据、理由的情况下,对不利的事情进行主观推断,常与"〜ようだ・〜らしい・〜そうだ・〜かもしれない"呼应。当"どうも"后面接否定式时,指怎么也得不到有利结果,如"何回も試してみてもどうもうまくいかない",当表示说出自己"不明理由、总感觉如此"的心情时,如"どうもこの言い方が変だ",或者表示"实在太"的意思时,如"どうもよく頑張ったね",不能与"どうやら"替换。例如:
- 彼の教え方からすると、どうもプロではないらしい。/从他的教法来看,好像不是专业的。
- どうも今度の台風による被害が大きいかもしれない。/也许这次台风造成的损失很大。
- この伝説はどうもだれかから聞いたことがある。/总觉得这个传说从哪个人那里听到过。

❷ **どうやら** 表示在不明真相的情况下,对有利或不利情况进行推测,带有确信某目标能实现的语气。没有确切依据,主观推断不利状况可能出现时,可以与"どうも"替换,表示极可能发生某事。而当推测有利事情,认为其能实现,表示"好歹"的意思时,如"どうやらこの試合にも勝つのだ",不能与"どうも"替换。例如:

- このメモの内容からすると、どうやら小松さんが留守中にやってきたらしい。/从这个便条的内容看,小松好像在我不在家时来过。
- 両親からのメッセージでどうやら呂さんは親の苦心が分かった。/通过双亲发来的信息,小吕总算明白了父母的苦心。
- どうやら収納率を高めるには特効薬はないようだ。/要提高收缴率似乎是没有"特效药"的。

五十八 特に/殊に/殊の外/特別(に)/とりわけ/別段/格別/格段

相近词义 特别,尤其

区别和例句

❶ **特に** 表示有意识地加以区别,主观判断出其不同。既可用于状态,也能用于有意行为。例如:
- 出来る限りの事をやって、特に感謝すべきほどのこともない。/只是做了能做的事,没有什么特别值得感谢的。
- パーティーでもないし、特に用意して来る必要はない。/也不是什么宴会,来之前没必要特意准备。
- ここで特にその点について説明させていただきます。/在这里请允许我对这一点特别说明一下。

❷ **殊に** 表示作为话题提出一个与其他事物显著不同的事物。可用于状态,不用于描述有意行为或陈述主观判断的场合。在"お忙しいが、特にお体にご注意ください"中,"特に"不能换成"殊に",是因为"お体"是复数事物,而原句没有提出其中最明显的一项。"以上のことは特に禁じる"同样也是没有提出一个特定的事物,不能换成"殊に"。

殊の外 与"殊に"意义相同,但多了表示意外的意味。例如:
- もう春なのに、今晩は殊に冷えこみがきびしい。/已经是春天了,但今晚格外冷。
- 行って見たが、展覧会では殊に目立つものは何もない。/去看了,但展览会上没有一个特别引人注目的东西。
- ずいぶんあると思ったが、宿題は殊の外早くすんだ。/以为有很多作业,结果很快就做完了。
- 富山さんは殊の外慎み深く、ずっと黙り込んでいる。/富山格外谨慎,一直沉默着。

❸ **特別(に)** 既可以作副词,也可以作形容动词,指把主题或对象与一般场

合加以区别,特殊对待。"うちの子は殊にサッカーが好きだ",用"殊に"是指比起其他运动,孩子更加喜欢足球。用"特に"表示说话者主观判断孩子尤其喜欢足球,用"特別"则是指孩子在喜欢足球这一点上比较特别。另外,"特別"还有"特別教室・特別料理・特別注文"等表示"专门设立"的意思的用法。例如:

- ⊙ そのワンピースは素敵だが、特別な場合に着てもいい。/那件连衣裙很漂亮,可以在特别的场合穿。
- ⊙ 研究したい人だけに特別に指導します。/只给那些想要做研究的人特别指导。
- ⊙ 学生じゃないから、特別扱いにしないでください。/不是学生,请不要特殊对待。

❹ **とりわけ**　用于对已经超出同类事物中平均水平的某一事物进行说明的场合。和"殊に"一样表示状态,不用于有意行为,而在表达说话人的主观判断时可以和"特に"替换。例如:

- ⊙ 京都はいつ行ってもいいが、とりわけ秋の紅葉が美しい。/京都随时可以去,秋天的红叶尤其美。
- ⊙ 鳥類は美しい動物だ。とりわけ熱帯の鳥たちが美しい。/鸟类是美丽的动物,热带的鸟儿们尤其美。
- ⊙ いつも待たされるが今日はお客がとりわけ多い。/虽然总是要等的,但今天客人格外多。

❺ **別段**　后面常接否定式,表示"不是特别的……"的意思,有即使发生什么状况也对说话人影响不大的含义。例如:

- ⊙ この前のパーティーで知り合って、別段ぜひ会わねばならぬ人でもない。/是在之前的聚会上认识的,不是什么必须得见的人。
- ⊙ あれと色が違っても、別段変ったことはない。/虽然和那个颜色不同,但没有什么大的区别。
- ⊙ 一位をとっても別段うれしくない。/虽然得了第一名,但并不特别高兴。

❻ **格別**　表示比"特別"的程度更深。除了固定用法以外,在其他用法中都能用"特別"替换。另外,用"～なら格別"的形式,表示"姑且不论"的意思,用法稍有些陈旧,如"用事なら格別だが、でなければ参加せよ"。

格段　指阶段或程度显著超出标准。与"格別"意义相同,但多了"越发"的意味。例如:

- ⊙ ふたつを比べて格段ちがったところはない。/把两者进行比较,没有什么特别不同之处。
- ⊙ 格段の招きを受けて、恐れ入ります。/受到特别款待,非常感谢。

- 春になり、野山の花が格段と美しい。/到了春天，山野的花格外美丽。
- 言い訳を聞いて、彼の態度は格段に厳しい。/听到解释，他的态度越发严肃。

五十九 突然/不意に/急に/俄に/俄然/出し抜けに/いきなり/不図/突如/忽然

相近词义 突然，忽然

区别和例句

❶ **突然** 表示自然现象、作用、人的行为瞬间发生。描述客观事态，含有吃惊的意味。表达没想到的事件瞬间发生或突然发生的意思时，如"突然の戦争"，不能替换"急に"。例如：
- 授業中先生に突然名指しされてびっくりした。/上课时突然被老师点名，吓了一跳。
- 自動車が突然バックして止まった。/车突然后退，然后停下了。
- 突然課長に聞かれて、返答に窮した。/突然被科长问话，不知如何回答。

❷ **不意に** 指行为或状态在毫无心理准备、没预料到的情况下瞬间发生。只用于事态有可能发生却没提防而使其在眼前迅速发生的场面，这对承受者来说或许是不好的事情。表示说话者的主观心理状态。"不意に"的句子基本上能用"突然"替换，反之则不然。"不意に"一般不能用于自己的行为，但可以用于自己无法控制的感情和感觉，如"私は不意に悲しみを感じた"。这时可换成"突然"，但是"突然"表示客观描述。在描述自己的行为使对方受到影响的场合，"突然・不意に"都能用，如"突然（不意に）伺って失礼ですが"。"不意に"没有"いきなり・出し抜けに"表示出来的意外性。例如：
- 日本の友人が不意に大勢たずねてきて、接待にせわしい。/日本友人突然大量来访，接待搞得手忙脚乱。
- この辺りは昨夜不意に雹に襲われて大きな被害を受けた。/这一带昨晚被突如其来的冰雹袭击，受损严重。
- 部長に不意に計画を催促されて、あわてて作っている。/部长突然催我做计划，于是慌忙制订起来。

❸ **急に** 表示一个状态短期内迅速激烈地发生变化。"急に"比起"突然""突如"，多少有点时间宽度。在表示必须抓紧的事态、速度快、倾斜度大等意思时，不能替换为"突然"。"突然"也不能表达紧急、危急等意思。"突然の用事（雨・停车）"是突然有事（突然下雨、突然停车）的意思；如果换成"急な"，却是急事（骤

雨、紧急停车)的意思,带有不安、犹豫、惊慌、恐惧等意味。只表示速度的急剧变化时,也不能用"突然",如"最近急に元気がなくなってきた"。例如:
- 部屋が急に明るくなって、目が覚めた。/房间突然亮了起来,醒了。
- 急に注意されても、俄に方向を変えることはできない。/即使一下子被提醒,也无法立马改变方向。
- 前から急に人が飛び出したので急ブレーキをかけた。/前方突然跑出一个人,于是急忙踩了刹车。

❹ **俄に** 表示眼见状态或事态由好转坏。后面可接否定式,表示不能立刻得出结论,(不能)马上的意思,如"俄に返事はできない"。书面语。"俄に"是"急に"加强语气的说法,表示由好转坏的场合时可以互换。

俄然 表示事物急速向有利方向变化,书面语。是"俄に"的汉语词汇。例如:
- ひとりで暗い研究室に入った途端、俄に恐くなってきた。/独自去昏暗的研究室,刚一进去就突然害怕起来。
- 年の暮れになって俄にくたびれになる。/到了年底突然很疲惫。
- ニュースを読むと俄に表情が憂鬱になった。/读了新闻,表情一下子变得忧郁起来。
- 奨学金がもらえると聞いて、斉藤さんは俄然張り切った。/听到能拿奖学金,齐藤突然紧张起来。
- 橋本さんは俄然態度を変えて、なんの動機だろうか。/桥本突然改变态度,有什么动机呢?

❺ **出し抜けに** 表示行为在其承受者毫无心理准备、没有提防、没预料到的情况下瞬间发生,带有意外性。例如:
- 木下さんに出し抜けにプロポーズされて返事に窮した。/突然被木下求婚,无法回答。
- にこにこ笑いながら近づいてきた男が、出し抜けに銃を突きつけた。/笑着走近的男人突然把枪对准了我。
- 妹は父に出し抜けに怒鳴られて泣き出した。/妹妹突然被父亲大骂一通,哭了起来。

❻ **いきなり** 表示行为或状况毫无前兆,不按步骤瞬间发生,对行为的承受者和观察者来说是完全出乎预料的事情。如"入社していきなり部長になった",指没有经过一步一步提升,一下子就当了部长。例如:
- 声もかけずいきなり後ろから肩を叩いてはいけない。/不要不打招呼就突然从背后拍别人的肩膀。
- いろいろしゃべったのに、いきなり黙ってしまう。/聊了很多,突然就沉

默了。
- 杉山さんはいきなり前の人を追い越してゴールインする。/杉山突然越过前面的人跑到了终点。

❼ **不図**　表示事情在非意志的情况下不经意地瞬间发生,如"不図明かりが消えた"。还有表示偶然的意思。例如:
- 私は、不図見ていられなくなって逃げ出したくなった。/我突然看不下去了,想要离开。
- 百合子さんの顔に不図不安げな表情があらわれた。/百合子的脸上不经意间露出了不安的表情。
- 彼の後姿を見て不図心にかすかにくやしく感じた。/看着他的背影,突然感到些遗憾。

❽ **突如**　表示给政治、社会带来重大影响的事件瞬间发生。书面语。常用"突如として"的形式。例如:
- 突如敵が右側から陣地に迫ってくる。/敌人突然从右侧逼近阵地。
- 若い作家が突如文壇に現れた。/年轻作家惊现文坛。
- 突如として目の前に野原が広がる。/眼前的原野豁然开朗。

❾ **忽然**　表示突然出现或消失。书面语。例如:
- 遠い海に忽然と鯨の群れが現れる。/远处海面上忽然出现鲸群。
- 娘の姿は忽然と消し、あやにしきだけ残った。/姑娘突然消失了,只剩下了绫锦。

　兎に角/何しろ/兎も角/いずれにしても/いずれにせよ/どうせ

📖 **相近词义**　反正,不管怎样

📚 **区别和例句**

❶ **兎に角**　表示无论情况怎样,暂且接受现状,带有现实如此只得接受的心情。表示对于提议不多作考虑,暂且采取某行动时,不能换成"何しろ",如"上手ではありませんが、兎に角やってみましょう"。例如:
- 原因は後で調べるから、兎に角社長に報告してください。/原因之后再调查,总之先向社长汇报吧。
- 兎に角来月開催するから、準備が忙しくなくてもいい。/总之下个月才举办,不用急着准备。
- その会社を薦めたいが、給料は兎に角としてそれほど高くない。/想推荐那家公司,工资暂且不论,反正不是很高。

❷ **何しろ**　指无论在什么情况下，状况都不会发生变化，所以接受现状。带有无力改变只得接受的心情。口语中用得多。多用"何しろ～ので"的形式。例如：

- 私のような人は何しろ鈍いから理解できない。/反正我这样的人很迟钝，不能理解。
- 何しろ喧嘩が喧嘩だから、すぐ仲良くなりそうにない。/反正吵架就是吵架，看样子没法很快和好。
- 何しろ反対されるから、何も言わないでください。/反正都会被反对，请什么都不要说了。

❸ **兎も角**　表示以某话题、问题作为参考标准，优先处理其他话题或问题。常用"Aは兎も角 Bは～""Aなら兎も角 Bは～"的形式，A作为参考标准，强调对作为中心的B的好或坏的评价。而"兎に角"不考虑A的情况，没有对比的含义。表示暂且采取某种行动时，可以和"兎に角"互换，但"兎も角"有"只得如此"，担心造成坏结果的语气，而"兎に角"有舍A取B，听天由命的语气。例如：

- 夏は兎も角、冬場がつらい。/夏天且不说，冬天日子可不好过。
- 怒られるかも知れないが、兎も角要求を言い出そう。/也许会被骂，总之还是把要求说出来吧。
- 名前が思い出せないが、兎も角彼が同級生であることはまちがいない。/名字想不起来了，总之，他是同年级的这点不会有错。

❹ **いずれにしても**　表示从两者中任选一个，与"兎も角"意思相近，表示暂且的意思。

いずれにせよ　是比"いずれにしても"更书面化的说法。口语中还可说成"どちらにしても""どっちにしたって"。例如：

- 今度の合作については、いずれにしてももう話し合ってみましょう。/关于这次合作，不管怎样，先协商着看看吧。
- 学部でいずれにしても発言するから、よく準備しておこう。/反正要在系里发言，好好做准备吧。
- お客が来るかないかにかかわらずいずれにせよ部屋をきれいに片づけなさい。/不管客人来不来，总之把房间打扫干净吧。

❺ **どうせ**　表示无论怎样努力都不能如希望的那样，带有断定或者放弃的意味。表示希望的时候用"どうせ同じ～"，如"どうせ同じ映画ならアメリカの映画を見たい"。例如：

- どうせ戻らないのなら、お土産を買ったほうがいい。/反正不回去了，还是把礼物买了吧。
- どんなに困難であってもどうせ歯を食いしばって生きていく。/再怎

么困难,反正咬着牙也要生存下去。
- どうせ承知しないから、言わない方がましだよ。/反正都不知道,还是不说为妙哟。

六十一 共(とも)に/一緒(いっしょ)に/一斉(いっせい)に

相近词义 共同,一起

区别和例句

❶ **共に** 指两个以上的物体在时间或状态方面有共同点。"～と共に"是惯用句型,可译作"……的同时""和……一起""随着……"例如:
- 村山さんとは運命を共にする親友で絶対に信じあう。/(我)和村山是命运与共的好朋友,绝对相互信任。
- 人生は喜びと苦しみが共にあるので、楽観的に暮らしていかなければならない。/人生悲喜交加,所以必须乐观地生活下去。
- 年をとって、体が弱ると共に記憶力も衰えていく。/上了年纪,身体变差的同时,记忆力也不断衰退。

❷ **一緒に** 指两个以上的人或物体在同一时间或空间开展行动。"一緒に"只用于在同一时间或空间行动的场合,而"共に"可用在时间、空间、状态不同的场合。如"現金と書類は共に送りました"指"現金"和"書類"都(分别)寄出了,如果用"一緒に",则是指用同封寄出的意思,因此两者不能换用。另外,"一緒に"还可以表示两个以上事物混在一起,如"あの二人はどこへ行っても一緒だ",这时不能换成"共に"。"～は一緒だ・一緒にいる・一緒になる"等表达方式中的"一緒に"也不能用"共に"替换。"一緒に"是口语,"共に"是书面语。例如:
- その市の人口は二つの小さな市を一緒にしたくらい多い。/那个市的人口有两个小城市的人口加起来那么多。
- 参加者は別々に出発して、飛行機で一緒になる。/参加者分别出发,坐飞机会合。
- 親子一緒に旅に出ることはめったにない。/很少亲子一起出去旅行。

❸ **一斉に** 指很多人同时采取统一行动,意为"一齐"。例如:
- 先生が教室に入って、学生たちは一斉に立ち上がって、御礼をする。/老师进入教室,学生们一齐站起来行礼。
- 親類は彼に向かって一斉に圧力を加えた。/亲戚一齐向他施压。
- 出席者は一斉に手を挙げて、案を通した。/出席的人一齐举手,通过了方案。

六十二　なお/尚更/まして/況や

相近词义　更,还

区别和例句

❶ **なお**　指程度比以前进一步、更加,还有"依然""尚且""还"等意思。如"不景気で困っているのになお取引先が倒産した",主要指原来的程度自然加深或附加了其他条件之后程度加深。汉字可写成"尚""猶"。例如:

- 山田さんが協力してくれるなら、なお解決できる。/如果山田肯帮忙,就更好解决了。
- この時計は先月よりなお進んだり遅れたりしている。/这块表比起上个月时情况更糟,一会儿快一会儿慢。
- 言葉も通じなくて、そちらでの生活はなお困る。/语言也不通,在那边的生活更加困难。

❷ **尚更**　主要表示添加极端条件或新的条件后程度加深,指后项比前项程度深得多。如"音を小さくすれば尚更はっきり聞こえたのに"。例如:

- 飲むなといわれたら尚更して飲みたくなる。/说了不准喝,却更想喝了。
- 発表もすばらしいが、図を見せながら言うと尚更うまい。/发表得很棒,但(如果)一边展示图片一边说会更好。
- 二人の収入ではぎりぎりなのに、子どもが生まれれば尚更だ。/两人的收入勉勉强强够生活,生了孩子的话就更拮据了吧。

❸ **まして**　先陈述一般状况,然后附加上另外的极端条件,强调在该条件下当然如此;或先陈述极端状态下的情况,然后指出一般情况下当然如此;也指与极端情况下的反应相比,该场合下的反应程度更强烈。

況や　是"まして"的书面语,常用"況や～をや"的形式。例如:

- 川の船でも酔うのにまして海では吐かないはずが無い。/即使是河上的船也会晕,何况是海上的,更是会吐吧。
- 一度も小さい村を離れたことがないから、まして東京では迷子になるだろう。/从来没离开过小村子,何况在东京,一定会迷路吧。
- 先生でさえ答えられないが、況や生徒においてをやだ。/连老师都回答不了,何况学生呢。
- 親戚でさえ誇りと思ったのだ。況やご両親においてをやだ。/连亲戚都感到骄傲,何况他父母呢。

六十三 なお/まだ/未(いま)だに

📖 **相近词义** 犹,尚,任然

📚 **区别和例句**

❶ **なお** 表示事物的状态不仅持续,还在加强。另外,还有"反而""越发"的意思。"なお"还有接续词的用法,表示尚且的意思。汉字可写成"尚""猶"。例如:

- 品物の納期まではなお二週間ある。/离交货时间尚有两周。
- 高田さんは年をとってもなお意気さかんだ。/高田虽然上了年纪却依旧很有气魄。
- 彼女はひどく傷つけられたらしく、今なお友情を信じない。/她好像被伤得很深,现在依然不相信友情。

❷ **まだ** 表示事物的状态持续到现在,下一个预料中的事态还没发生,也可表示没达到预期的程度,或表示还存在着同类事物,与较差的事物相比稍好。可写成"未だ"。例如:

- まだ嵐がやみそうにないから、出かけないほうがいい。/暴风雨还没有停息的迹象,所以还是不要出去吧。
- よくうそを言うが、まだ思いやりのある男だ。/是个经常撒谎,却懂得体谅别人的男人。
- いろいろあったが、彼女はいままでまだ医者になる夢がある。/虽然经历了很多(挫折),她至今还有成为医生的梦想。

❸ **未だに** 后面常接否定式,表示持续的状态不容乐观、该受责备。例如:

- 排気ガスや排水による汚染は未だに治めていない。/由废气和污水引起的污染依旧没有得到治理。
- 一ヶ月前に課長に言っておいたが、未だに休暇が取れない。/一个月前就向科长说了,但依旧没有请到假。
- 何ヶ月も経ったが、彼は未だに歩けない。/过了好几个月了,他依旧不能走路。

六十四 なぜ/なにゆえ/どうして/何(なん)で

📖 **相近词义** 为何,何故,为什么

📚 **区别和例句**

❶ **なぜ** 含有说话人不明理由,感到疑问、怀疑的心理。由于不明理由、状况,询问对方要求说明或者表示自问,提出疑问,提出问题进行说明,感到怀疑等,在这些用法中,"なぜ"都能用"どうして"替换,但是,"なぜ"表现示出难以判断的语气更强。汉字可写作"何故"。

なにゆえ 与"なぜ"同义,用法有些陈旧,为书面语。汉字可写作"何故"。例如:

- 変な音がしているので、なぜかと思って開けてみるとごみで埋まっているのだ。/听到奇怪的声音,想着是怎么一回事呢,打开门一看,原来是垃圾塞满了。
- なぜ肥満になったかといえば夜食をよく食べるからだ。/要说为什么长胖,那是因为经常吃夜宵。
- なにゆえ近頃リンダさんは姿を現さないのか。/为何最近琳达不露面了呢?

❷ **どうして** 原本有"用怎样的方法"的含义,多表示考虑客观的原因和理由。另外,以下用法是其他三个词所没有的:①表示"如何""怎么办",与"できようか""できるだろうか"等表示可能的动词结合时构成反问句,意为"绝对办不到""绝不可能",如"どうして帰ろうか"。②作为感叹词,表示全面否定对方或自己刚才的判断,使用时多叠用,如"これでいいかって? どうしてどうして、そんなものじゃすみませんよ"。③作感叹词表示惊叹,如"やさしそうに見えるけど、あれでどうして気が強いんだから"。例如:

- きのうはどうして新年会に出なかったのか。/昨天为何不参加新年晚会呢?
- 大学を出て、これからどうして暮らしていこうか考えたことがあるか。/你想过大学毕业后如何生活下去吗?
- こんなに多くの単語はどうして一日で覚えるんだい。/这么多单词一天怎么能记得住呢?

❸ **何で** 表达对于理由和方法感到疑问、怀疑的心情,多用于反问句,口语中较常用。例如:

- なんでそんなに乱暴な言葉遣いをするのだ。/为什么要用这么粗鲁的言辞呢?
- なんで勇気を出して責任をとらないか。/为什么不拿出勇气负起责任来呢?
- この事務室はなんでこんなに汚いんだろう。/这间办公室为何这么脏呢?

六十五 何卒／どうぞ／どうか／何分／ぜひ／是非とも／願わくは／こい願わくは／まげて

📖 **相近词义** 请

📚 **区别和例句**

❶ **何卒** 表示请求，语气强烈，是"どうぞ""どうか"的郑重说法。例如：
- 神様、何卒いい人にめぐり合わせてください。／神啊，请让我遇到一个好人吧。
- お暇だったら、何卒新入社員をご指導ください。／如果您有时间，请指导一下新职员。
- 何卒大学に合格するように。／祝愿你能考上大学。

❷ **どうぞ** 用于向对方郑重请求，或者同意对方进行某种行为的场合。例如：
- こちらにあるものをどうぞお好きなように使ってください。／这里的东西请随意使用。
- ご家族のためにどうぞお体をお大切にしてください。／为了家人，请您保重身体。
- どうぞお好きなようにしてください。／请您随意。

❸ **どうか** 表示恳请、恳求对方做某事。向神灵祈祷时，常用"どうか～ますように（お願いします）"的形式。另外，还可表示"想办法""不正常"等意思，多用于句中。

何分 与"どうか"同义，一般为年长者使用，说法显得陈旧。还有表示"毕竟""无奈"的意思。也可作名词，表示"多少""若干"的意思。例如：
- それらのうわさをどうかまともにしないでください。／请不要把那些传言当真。
- 失敗の原因が分かったら、どうか気を変えて最初からやり直してください。／明白了失败的原因，就请换一种心情从头来过。
- 今後とも何分うちのチームをご応援ください。／今后也请继续支持我们队。
- 訪日のスケジュールは何分この二、三日にお決めください。／请这两天就决定访问日本的日程安排。

❹ **ぜひ** 用"ぜひ～たい""ぜひ～しよう"表达自己的强烈愿望，"ぜひ～てください"请求对方做出积极的行动。作名词时，是"善恶""是非"的意思。可写作"是非"。

是非とも　是"ぜひ"加强语气的说法。例如：
- 論文の書き方についてぜひ教えてください。/请一定教教我论文的写作方法。
- 誤解されかねないが、ぜひ喧嘩は避けたい。/很可能被误解,但无论如何也想要避免争吵。
- 今月までに道路工事を是非とも完成させたいものだ。/这个月之前无论如何都想要完成道路施工。
- 商談は是非とも三月まで延期していただきたいです。/商谈请务必延期到三月。

❺ **願わくは**　祈求时用,如"願わくは御名の尊まれんことを",是"希望……"的意思,因此,用于说出自己的愿望的场合。例如：
- 願わくは、北京で幸せに暮らしていってほしい。/希望你在北京幸福地生活下去。
- 願わくは、貴校との交流を続けたいと思っておりました。/希望和贵校继续交流。
- 願わくは今度の実験がうまくいくことを。/希望这次的实验能够顺利进行。

❻ **こい願わくは**　带有命令或希望语气的请求。常用"こい願わくは～せむことを"的形式,一般用于书信中。例如：
- こい願わくは速やかに全快されんことを。/但愿您能很快痊愈。
- こい願わくは速やかに救済の手をさしのべられんことを。/但愿您立刻伸出援助之手。

❼ **まげて**　用于即使勉为其难也希望对方接受请求的场合。例如：
- 会議での発言の件、まげてご承諾願います。/在会议上发言的事,请您务必答应。
- 課長さんに紹介していただくことをまげてお願いいたします。/务必请科长介绍一下,拜托了！
- 失礼のほどまげてお許しください。/请务必原谅我的失礼。

六十六　なるほど/さすが

相近词义　的确,不愧

区别和例句

❶ **なるほど**　用于表示经过某件事情重新确认以前知晓的事情的场合,或

者用于承认对方的行为有道理的场合。另外，还有感叹词的用法。可以写成"成程"。例如：
- ⊙ 世の中にはなるほどいろいろな人間がある。/世上的确有各种各样的人。
- ⊙ なるほど言われたとおり、この店は20代の客に人気がある。/诚然如您所说，这家店在二十几岁的客人中很受欢迎。
- ⊙ なるほどいい方法だが、彼女を説得するのは難しい。/果然是好方法，但要说服她很难。

❷ **さすが** 常用"さすがに""さすがは"的形式，带有不得不承认现状或结果的语气，表示说话者认为现状和社会上的评价一致。还可以用"〜はさすがだ""さすがは〜だ""さすがの〜"的形式。"さすがは〜だ"是"正如预想的一样"之义。"さすがの〜"是"就连……"的意思，表示没能达到预想的那样，不得不承认现状。可以写成"流石"。例如：
- ⊙ 熱心に助けてくれる人にはさすがに要求を出しがたい。/对于热心帮助我们的人毕竟很难提出要求。
- ⊙ 杉本さんはさすがに誇りを感じるだけあって一等賞をもらった。/不愧是让人感到自豪的杉本，拿到了一等奖。
- ⊙ からかわれたのも分からなくて、あいつの馬鹿さにはさすがに参った。/被人戏弄了也不知道，真是被那小子的愚蠢给打败了。

六十七　なんだか/なんとなく

相近词义 总觉得，总有点

区别和例句

❶ **なんだか** 表达遇上不利的现实却不明白个中原因的心情，带有正视现实，思考其原因，想要解决困难的心理变化。例如：
- ⊙ 兄は今日はなんだか落ち着かないらしく、部屋を出たり入ったりしている。/哥哥今天好像有点静不下来，在房间里进进出出的。
- ⊙ なんだか変な人がこのあたりをうろうろしている。/一个感觉很奇怪的人在这附近转悠。
- ⊙ なんだか子供たちが騒いでいるようで、何かあっただろう。/孩子们好像在闹，发生了什么事吧。

❷ **なんとなく** 表示不知缘由的、茫然的感觉、心情、感情、现象等。"なんとなく"只是茫然的感觉，没有思考的含义。"なんだか＋現実の事柄＋確認や疑

問"中的"なんだか"不能换成"なんとなく",如"なんだかおなかが痛い"。例如:
- この前のうわさを思うと、なんとなく胸騒ぎがして、眠れない。/一想到之前的传言,不知为何就感到心惊肉跳,睡不着觉。
- 優しい人だが、彼とはなんとなく虫が好かないような気がする。/他是个温柔的人,但不知为什么就是对他没有好感。
- なんとなく富山さんは近づきにくい人で、一度も話しかけたことがない。/总觉得富山是个难以接近的人,一次也没跟他搭过话。

六十八 残(のこ)らず/洗(あら)いざらい/隈(くま)なく/根(ね)こそぎ/虱潰(しらみつぶ)し

相近词义 全部,统统

区别和例句

❶ **残らず** 指所有有关的事物一个都不剩。例如:
- 大学の生活についての感想を残らず聞かせてください。/关于大学生活的感受,请一点不落地讲给我听。
- 出たものを残らずたいらげて、宴会は終わった。/桌上的菜被一扫而光,宴会也结束了。
- 息子を大学に行かせようと、母親は飾り物を残らず質に入れてしまった。/母亲想让儿子去上大学,把饰物一个不留地典当了。

❷ **洗いざらい** 指彻彻底底地抖搂、坦白。例如:
- その話は洗いざらい彼の無知をさらけ出した。/那些话彻底地暴露了他的无知。
- あの人は秘密を洗いざらいしゃべった。/那个人彻底坦白了秘密。
- 容疑者は警察に洗いざらい白状する。/嫌疑人彻底向警察坦白了。

❸ **隈なく** 原本是无处躲藏的意思,表示"到处""处处""每个角落"用于搜寻事物或人的场合。例如:
- 部屋中を隈なく探し回ったが、財布はない。/把房间找了个遍,却没看到钱包。
- 先月は京都を隈なく歩き回って、いろいろ取材した。/上个月把京都逛了个遍,做了很多采访。
- 月一回会社内を隈なく回って、不用心のところを点検する。/一个月在公司里巡视一次,检查每个疏漏之处。

❹ **根こそぎ** 原本是连根拔除的意思,表示"不留痕迹地""干干净净地",多

用于被动态。例如：
- パソコンが壊れて、もう根こそぎ今まで書いたものはなくなってしまった。/笔记本电脑坏了，至今为止所写的东西全部都没有了。
- 暑くなって、根こそぎにアリを退治するのに悩んでいる。/天气热了，正为如何根治蚂蚁而烦恼。
- 不景気で会社が倒産して、身代を根こそぎなくして、どう生活していくか。/公司因为不景气倒闭了，失去了所有财产，要如何生活下去呢？

❺ **虱潰し** 指从一端开始丝毫不落地挨个处理。例如：
- 警察は容疑者が隠れそうな場所は虱潰しに捜査した。/警察挨个搜查了嫌疑人可能藏身的地方。
- 今までひとりひとり虱潰しに調べたが、事件のいきさつが解明しなかった。/迄今为止（的线索）已经逐个调查了，事情的经过还是没有查明。
- 一軒一軒虱潰しにたずねまわって、住民の人数を統計する。/一家一家地逐户拜访，统计居民的人数。

六十九 のろのろ/ぐずぐず/もたもた/のっそり

相近词义 缓慢地，慢吞吞地

区别和例句

❶ **のろのろ** 指动作、行为、反应迟缓。例如：
- そのままのろのろしてチャンスを失ったら、後悔するよ。/那么慢慢吞吞地（做事），失去了机会会后悔哟。
- ずっと前からずらりと並んでいたので、のろのろ前へ進まなければならなかった。/从前面开始排成一个长队，所以只能慢慢往前走。
- 車がのろのろ走って、車内ではいびきの音がしている。/车缓慢行驶着，车里响起打鼾的声音。

❷ **ぐずぐず** 由于无法判断形势或者不感兴趣等原因而不快速行动，有故意拖延的意味。还表示不满时嘟嘟囔囔的意思。口语中常用。例如：
- ぐずぐずしないで、ほしいならはっきり言ってください。/不要磨磨蹭蹭，想要就清楚地说出来吧。
- 松本さんは研究室でぐずぐずして帰りもしない。/松本在研究室磨磨蹭蹭，也不回家。
- そんなにぐずぐず解決を延ばしては怒られるよ。/那么磨磨蹭蹭地拖着不解决会被骂哟。

❸ **もたもた** 指态度犹犹豫豫,动作缓慢、不利落,事情的进展拖拉。例如:
- キムさんはもたもたしていて、夜になっても決心をつけない。/小金犹犹豫豫地拖延着,到了晚上也没下定决心。
- 会議がもたもたと長引いて、眠くなった。/会议拖拖拉拉地拖延着,让人发困。
- どんなことがあろうと、小林さんはもたもたしている。/无论有什么事情,小林都是慢慢吞吞地做。

❹ **のっそり** 指动作呆滞、迟缓,也指大个子呆立在面前。例如:
- 小島さんはのっそり入り口に突っ立っていて、入ろうか入るまいか迷っている。/小岛呆立在入口,不知道进不进去。
- 大きな男がのっそり荷物を持っていく。/大个子男人慢吞吞地把行李拿走了。
- 河野さんはのっそりと立ち上がって、質問さえ聞き取れなかった。/河野慢吞吞地站起来,连问题都听不清了。

七十　のんびり/ゆったり/のびのび/ゆっくり

相近词义　悠闲,舒适

区别和例句

❶ **のんびり**　指人毫不紧张,完全放松,还指不慌张、文静、温和的性格。例如:
- 残業してもいいが、せめて土曜日の夜ぐらいのんびりしたい。/可以加班,但至少周六的晚上想休息一下。
- この間は仕事が一段落ちついて、毎日のんびりしている。/这段时间工作告一段落,每天很悠闲。
- 課長に何回も催促されたからには、そうのんびりやってはいられぬ。/既然科长催促了好几次了,就不能那么慢慢地做了。

❷ **ゆったり**　指时间、空间上宽裕或身心的放松。指时间和心情时可以与"のんびり"替换,如"のんびり温泉につかる",是指为了消除紧张和疲劳而泡温泉。"ゆったり温泉につかる"是指为了享受温泉浴和欣赏周围的景色而泡温泉。但是,指空间时不能用"のんびり"替换,如"ゆったりした着物"。例如:
- 川は町の人々の生活を写しながら、ゆったりと流れていく。/河流一边映照着城里人的生活,一边缓缓地流淌。

⊙ 親父はゆったりした椅子に座りながら、コーヒーを飲んでいる。/老爷子坐在一把宽大的椅子上喝着咖啡。

⊙ うちに帰ってもゆったりとした気分にならない。/即使回家,身心也不能放松。

❸ **のびのび** 指心情或气氛毫无拘束、放松。例如：

⊙ 何年ぶりの休暇で身も心ものびのびとした。/时隔多年的假期让身心都很放松。

⊙ のびのびと暮らしている人は長生きだろう。/轻轻松松地生活的人会长寿吧。

⊙ 大学に受かって、心ものびのびした。/考上了大学,心情也放松了。

❹ **ゆっくり** 指不慌不忙、镇定地行动,也可以指时间、空间上的宽裕或心情的放松。它与"ゆったり"不同,不仅能指心情,还能指身体,如"ゆっくりと体を休める"。例如：

⊙ 8時に家を出るなら、十時半の新幹線にはゆっくり間に合う。/8点出门的话,能轻松赶上10点半的新干线。

⊙ おふたりでもゆっくり座れます。/两个人也能轻松坐下。

⊙ 毎日遅くまで残業して、ゆっくり家族と一緒に食事をする暇もない。/每天加班到很晚,没有和家人一起慢悠悠吃饭的时间。

七十一　果たして/やはり/案の定/さすが

📄 **相近词义**　果然,不出所料

📚 **区别和例句**

❶ **果たして** 指事物如所预料的那样,表示"正如所料"的意思。还可以用于疑问句中,表示对不确切事物的猜想,有"最终""结果""果真"的语义,如"誘ったが果たして見に行くだろうか"。例如：

⊙ くよくよしたが、果たして思ったとおりいい結果になった。/担心了半天,果然和预想的一样有了好结果。

⊙ 果たしてどう展開していくか、明日引き続きお楽しみにしてください。/到底故事会如何展开呢,明天请继续欣赏。

⊙ 事業が大成功だといってたが、果たしてそうかな。/说是事业取得了很大成功,果真如此吗?

❷ **やはり** 表示"正如所料"的意思时,可以与"果たして"替换。与"果たして"一样,可以用于疑问句中,但是用于表示对能否按预期进行感到不安和担心

的句子时,不能与"果たして"替换,如"果たしてまた会えるだろうか"。另外,"果たして"还用于有"だれ・どう・何"等疑问词的句中,表示最终、果真的意思,这时也不能与"やはり"替换,如"果たして誰が論文を発表するだろうか"。例如:

- ⊙ 博学だと言われてもやはり学生は学生だ。/虽然都说他博学,但学生到底是学生。
- ⊙ どこが漏れているかと思ったら、やはりその隅だった。/想着是哪里漏了呢,一看果然是那个角落。
- ⊙ やはり説明書に書いてあるとおりに組み立てたらやりやすい。/还是按照说明书上写的那样组装比较简单。

❸ **案の定**　表示正如所想的那样,一般用于书面表达,但不用于疑问句中。例如:

- ⊙ 連休なので、道路が案の定渋滞して三時間も全然動けなかった。/因为是连休,道路和预想中一样拥堵,3 小时一动不动。
- ⊙ 午後になると、空は案の定曇ってきた。/一到下午,天空果然阴了下来。
- ⊙ そこに立つと危ないと思ったら案の定川に落ちた。/才想着站在那里很危险,他果然就掉进河里去了。

❹ **さすが**　指现状得到肯定、公认,常用"～はさすがだ""さすがは～だ""さすがの～"的形式。除"～はさすがだ"以外都可以用"やはり"替换,但是仅仅表示正如所料的意思,没有表达出表扬对象优秀、出色的感情。可以写成"流石"。例如:

- ⊙ さすがプロだけあってまもなくその問題を解決した。/不愧是专业人士,很快就解决了那个问题。
- ⊙ 山下はさすが信用のある人で、約束をちゃんと守る。/山下不愧是讲信用的人,严格遵守约定。
- ⊙ あの人はさすが名声にたがわず立派だ。/那个人名声在外,果然很优秀。

七十二　ひそかに/そっと/こっそり/ひっそり/ひそひそ/ひそやかに/忍びやかに

📚 **相近词义**　悄悄地,偷偷地

📚 **区别和例句**

❶ **ひそかに**　指带有某种目的地进行暗中行动或者暗自期待,独自暗中行事。一般用于有利的方面,用于不好的事情时,可以和"こっそり"替换。语气文

雅。例如：
- 呂さんはひそかに変な人のあとをつけて、その行為を監視する。/小吕悄悄地跟在那个可疑的人后面，监视他的行动。
- 落ち葉のひそかな音が聞こえてくる。/听见树叶簌簌飘落的声音。
- 人目を避けひそかに外で会う約束をする。/约定避人眼目、悄悄地在外面见面。

❷ そっと　主要指行动时不发出声音，轻手轻脚，不为人知，不惊动别人。当用于被人看见、表示"轻轻地"之义时，不能与"こっそり"替换，如"豆腐をそっとまな板にのせる"。例如：
- 会議に遅刻してそっと入っていすに座る。/开会迟到了，悄悄进去坐在椅子上。
- 係長が怒っているらしく、みんなそっとしている。/股长好像生气了，大家都静悄悄的。
- 壊しやすいガラス製品だから、そっと扱ってください。/因为是容易破损的玻璃制品，请小心对待。

❸ こっそり　主要指不让人察觉地、躲躲藏藏地行动。可描述违反法律或规则的行为，或者用于表示禁止、命令的句子，这时不能用"そっと"替换，如"こっそり復習の資料を覗く"。例如：
- まだ子供だから、こっそりタバコを吸ってはいけません。/还是孩子，不能偷着吸烟。
- 警戒しているから、こっそり町に出てはだめよ。/正在警戒中，不能偷偷去镇上哟。
- 百合子ちゃんはこっそりお母さんの化粧品を使う。/百合子偷偷地使用妈妈的化妆品。

❹ ひそひそ　指尽量小声地（甚至听不清楚地），窃窃私语。例如：
- わたしに隠れてひそひそ言って、私の悪口を言ったに違いない。/背着我窃窃私语，一定是在说我的坏话。
- 娘はお母さんとひそひそ内緒のはなしをして、にっこり笑う。/女儿和妈妈悄悄说着秘密，微微笑着。
- 二人は廊下で小声でひそひそと相談している。/两个人在走廊小声地说话。

❺ ひっそり　表示寂静无声，安静得让人感到寂寞，安静得使周围的人都没察觉。例如：
- みんな自習していて、たまに入る人もしのび足で歩いて、教室の中はひっそりしている。/大家都在自习，偶尔有人蹑足走进来，教室里鸦雀

无声。
- ひっそりとではあるが、新しい若者文化が誕生した。/新的年轻人的文化悄无声息地诞生了。
- 五重塔はひっそり寺の東にそびえている。/五重塔悄无声息地伫立在寺庙的东侧。

❻ **ひそやかに** 指寂静无声、暗中、背地里,是"ひっそり"的文雅说法,但是没有落寞的语感。例如:
- 田山先生はひそやかに松山さんに作文を指導しているらしい。/田山老师好像在暗中指导松山的作文。
- 川が真ん中をひそやかに流れていて、静かできれいな町だ。/这是个安静美丽的小镇,河流从中间悄然流过。
- 中島さんは平気そうに見えるが、実は心の中でひそやかに喜んでいる。/中岛看上去很平静,实际在心里偷偷地乐着。

❼ **忍びやかに** 指避开耳目暗地里行事,动作轻而不引人注目,隐忍地行事。例如:
- 春が忍びやかに野原に訪れて、花々が咲き始める。/春天悄无声息地造访了原野,花儿们竞相开放。
- 夕べ帰りに後ろに忍びやかな足音がして、恐かった。/傍晚在回家的路上,听到后面有轻轻的脚步声,很害怕。
- 兵士は忍びやかに敵に近づく。/士兵悄悄地向敌人靠近。

七十三 独りでに/自ずから/自然に/自ずと

相近词义 自然,自然而然地

区别和例句

❶ **独りでに** 指在没有人为因素、没有外力的情况下因不明原因或者装置出现某种现象,产生某种结果。觉得怪异的场合,不能换成"自ずから",如"止まった機械が独りでに動き出した"。例如:
- 風もないのに上は独りでにがたがたの音がする。/明明没有风,上面却自己发出了咔嗒咔嗒的声音。
- 崔さんの話で、風邪は薬を飲まなくても一週間で独りでに治るそうだ。/据小崔说,感冒即使不吃药,一周后自己也会好的。
- そのドアは人が出ると、独りでに閉じる。/人一出去,那扇门就自己关了。

❷ **自ずから** 由于时间的经过、自然法则、偶然情况出现某种现象或产生某

种结果。在带有"应当……"的语气指责别人时,不能与"独りでに"替换,如"結果は自ずから分かるのではないか"。书面语,较生硬。例如:

- ⊙ その報道を読んで、自ずから感動の気持ちになった。/读了那篇报道,不由得被感动了。
- ⊙ 不満を隠そうとしても自ずから言葉に表れる。/想要隐藏自己的不满,却不由自主地在话里表露了出来。
- ⊙ 多くの詩を暗誦したら、自ずから書けるようになるというわけですか。/如果背诵了很多的诗,就自然而然会写了吗?

❸ **自然に** 表示顺应自然法则、人的本能,实事求是,就会发生变化,可用"自然と"。在表示"理所当然""任意"的意思时,如"木の葉が自然に生える",可用"独りでに"替换,但是不能与表示自然力量的"自ずから"替换。"音楽を聞くと自然と踊りたい",表示因偶然情况产生某种现象或结果,可用"自ずから"替换,不能用"独りでに"替换。指自己的习惯、本能,如"いつも昼食の後自然と眠くなる"时,"独りでに""自ずから"都不能替换。另外,不能用于非自然的事物或者表示指责的场合。例如:

- ⊙ 君は会社で一番若いので、自然に言いつけられる。/你在公司里最年轻,自然会被吩咐做事。
- ⊙ この時計は十時だと自然に鳴る。/这个钟一到10点就自动响了。
- ⊙ 山道だと、車は自然にスピードが出せない。/如果是山路,车的速度自然就快不起来。

❹ **自ずと** 指事物必然产生的结果,比"自ずから"更口语化。但是指自己的条件反射性的习惯时,可以与"自然に(と)"替换,不能代替"独りでに"和"自ずから",如"甘いものを見ると自ずと手を出す"。例如:

- ⊙ 植物は自ずと光合成が行われている。/植物自然而然地进行着光合作用。
- ⊙ 得意な科目には自ずと習う意欲がある。/对拿手的科目有自觉学习的意愿。
- ⊙ 四季の美しさ、花の香りなどは自ずと文学作品の中で詠まれている。/四季的美丽和花香,在文学作品中自然而然地被吟诵。

七十四 前もって/予め

📖 **相近词义** 预先,事先

📚 **区别和例句**

❶ **前もって** 指为了准备某件事情订计划,采取必要行动。适合用于复杂

的、需要多花时间的事物上。例如：

- 大事件にならないように前もって手を打つ。/为了不酿成重大（恶性）事件,事先采取措施。
- 開催時間の変更はなぜ前もって報告してくれなかったのか。/举办时间的变更为何不提前向我报告呢？
- 規則を立てるとき前もってアンケート調査をする。/在制订规则的时候提前做问卷调查。

❷ **予め** 指在行动之前设想好,做好心理准备,处于防备状态。"予め準備する"指事先准备（以备其他状况发生）。如果换成"前もって",则指按部就班地一一准备。不太费事、不需要多花时间的事物,一般不能用"前もって",如"会議の前に予め書類を見る"。例如：

- 二週間前に会議の場所を予めお知らせしておきます。/两周前预先通知开会地点。
- 留学する前に予め先生に推薦状を書いてもらう。/留学前请提前请老师写推荐信。
- おいでになる場合は予め葉書ででもご連絡ください。/如果要来,请预先寄明信片等告知。

七十五　真面目に/一生懸命/懸命に/真剣に/必死に/本気に/せっせと

📖 **相近词义** 认真地

📙 **区别和例句**

❶ **真面目に** 表示诚实地、老实地、一丝不苟地。"いつも真面目に働く",是老老实实地干活的意思,换成"一生懸命に"就是努力的意思。例如：

- どんなに真面目に言っても、彼は信じない。/无论怎么认真地说,他都不信。
- このごろはいざこざのことばかりで、まじめに勉強していない。/最近尽出些小纠纷,没有认真学习。
- 小山さんはまじめにテーブルを拭いたりする。/小山认真地擦拭桌子。

❷ **一生懸命** 表示竭尽全力。

懸命に 与"一生懸命"同义,书面语。例如：

- 先生は生徒に言うことを聞かせるように一生懸命しゃべる。/老师为了让学生听到自己的话,拼命地说着。

- ⊙ 一生懸命に救助しようとして、自分の安危を顧みない。/不顾自己的安危，拼命地去救助（他人）。
- ⊙ 社会に出て、懸命に働けばかならず道がひらける。/进入社会，如果拼命工作，一定能闯出一条路。

❸ **真剣に** 表示全身心地、正经地。例如：
- ⊙ 十八歳というと、もう将来を真剣に考えねばならぬ年ごろだ。/18岁，已经是必须认真思考未来的年纪了。
- ⊙ 完成まで長い時間をかけ真剣に努力する。/在完成之前花了很长时间认真努力着。
- ⊙ 何とか成功させたいと真剣に案を練る。/为了顺利通过，认真推敲方案。

❹ **必死に** 指拼死地、玩命地、竭尽全力地。"必死の覚悟"，是"必死的决心"的意思，所以不能换成"一生懸命"。例如：
- ⊙ 私は必死に走って、周りの風景が全然目に入らない。/我拼命地奔跑，完全没看到周围的景色。
- ⊙ 森田さんは一家の生活のために、必死にお金を稼いでいる。/森田为了一家的生计，拼命地赚钱。
- ⊙ 私は必死に追いかけて、ゴールまで後50メートルのところでやっと追い抜いた。/我拼命地追赶，在离终点50米的地方终于超过了他。

❺ **本気に** 表示真心地、尽心地。常用"本気で"修饰"びっくりする・喜ぶ・うれしがる"，不能与"一生懸命・必死で・真剣に"换用。例如：
- ⊙ この仕事は本気にやれば三十分で終わるだろう。/这个工作用心做的话，30分钟就做完了吧。
- ⊙ その話を聞いて、井上さんは本気になって働いた。/听到那句话，井上认真地工作起来。
- ⊙ 先生が本気で怒ったので、その子はじっとしている。/老师真生气了，所以那个孩子一声不吭了。

❻ **せっせと** 表示抓住机会，不停地、勤勤恳恳地。例如：
- ⊙ 技術者もせっせと知識の更新に注意しなければいけない。/技术人员也必须毫不懈怠地注意知识的更新。
- ⊙ 金指さんはせっせと金を貯めて、いい車を買いたがっている。/金指很努力地存钱，想买部好车。
- ⊙ 聞く練習のために宗さんはせっせとアニメを見る。/为了练习听力，小宗不断地看动画片。

七十六　また/重ねて/再び/再度

相近词义　再，还

区别和例句

❶ **また**　指动作完成、状态变化后隔一段时间重复和以前同样的动作或状态。另外，它可以作接续词，表示"也""而""究竟"等意思。口语中常用。例如：

- 川上さんは教室を出たばかりなのにまた戻ってきた。/川上刚走出教室就又返回来了。
- その話を聞いて、彼はまたもとのように精一杯働いている。/听了那些话，他又像原来一样尽心尽力地工作起来。
- 一週間後また効き目がないようでしたら、手術してください。/如果一周后还是没有见效，就做手术吧。

❷ **重ねて**　表示在以前的状态或者行为之上添加同样的状态或行为，重复，叠加。是"もう一度"的郑重说法。书面语。例如：

- 念のため重ねて葉書を出して申し込む。/慎重起见，再次寄明信片申请。
- 操作しかたがもう分かって、重ねて言うまでもない。/操作方法已经知道了，不必再说了。
- 委員会は重ねてこの事件に対する立場を言明する。/委员会再次申明了对这件事情的立场。

❸ **再び**　表示再一次。只修饰有状态变化的动词，表示重复和以前同样的状况，有伴随其变化喜悦、感动等语气，是书面语。"再び～する＋ない"的形式，表示决不、绝对不的意思，如"青春は再び帰るということはない""二度と再び～ない"表示强烈的否定语气，如"二度と再びこんな恥をかくことはいたしません"。例如：

- 今週の会で再び提案を言い出して、みんなに討論してもらう。/本周的会议将再次提出议案，请大家讨论。
- カリナさんは再びトランクを開けて、荷物をチェックする。/嘉丽娜再次打开皮箱，检查行李。
- 再び同じところで待ち合わせる。/再次在同一个地方等候。

❹ **再度**　修饰意志动词，表示对同一对象用同样的方法，重复或者累加同样的动作行为。"再び"的汉语词汇。例如：

- 再度頂上に挑む機会を逃す。/再次错过挑战顶峰的机会。
- 彼は再度の失敗で自信を失った。/他因为再度失败而失去了自信。

⊙ 再度注意しても、やはり間違った。/再次提醒他，结果他还是错了。

七十七 みだりに/やたらに/むやみに

相近词义 胡乱，随便

区别和例句

❶ **みだりに** 指没有正当理由、不经允许任意行事，狂妄，过分。只用于指人的行为，而且伴有禁止此行为的意味。例如：

⊙ どんなところでもみだりにごみを捨ててはならない。/无论在什么地方都不能乱扔垃圾。

⊙ それほどの病気でもないのにみだりに会社を休んではだめだよ。/又不是什么大不了的病，随便请假不去公司是不行的哟。

⊙ この地方は治安がよくないから、夜みだりに出かけてはいけない。/这个地方的治安不好，晚上不能随便出门。

❷ **やたらに** 指节奏快、无秩序、无目的、无依据地行事，有"过分""非常""大量"的意思。可以直接用"やたら"，也可以后续"に""と"。例如：

⊙ 周さんはやたらよくほらを吹く人で、彼の話を信じない。/小周是个胡乱吹牛的人，我不相信他的话。

⊙ その噂を聞いて、陳さんは全身がやたらに震えるほど怒った。/听了那个传言，小陈气得全身发抖。

⊙ この通りはやたらに車が多く、信号無視で渡ってはいけない。/这条马路车非常多，不看信号灯过马路是不行的。

❸ **むやみに** 指不冷静判断和区别，轻率行事，"过度""过分""不必要"的意思。例如：

⊙ 成長期の子供は親に対してむやみに反抗的になりがちだ。/青春期的孩子往往过度和父母对抗。

⊙ もう卒業したばかりの学生じゃないから、むやみに人の言いなりにするものではない。/已经不是刚毕业的学生了，不该胡乱听信别人的话。

⊙ 便利だからといって、カードでむやみに支払うと、むだ使いになってしまう。/虽说很方便，但无节制地用卡付款，就会造成浪费。

七十八 滅多に/碌に

相近词义 不常，不多（后接否定表达，表示不怎么进行某事项）

区别和例句

❶ **滅多に**　后接否定式,表示"几乎(不)……""很少……""不常……",单纯表示频率非常低。例如:
- 日本でホームステイできるチャンスは滅多にない。/在日本很少有能够寄宿在日本家庭的机会。
- あの人が授業に遅れたことは滅多にないらしい。/那个人好像很少上课迟到。
- わたしは病気のため休んだことは滅多にない。/我很少因为生病请假。

❷ **碌に**　和"滅多に"一样,后接否定形式。"碌に"表示"充分地""令人满意地"的意思,因此与"滅多に"不同,含有评价的语气。"碌に～ない"是以期待达到某种程度为前提,而没能达到期待的那种状态。后面接能动态的否定形式时,表示"(不能)好好地……""(不能)令人满意地……"的意思。例如:
- その猫は弱っていて碌に歩けない。/那只猫很虚弱,不能好好地走路。
- 碌に見もしないで買ってしまった。/都没好好看看就买了。
- あの子は碌に計算もできない。/那孩子连计算都做不好。

七十九　もはや/もう/既（すで）に/疾（と）っくに

相近词义　已经,业已

区别和例句

❶ **もはや**　既可以用于过去完成的事物,也可用于现在完成的事物。有时带有无法补救、难以改变现状的意味,表示说话者的主观判断。汉字可写成"最早"。例如:
- 容疑者はもはや逃れるところはなく、警察に捕まった。/嫌疑人已经无路可逃,被警察抓住了。
- 学生時代というと、もはや三十年も前のことだった。/说起学生时代,已经是30年前的事了。
- 手術をしてももはや手おくれで、とうとう亡くなった。/即使做手术也已经晚了,最后还是死了。

❷ **もう**　表示超过说话者的某个基准点,达到基准点或界限以后再添加同一类东西,超过限度。还可以表示对意外事态或预想外事态的发生感到吃惊。例如:
- 今になってもうなにも言い訳をするものはない。/事到如今就不要再做任何辩解了。
- 小山さんは先月もう広島に転勤した。/小山上个月已经因工作调动去

了广岛。

- 午後からずいぶん煮たからもう味加減をしなさい。/从下午开始煮了很久，可以调味了。

❸ **既に**　表示事物在说话之前已经成立、实现了。书面语。"もはや"用于描述未来状况或推测时可以和"もう"替换，不能换成"既に"，如"もはや帰る時間だ"。但"もう"表示意志时，如"もう行こう"，不能换成"もはや"。"既に"用于没有基准点的、过去的场合，或者到基准点时还没完成的场合，不能与"もう"换用，如"既に台風が来そうだ"。"もう宿題をやろう"表示将要进行，不能用"既に"。例如：

- この前既に述べたように公害に対策を取りくむべきだ。/就像之前已经讲到的那样，应该采取对策应对公害。
- 一昨日から医療改革は既に実行しつつある。/从前天开始医疗改革已经在实行了。
- これは既に周知のことで、隠すまでもない。/这是众所周知的事，不必隐瞒。

❹ **疾っくに**　表示在此之前早已完成。例如：

- その歴史の本なら疾っくに読んだ。/那本历史书早就读过了。
- この文化センターの歴史は疾っくに知っていて、紹介しないでください。/这个文化中心的历史早就知道了，请不要介绍。
- こんな簡単なのができなかったら、もう疾っくに落第してるはずだよ。/如果这么简单的都不会，应该早就留级了。

八十　割合(わりあい)/比較的(ひかくてき)/割に(わりに)/結構(けっこう)

📖 **相近词义**　比较

📚 **区别和例句**

❶ **割合**　指以说话者的经验、常识为比较基准，预想的结果超出平均水平。"割合に"所表达的客观性强；"割合と"所表达的主观性强，表示稍稍超过平均水平的意味，较口语化。

比較的　指比同类事物强。是"割合"的郑重说法，书面语。例如：

- 同じアジアなので、日本の生活には割合慣れやすい。/因为都在亚洲，日本的生活比较容易适应。
- 今度来たインド人の先生は割合まじめに教えている。/这次来的印度老师比较认真地教学。
- その都市は住みよいといっても、それは比較的の話だよ。/那个城市虽

然宜居，但也是相较（其他城市）而言的。
- ⊙ ホールが広いから比較的近い所から掃いて見よ。/大厅很大，所以从比较近的地方开始扫吧。

❷ **割に** 指对事物的预想与结果成反比。比"割合"更多用于口语。常用"割りと""割かし"的形式，语气更加随便。还可以用惯用句"～わりに～"，表示"虽然……但是……"的意思，如"この町は人口が多いわりに収入が少ない"。例如：
- ⊙ あの人は態度がやさしそうに見える割りには原則上少しも譲歩しない。/虽然那个人看上去态度很和善，但原则上一点也不让步。
- ⊙ 井上さんは会社で割りに親切にしてくれる人だ。/井上是公司里对我比较好的人。
- ⊙ 今年は割りに気温が低くて、道路が凍結されたところもあった。/今年气温比较低，有的地方道路都结冰了。

❸ **結構** 用于对结果或现象满意和肯定的场合。例如：
- ⊙ 君はこの辺で結構知られているじゃないか。/您不是在这一带相当出名吗？
- ⊙ 松山さんは高齢者だが、結構自分のことをしっかりやっている。/松山虽然高龄了，但自己的事情还做得挺好。
- ⊙ 終わりまで時間がそれほどないのに結構多くの人が発表した。/距离结束时间已经不太远了，但相当多的人都做了发表。

参考文献

[1] 德川宗賢,宮島達夫. 類義語辞典. 東京:東京堂,1972.

[2] 菱沼透,守屋宏則,王亚新. 日中辞典. 2版. 東京:小学館,2002.

[3] 遠藤織枝. 使い方の分かる類語例解辞典. 東京:小学館,2003.

[4] 松村明. 大辞林. 3版. 東京:三省堂,2006.

[5] 山田忠雄,全田一京助,武田武,等. 新明解国語辞典. 5版. 東京:三省堂,1999.

[6] 新村出. 広辞苑. 7版. 東京:岩波書店,2018.

[7] 宋文军. 现代日汉大词典. 北京:商务印书馆,1987.

[8] 孙满绪. 日语词义辨析. 上海:上海外语教育出版社,1991.

[9] 赵福泉. 日语语法疑难辨析. 上海:上海外语教育出版社,1988.

[10] グループ・ジャマシイ. 日本语句型辞典. 徐一平,陶振孝,巴玺维,等译. 北京:外语教育与研究出版社,2002.

[11] 孙满绪,吴德林,王铁桥. 日语近义词详解. 上海:上海外语教育出版社,2005.

[12] 常波涛. 日语经典惯用句型大全. 上海:世界图书出版公司,2006.

[13] 桥本友纪,池畑裕介,佐藤佳彩. 日语常用句型1000. 黄瀞瑶,彭谊芝,译. 上海:华东理工大学出版社,2009.

[14] 松村明,佐和隆光,养老孟司,等. 新世纪日汉双解大辞典. 北京:外语教学与研究出版社,2009.